"传播新视野"丛书

媒体融合中多传播主体的演化与博弈

冯爽 王妍 著

中国传媒大学出版社

·北京·

目 录

导　　言 ………………………………………………………………… 1

第一章　理论基础 ……………………………………………………… 1
　　第一节　博弈论 …………………………………………………… 1
　　第二节　复杂网络 ………………………………………………… 8
　　第三节　系统动力学 …………………………………………… 20
　　第四节　议程设置 ……………………………………………… 23
　　第五节　多主体演化与博弈研究现状 ………………………… 28
　　第六节　多主体仿真建模工具 ………………………………… 30

第二章　媒体融合中的主体行为特征分析 ………………………… 33
　　第一节　媒体融合的内涵、特征与发展 ……………………… 33
　　第二节　融媒体生态系统 ……………………………………… 38
　　第三节　融媒体系统中的主体行为特征 ……………………… 41

第三章　媒体融合过程中媒体主体的演化分析与建模 …………… 47
　　第一节　媒体融合过程中的多主体 …………………………… 47
　　第二节　基于传染病模型的多主体演化分析方法 …………… 50
　　第三节　基于传染病模型的融媒体多主体演化建模 ………… 54
　　第四节　模型检验与评价 ……………………………………… 61

第四章 信息传播过程中的多主体博弈建模与仿真 ·········· 68
第一节 信息传播过程中的多主体 ·········· 68
第二节 基于系统动力学的多主体博弈建模 ·········· 76
第三节 模型检验与评价 ·········· 85
第四节 对策与建议 ·········· 88
第五节 融媒体多主体仿真系统 ·········· 92

第五章 新媒体环境下媒体间的议程设置 ·········· 104
第一节 网络媒体对议程设置的影响 ·········· 104
第二节 新闻框架理论及其研究对象和研究方法 ·········· 108
第三节 基于K-BERT模型的散发性疫情新闻框架划分 ·········· 116
第四节 议程设置的因果分析 ·········· 130
第五节 独立疫情事件不同发展阶段的框架使用特征 ·········· 149

第六章 社交媒体影响力评估分析 ·········· 169
第一节 媒体影响力 ·········· 170
第二节 微博媒体关系演化网络模型构建与分析 ·········· 174
第三节 基于微博媒体关系演化网络的影响力预测分析 ·········· 185
第四节 社交网络多级传播中的影响力最大化 ·········· 194
第五节 媒体影响力评估系统 ·········· 203

参考文献 ·········· 217

导　言

　　随着互联网技术、通信技术、智能技术的商业化进程,我国的传媒行业正在发生深刻的变化,新媒体的快速发展颠覆了原有的舆论生态和媒体格局,传统主流媒体的受众规模不断缩小,市场份额逐渐下降,新媒体话题设置影响舆论的能力日渐增强,大量社会热点在互联网上迅速生成、发酵、扩散,传统主流媒体的舆论引导能力面临严峻挑战。

　　在传统主流媒体与新媒体共存的市场环境中,传统主流媒体的发展优势主要体现在有版权、有信息资源、有受众基础和有法律支持等方面。传统主流媒体经过长期的发展,已经形成较为成熟的媒体运作形式,有庞大的受众基础、产业规模,相关法律政策体系也较为完善,这为传统主流媒体的发展奠定了坚实的基础。在我国,传统主流媒体作为党和政府的"喉舌",具有替政府发声、引导社会价值观的重要作用。这是传统主流媒体与新媒体博弈的重要资本。新媒体的发展优势主要体现在媒体技术和传播渠道方面。新媒体打破了不同媒介间的壁垒,借助互联网和移动网络的优势,新媒体不仅具有极高的交互性,突破了传统主流媒体的时空限制,而且运营的成本更低。新媒体可以充分利用海量的网络资源,弥补自身的不足,并利用各种网络平台的渗透力,快速占据市场。但也正是由于新媒体的传播特点,其权威性、公信力远远比不上传统主流媒体,各类虚假信息、同质化的内容使新媒体面临着较高的发展风险。

　　媒体融合发展是传媒领域一场重大且深刻的变革。2013 年 8 月习近平总书记在全国宣传思想工作会议上首次正式提及媒体融合发展,并指出传统主流媒体不能被边缘化,要解决"本领恐慌"的问题。他谈到,要加快传统主流媒体和新兴媒体融合发展,充分运用新技术、新应用创新媒体传播方式,带动宣传思想工作手段的创新。将媒体融合工作提到国家意识形态建设和宣传思想工作的高度,这说明了媒体融合工作的重要性和紧迫性。此后陆续出台的《关于加快推进媒体深度融合发展的意见》《中共中央关于制定国民经济和社会发展第十四个五年规划和二〇三五年远景目标的建议》《关于加快推进广播电视媒体深度融合发展的意见》等,从不同层面为媒体融合的发展"保驾护航",其中也提出了更明确、更具体的要求。

在一系列理论和政策的支持下,目前,我国媒体融合的进程不断加快,中央媒体、省级媒体、市级媒体和县级媒体融合发展的布局不断完善,全媒体传播体系的战略布局已经初步展开,逐渐形成"中央领头、省域统筹、市区联动、县域跟进"的传播网络和生态体系。对于中央媒体,媒体融合的改革要采用新技术,改革中要加强党对新闻舆论工作的统一领导,加强党对重要舆论阵地的集中建设和管理,加快国际传播能力建设。省级媒体作为融媒体系统的主要构成部分,必须整合省域范围内的文化产业和市场资源,组建一个系统的区域化媒体子系统,连接市县媒体资源,充分发挥聚合效应,将自身打造成为具有强大影响力和竞争力的媒介集团。市级媒体作为区域化的传播节点,应致力于服务地方的政治、经济、文化和社会建设,将城市的行政管理系统和服务打通,以提升资源运用的效率,优化城市管理水平,改善市民生活质量,促进国家与地方在多种事务上的合作。县级媒体是与基层群众接触最广泛、最直接的传统主流媒体。它负责传递中央决策,是融媒体发展建设的"最后一公里"。县级媒体应通过提供场景化、移动化的政务服务和生活服务,有机整合党务、政务资源。

随着各级媒体纷纷转型,媒体融合不断向纵深发展,一批形态多样、方式先进的传统主流媒体已经形成,传统主流媒体在客户端、"中央厨房"式数据中心、网络云平台等媒体融合的核心产品上不断发力,但省级、市级媒体融合尚且艰难,我国媒体融合工作整体上仍然处于探索期,在实践和理论层面上仍需攻坚克难。

本书旨在从媒体融合的建设过程和媒体融合后的信息传播过程两个方面对多传播主体的演化均衡状态、演化驱动因素、博弈过程进行量化分析,基于社交媒体数据分析影响媒体融合进程的因素以及不同传播主体对信息传播的影响及其舆论的引导作用。具体来说,包括以下四个方面。

一、媒体主体演化分析与模拟仿真

媒体融合过程受到技术、经济等多方面因素的影响。如今的媒体环境是传统主流媒体与新媒体不断相互作用的结果,两者从原来的对抗、竞争关系,逐渐融合,形成有机的融媒体系统。复杂网络是研究计算机、通信和社交网络等真实社会系统的演化规律及动力学过程的有效工具。基于复杂网络的传播动力学研究是网络科学领域的重要课题之一,其为预测和控制真实社会系统提供了理论支撑。本书以媒体融合环境下的网络传播动力学为中心,系统研究媒体融合过程中的非活跃主体、活跃主体、待融合主体、融合中主体和已融合主体这五种媒体融合状态的演化过程,计算主体间的转移概率,构建动力学演化方程,并基于社交媒体数据构建融媒体网络的结构关系,从而分析融媒体网络特征对媒体融合进程的影响。

二、媒体、平台、政府、用户对事件热度的影响

随着网络信息传播的发展主体日趋多元化,这些多元主体之间展开的博弈也随着传播格局的不断演变而持续深化,网络信息传播的演变过程不再是单一或某两个行为主体影响控制的结果,而是多方行为主体在多维利益冲突时的最优决策。

作为社会科学研究的重要理论武器,博弈论是对人类互动行为进行分析的一种框架,研究的是决策影响决策者的互动过程。在社会舆论场中,小到发出弹幕评论、朋友圈是否点赞等个体行为,大到公民与政府、组织间的

话语互动情形,都可被视为博弈。

博弈过程是指对局双方根据情况调整自己的策略,以达成自身最佳收益。为了更准确地描述媒体、平台、政府、用户等行为主体对网络信息传播的共同推动作用,本书对媒体、平台、政府、用户这四种主体的博弈动因和博弈行为进行分析,运用系统动力学方法分析各变量之间的反馈结构关系,构建变量间的方程关系,包括基本的常量参数、随着映射关系变化的表函数以及随时间变化的延迟函数。最后,基于社交媒体数据对事件热度进行分析预测,验证模型的有效性。

三、突发公共事件中传统主流媒体与社交媒体的议程互动

媒体融合环境下的公共舆论由传统主流媒体与社交媒体两大舆论场组成。社交媒体异军突起,给长期占据主导地位的传统主流媒体造成不小的冲击,并不断消解传统主流媒体的舆论引导权。尤其是在突发性事件的报道中,社交媒体把握了新闻发布的时间优势,往往能够抢占引导舆论的先机,传统主流媒体与社交媒体的互动和博弈日益激烈。传统主流媒体在新闻报道、议题设置上对新闻舆论的引导有充分的信心。而在社交媒体的舆论场上,议题开放,受众表达更自由,裂变式的快速传播很容易产生风险。本书以散发性新型冠状病毒肺炎疫情事件为例,基于框架理论和自然语言处理技术对疫情事件进行新闻框架的自动划分,运用基于神经网络的格兰杰因果分析方法对各级媒体、意见领袖和公众在各框架下的互动表现进行因果关系的分析,研究事件中的议程设置方向和效果,以此辅助相关部门进行决策的制定与实施。

四、社交媒体中的意见领袖

社交媒体已凭借独特的传播优势和媒介环境成为当今传媒领域中影响力巨大的重要媒体,而社会化媒体时代最显著的特征就是用户在社交媒体平台信息传播过程中占据重要地位。但每个用户个体影响其他个体的能力

大小不同,找出那些对其他个体的观点形成、行为趋势起着重要作用的少数个体,并发挥他们的特殊作用,能对引导舆论方向、社会价值取向起到重要的作用。网络科学的发展极大地促进了传播学的研究,大量真实社会现象均可用复杂网络上的传播动力学模型进行建模和描述。复杂网络已经成为研究真实传播现象的基础工具。如果将社交网络中的每个用户看成一个节点,那么用户之间的各种交互行为,比如,点赞、转发、评论等都含有这些节点之间的某种联系。如果把这种联系用连接节点之间的线来表示,那么社交网络就可以用一个复杂的社交网络图来表示。社交网络图中有丰富的拓扑结构信息,从拓扑结构的角度探索用户的重要性是挖掘意见领袖的一种重要方法。本书基于社交网络数据,构建了微博媒体关系网络图,通过分析网络拓扑性质,计算节点适应性,由此进行媒体动态演化分析,进而从信息扩散的角度研究影响力的演化过程,即研究如何将信息传播给网络中更多的节点,如何使节点群的影响范围最大。

第一章 理论基础

第一节 博弈论

一、什么是博弈

博弈是指在一定的规则下,在各参与人之间的行为有相互作用的环境下,参与人依靠各自掌握的信息,选择自己的策略(行动),以实现利益最大化和危机成本最小化的过程。博弈论是研究理性决策者之间的战略互动的数学模型,是研究具有斗争性或者竞争性的现象的理论和方法。博弈论既是现代数学的一个新分支,也是运筹学的一个重要学科,在生物学、经济学、社会学、逻辑学等学科中均有广泛应用。生活中博弈的案例有很多,只要有人群的互动,就有博弈。

"囚徒困境"是博弈论中的经典例子,它于1950年由图克提出。它的基本内容为:警察抓住了两个合伙犯罪的囚徒甲和乙,但警察缺乏足够的相关证据指证他们的罪行,只要甲和乙中至少一人承认犯罪,就能确认两人罪名成立。为了得到口供,警察将两人关押起来并进行审讯,同时为了防止他们串供,将他们分别进行关押。警察告诉他们面临的选择及可能得到的结果:(1)如果两人都认罪,他们将各判刑5年。(2)如果两人中只有一个人认罪,则立即释放认罪者,另一个人会重判10年。(3)如果两人都不认罪,则因为证据不足,各判刑1年。具体模型如图1.1所示。

		乙	
		认罪	不认罪
甲	认罪	(5,5)	(0,10)
	不认罪	(10,0)	(1,1)

图1.1 囚徒困境模型

囚徒困境假定每个参与者都是利己的,即都寻求最大的自身利益,而不关心另一个参与者的利益。如果在任何情况下,某参与者的某一策略所得利益比其他策略都要低的话,则称此策略为"严格劣势",理性的参与者绝不会选择。另外,没有任何其他力量干预个人决策,参与者可完全按照自己的意愿选择策略。对于甲而言,当乙选择认罪时,如果甲选择认罪,甲被判5年,如果甲不认罪则被判10年,所以甲会选择认罪。当乙选择不认罪时,如果甲选择认罪,甲会被释放,如果甲选择不认罪,甲会被判1年,所以甲还是会选择认罪。因此不管乙如何选择,甲都会选择认罪,这是甲的最佳策略。同理,对于乙来说,不管甲选择何种策略,认罪也是乙的最佳策略。因此(认罪,认罪)构成了此博弈的最佳策略均衡。

从全体利益角度而言,如果甲和乙都选择不认罪,两人都是各判刑1年,总体利益更高,结果也比两人都背叛对方而各判刑5年的情况好。但根据以上假设,两人均为理性个人,且只追求个人利益,均衡状况会是两个囚徒都选择认罪,结果两人的判决均比一起不认罪严重,总体利益较合作的低。这就是困境所在。

囚徒困境说明:虽然囚徒们彼此合作可为全体带来最佳利益,但在信息不明的情况下,出卖同伙可为自己带来利益,这就与最佳共同利益相悖。这种困境反映了个人理性与集体理性之间的矛盾,对个人而言是理性的选择,即能得到最优的结果,但对于集体来说却是非理性的,最终会导致每个人都得到不利的结果。

二、博弈论的发展历程

1928年,诺依曼证明了博弈论的基本原理,从而宣告了博弈论的正式诞生。1944年,诺依曼和摩根斯坦共著的划时代巨作《博弈论与经济行为》将二人博弈推广到N人博弈结构并将博弈论系统地应用于经济领域,进而奠定了这一学科的基础和理论体系。1950—1951年,约翰·福布斯·纳什利用不动点定理证明了均衡点的存在,为博弈论的一般化进程奠定了坚实的基础。纳什的开创性论文《N人博弈中的均衡点》(1950)、《非合作博弈》(1951)提出了纳什均衡概念和均衡存在定理。纳什均衡概念以及纳什均衡存在定理,发展了以纳什均衡概念为核心的非合作博弈理论。纳什均衡是关于均衡概念的最基本的概念,后来的子博弈精炼纳什均衡、贝叶斯纳什均衡、精炼贝叶斯纳什均衡等概念都是以纳什均衡为出发点提出的。

20世纪50年代中后期到20世纪70年代是博弈论发展的青年期,这个时期博弈理论还没有成熟,理论体系还比较混乱,概念和分析方法很不统一,它在经济学中的作用和影响也比较有限,但这个时期博弈论研究的发展却是非常显著的。1954年提出了"微分博弈"的概念,1959年提出了"强均衡"的概念。海萨尼的不完全信息博弈理论是这个时期里程碑式的成果,他在1967—1968年发表的三篇关于不完全信息博弈理论的论文中,提出了关于不完全信息静态博弈的"贝叶斯纳什均衡"概念,他还提出了关于"混合策略"的不完全信息解释以及严格纳什均衡,进一步完善了非合作博弈理论。20世纪60年代初期,进化生物学公开应用博弈论。

20世纪80年代到20世纪90年代是博弈论走向成熟的时期,期间产生了大量的研究成果,其理论框架也逐渐完整和清晰,与其他学科之间的关系也逐渐加深。1982年,克雷普斯和威尔逊提出序贯均衡的概念。1982年,史密斯出版了《演化与博弈论》(*Evolution and the Theory of Games*)。1984年,伯恩海姆和皮尔斯提出了"可理性化"的概念。20世纪30年代以来,博弈论几乎已经应用于经济学的所有领域中,它正在成为经济学、政治学、军事科学、法学、社会学等领域的分析工具。

三、博弈的分类

根据不同的标准,博弈可以分为多种类型。[1]

1. 合作博弈与非合作博弈

若根据博弈中的局中人是否达成一个具有约束力的协议来划分,博弈可以被分成合作博弈与非合作博弈。具体来说,就是当相互作用的局中人就博弈过程制定了一个具有约束力的协议时,这个博弈就是合作博弈;如果局中人之间没有制定这项协议,那么该博弈就是非合作博弈。合作博弈强调团体理性,强调效率、公平和公正;非合作博弈更强调个体理性、个体的最优决策。

2. 静态博弈与动态博弈

若根据局中人行为的时间序列来划分,博弈可分为静态博弈和动态博弈。静态博弈是指局中人同时选择所要采取何种行动的博弈,或者在博弈过程中,后做出选择的人不清楚先做出选择的人的策略而采取行动的博弈。动态博弈指的是局中人的行动有先后顺序,且后做出选择的人知道先做出选择的人的行动。在囚徒困境中,局中人的选择是同时进行的,或者是在相互不知道的情况下进行的,所以它属于典型的静态博弈。而我们常玩的棋牌类游戏中,后出牌的人总是知道先出牌人的行动,所以它属于动态博弈。

3. 完全信息博弈与不完全信息博弈

若根据局中人对彼此的了解程度来划分,博弈可以分为完全信息博弈与不完全信息博弈。在完全信息博弈中,每个局中人都能准确地知道其他局中人的信息,包括个人特征、收益函数、策略空间等。在不完全信息博弈中,每个局中人对其他局中人的信息不够了解,或者无法对其他局中人的信息都有准确的了解。

非合作博弈是经济领域中用得最多的概念。根据上述复合特征,非合作博弈可以分为四类:完全信息静态博弈、不完全信息静态博弈、完全信息动态博弈和不完全信息动态博弈,如表 1.1 所示。其中,完全信息静态博弈对应的均衡概念是纳什均衡,不完全信息静态博弈对应的均衡概念是贝叶斯纳什均衡,完全信息动态博弈对应的均衡概念是子博弈精炼纳什均衡,不完全信息动态博弈对应的均衡概念是精炼贝叶斯纳什均衡。

表 1.1　非合作博弈分类

	静态	动态
完全信息	完全信息静态博弈 纳什均衡	完全信息动态博弈 子博弈精炼纳什均衡
不完全信息	不完全信息静态博弈 贝叶斯纳什均衡	不完全信息动态博弈 精炼贝叶斯纳什均衡

4. 零和博弈、非零和博弈、常和博弈与变和博弈

根据博弈者的收益情况,博弈可以分为零和博弈、非零和博弈、常和博弈与变和博弈。零和博弈指的是博弈各方的收益和为零,非零和博弈指的是博弈各方的收益和不为零。常和博弈指的是博弈各方的收益和总是一个常数,而变和博弈就是博弈各方的收益之和不总是一个常数。双人"石头剪刀布"等猜拳游戏、普通的棋牌游戏均属于零和博弈,囚徒困境、红黑博弈均属于非零和博弈。

四、博弈的要素

就像每一场比赛都有参与者、规则和结果一样,博弈也有不可或缺的要素,若有缺少的要素,就不算是一次完整的博弈。

1. 局中人

局中人即博弈过程中的博弈方,也叫参与者,可能是一个人,也可能是一个团体、一个国家,这是博弈的最基本要素。在博弈中,局中人拥有决策

权。一般来说,局中人至少为两人,仅有两人参与的博弈为双人博弈,有多人参与的则为多人博弈。而且,这些局中人都是理性人,他们有独立决策的能力,并在考虑对方决策的前提下,做出对自己最有利的决策,并承担相应的决策后果。

2. 策略

策略是局中人在整个博弈过程中做出的选择,且这一选择不是博弈某个阶段的行动策略,而是能够指导整场博弈的一种策略方案,关乎整场博弈的胜负。在一场博弈中,局中人有多种策略可以选择,每一种策略都会产生一种结果。可供选择的策略越多,博弈就越复杂。

3. 均衡点

在所有可选策略中,总会存在一组或几组最优解,即纳什均衡,这一组或几组最优解被称为均衡点。这是一种相对稳定并能使双方利益都最大化的策略选择,在任何具有有限纯策略的双人博弈中都至少有一个均衡点。处于这一均衡点的局中人不会轻易改变策略,如果改变,他的利益就会受到影响。

4. 得失

一局博弈结束后得到的结果被称为得失。每个局中人在一局博弈中的得失,不仅与该局中人自身所选择的策略有关,而且与全局中人所选取的一组策略有关。所以,每个局中人的得失是全体局中人所选取的一组策略的函数,通常称为支付函数。

五、演化博弈

传统的博弈论假设参与者是完全理性的,而这一假设在现实中的研究越来越受到限制,因为现实中不可能存在一个完全理性的人。因此,基于生物种群演化现象而产生的演化博弈论逐渐兴起,突破了传统博弈对参与者是完全理性的假设。演化博弈论研究了群体参与者的有限理性模仿行为,在经验总结的基础上通过模仿学习的演化过程,最终实现稳定的均衡。演化博弈论是把博弈理论分析和动态演化过程分析结合起来的一种理论。在方法论上,它不同于博弈论将重点放在静态均衡和比较静态均衡上,它强调的是一种动态的均衡。随着外部环境发生变化或者参与者内部认知体系发生改变,群体将会出现适应性的创新行为,博弈均衡将发生演化。

1. 博弈框架

与经典博弈一样,演化博弈先要有一个博弈框架。演化博弈总是在特定的博弈结构和规则下进行的,而特定的技术和制度条件决定了特定的博弈结构和规则,这也意味着演化博弈是在特定技术和制度条件下进行。但与经典博弈不同的是,演化博弈认为参与者并不拥有博弈结构和规则的全部知识,相反,参与者的知识是相当有限的。参与者通常是通过某种传递机制而非理性选择获得策略的。尽管博弈的次数可能是无穷的,但在每次博弈中,参与者通常都是从大群体中随机选择出来的,参与者之间缺乏了解,再次博弈的概率也较低。因此,参与者不会像重复博弈那样尝试通过声誉机制来影响对方未来的行动。[2]

2. 适应度函数

演化博弈必须将经典博弈中的支付函数转化为适应度函数。适应度是生物演化理论的核心概念,它被用来描述基因的繁殖能力。在演化博弈模型中,某种策略的适应度可以被简单理解为在每次博弈后采用该策略人数的增长率。适应度函数则可以被视为策略与适应度的映射关系。

3. 演化过程

演化博弈有别于传统博弈的最重要的特征之一是它着重考察了群体规模和策略频率的演化过程。演化博弈的演化过程主要有两个机制:选择和突变。选择是指能够获得较高支付的策略,在以后将被更多的参与者采用;突变是指部分个体以随机的方式选择不同于群体的策略,可能是能够获得较高支付的策略,也可能是获得较低支付的策略。突变其实也是一种选择,但只有好的策略才能留存下来。突变是一种不断试错的过程，也是一种学习与模仿的过程，是适应的过程且需要不断改进。不具备这两个方面的模型不能被称作演化博弈模型。

4. 演化稳定策略

演化稳定策略是演化博弈中最基础的均衡概念。在特定环境下，如果一个策略被群体中的大部分个体所采用，并且使用其他策略无法产生比使用该策略更高的收益，则称该策略为演化稳定策略。演化稳定策略具有以下特征：一是演化稳定策略不依赖演化过程，它与纳什均衡一样都是静态的概念，并不探讨如何获得均衡。二是演化稳定策略是纳什均衡的一种精炼。三是演化稳定策略中的博弈是两人的对称博弈，策略是离散型的纯策略，群体是无限大的。

第二节 复杂网络

进入21世纪，学者纷纷开始尝试利用复杂网络研究现实世界中的各种复杂系统，如航空交通网络、蛋白质网络、基因信息网络和社交网络等。复杂网络的本质源于图论，源自欧拉和哥尼斯堡的七桥问题。1736年，数学家欧拉解决了七桥问题，1936年，数学家柯尼希出版了关于图论的第一部学术专著。1950年，数学家艾尔德和莱利创建了随机图理论，在数学史上这一理论开创了复杂网络理论的系统性研究。20世纪后期，出现了网络科学的领军人物，如邓肯·瓦茨、史蒂夫·斯托加茨以及艾伯特-拉斯洛·巴拉巴西等。瓦茨和斯托加茨在1998年的《自然》杂志上发表了关于"小世界"网络的文章，掀起了人们对小世界现象研究的热潮。巴拉巴西在1999年的《科学》杂志上发表了关于无标度网络的文章。小世界模型和无标度模型让网络科学迈上了一个新的台阶。

复杂网络中的信息传播扩散是网络科学的重要研究方向，它主要研究社会和自然中各种复杂网络的传播机理以及对这些行为的控制方法。日常生活中常见的计算机病毒、传染性疾病以及新闻舆论等,这些传播行为都可以归结为复杂网络上的某种有规律的扩散行为。这些行为给人们的生活带来了极大的影响,利用复杂网络研究这些传播行为规律,有助于我们发现信息传播过程中的重要节点,预测可能带来的影响,并及时制定有效的相关控制措施,减少高危事故的发生。

一、网络类型

学者对不同领域的大量实际网络的拓扑特性进行了广泛的实证性研究,在此基础上提出了各种各样的网络拓扑结构模型,包括规则网络、随机图、小世界网络和无标度网络等。

规则网络通常具有较大的聚类系数,而随机图则一般具有较小的平均路径长度。1998年,瓦茨和斯托加茨提出的小世界网络模型是一种既有较小的平均路径长度,又有较大的聚类系数的网络模型。1999年,巴拉巴西和阿尔伯特提出的无标度网络模型,则是基于许多实际网络的度分布具有幂律形式这一事实。

1. 规则网络与随机网络

网络 G(V,E)是节点集合 V 与其连边集合 E 共同构成的集合。如果节点遵循一定的规则进行连接,构建的网络则为规则网络。如果节点不按固定的规则连边,而是随机产生连边,构建的网络则为随机网络。

(1)规则网络

三种常见的规则网络是:全局耦合网络、最近邻耦合网络和星形耦合网络,如图1.2所示。

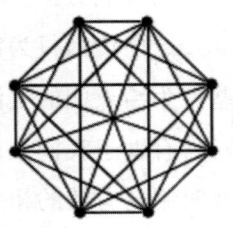 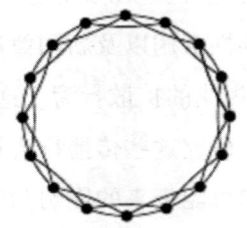 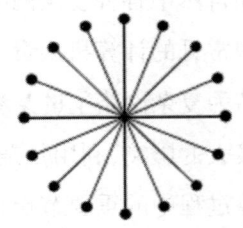

a. 全局耦合网络　　　　b. 最近邻耦合网络　　　　c. 星形耦合网络

图 1.2　规则网络

a. 全局耦合网络

如果一个网络中的任意两个节点之间都有边直接相连,那么就称该网络为一个全局耦合网络,简称全耦合网络。规模不大的组织内部成员一般都相互认识,因此,如果我们定义两个相互认识的人之间有一条边,那么这些成员就构成了一个全耦合网络。例如,如果你是学生,那么你所在班级的所有同学就构成一个全耦合网络。但是,当一个组织规模大到一定程度之后,要使得所有成员之间都认识就变得极为困难甚至不可能了。例如,如果你在一所大学学习或工作,一般说来你不可能与这所大学的每一个人都认识。

N 个节点构成的全耦合网络中有 $N(N-1)/2$ 条边。在具有相同节点数的所有网络中,全耦合网络边数最多,聚类系数最大,平均路径长度最小。

b. 最近邻耦合网络

如果在一个网络中,每一个节点只和它周围的邻居节点相连,那么就称该网络为最近邻耦合网络。这是一个稀疏的规则网络模型。一种常见的具有周期边界条件的最近邻耦合网络有围成一个环的 N 个节点,其中每个节点都与它左右各 $K/2$ 个邻居点相连,这里 K 是一个偶数。这类网络的一个重要特征就是,网络的拓扑结构是由节点之间的相对位置决定的,随着节点位置的变化网络拓扑结构也可能发生变化。

c. 星形耦合网络

星形耦合网络有一个中心点,其余的 $N-1$ 个点都只与这个中心点连接,而它们彼此之间不连接。这个模型也可推广到具有多个中心的情境中。如果一个实验室的个人电脑都连接到一个公共的服务器上,那么就形成了以该服务器为中心的星形网络。在社会网络中,我们也会看到一个团体中以一个人或者少数几个人为中心的例子。星形耦合网络的聚类系数为 0,节点 N 趋于无穷大时,簇系数趋于 1,平均距离趋于 2。

(2) 随机网络

20 世纪中叶,艾尔德和莱利建立了随机网络的基本模型——ER 随机图。随机网络具有小的簇系数和小的平均距离。在 ER 随机图中,N 节点中任意两点间以概率 p 连接,在整个网络中共有 $pN(N-1)/2$ 条边。若概率 p 大于一定的门限概率,则网络中没有孤立的节点或子网。随机图的平均度为 $p(N-1) \sim =pN$,簇系数 $C=p<<1$。

尽管连接是随机设置的,但大部分节点的链接数目大致相同,即节点的分布方式遵循钟形的泊松分布,有一个特征性的"平均数"。链接数目比平均数高很多或低很多的节点都极少,随着连接数的增大,其概率呈指数式递减,故随机网络亦称指数网络。

2. 小世界网络

1998 年,斯托加茨和瓦茨提出了小世界网络模型,作为从完全规则网络向完全随机网络的过渡,该模型中任意两个节点之间的距离都较短,如"六度分离"实验证明了世界上任意两个人最多经过五个人便可以建立某种联系,说明世界很"小",由此得出了小世界网络模型。

在对度分布进行分析时,研究者发现小世界网络与随机网络相似,都呈现泊松分布,因此将这一类网络统称为均值网络。当构建 WS 小世界网络时,先可以建立拥有 N 个节点的圆形网络,其中,每个节点的两边都有 $K/2$ (K 为偶数) 个相连的节点,随后以概率 p 随机地重新连接网络中原有的每条边,即让每条边的一个端点保持不变,另一个端点改取为网络中随机选择的一个节点,其中规定不得有重边和自环。由此可知,当 $p=0$ 时,WS 小世界网络为规则网络;当 $p=1$ 时,WS 小世界网络为完全随机网络。通过调节参数 p 的值就可以实现从规则网络到随机网络的过渡。随后的研究发现,在构建 WS 小世界网络时,节点间随机重连会引起孤点现象的出现。为了解决这一问题,在 WS 小世界网络的基础上,纽曼和瓦茨提出了 NW 小世界网络。在构建 NW 小世界网络时,将随机相连改成随机加边,p 的值控制从最近邻耦合网络到全局耦合网络。但是,当 p 足够小和 N 足够大时,两者基本上等同。通过连接概率 p 的调节,小世界网络具有较短的平均路径长度和较高的聚类系数。

3. 无标度网络

在复杂网络理论研究中,度分布是其重要性质之一。人们发现,多数复杂系统的度分布并不近似泊松分布,而是更近似于幂律分布。幂律分布,即大量节点的链接数量较少,而少数节点的链接数量巨大。这类节点度的长度特征并不突出,因此这类网络被称为无标度网络。

(1) BA 模型

1999 年,巴拉巴西和他的学生艾尔伯特提出了无标度网络模型。在无标度网络中,度分布服从幂律分布,网络中大部分的节点链接很少,只有少数节点的链接很多。理想的无标度网络模型是巴拉巴西-艾尔伯特模型(简称 BA 模型),它基于两个假设:生长和偏好连接机制。生长是指网络的规模不断增长,随着时间的推移,不断有新的节点加入网络。偏好连接是指新加入网络的节点,总是优先和网络中已存在的度值大的节点相连,这样就导致度值大的节点的度值增长的速度总是高于度值小的节点。图 1.3 为无标度网络的演化过程,这里用实心圆点表示节点,实心圆点的相对大小对应于节点度的相对大小。每次新增加的一个节点用空心圆点表示,它按优先连接机制与网络中已有的两个节点相连。从图 1.3 中可以看出,新加入网络的节点总是优先与网络中度值大的节点相连。

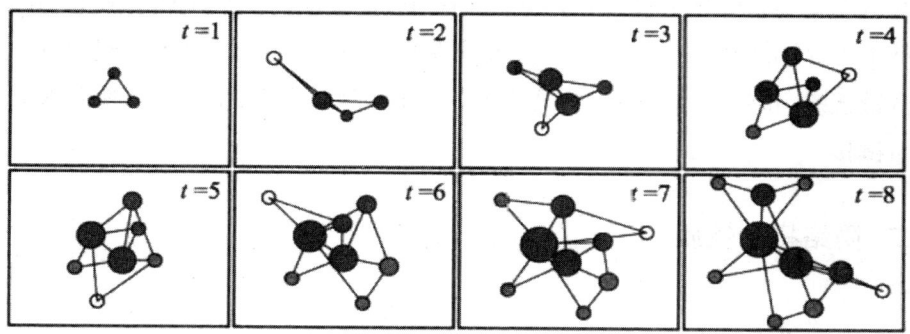

图1.3 无标度网络的演化过程

(2) BB模型

在现实网络中,受外界环境因素对网络结构的影响,许多网络并不完全遵循BA模型。为了更加真实地说明现实网络,研究者提出了比安科尼-巴拉巴西模型(Biancon-Barabási模型,简称BB模型)。

BB模型是基于BA模型的一种扩充模型,与BA模型不同的是它引入了节点适应性,偏好连接机制取决于节点的适应性和度值的乘积,因此BB模型也称为适应性模型。在复杂网络领域,节点具有的某种使其脱颖而出的内在属性被称为适应性,其表现为媒体节点快速获取大量关注的能力,它强调了现实网络中节点的内在属性对节点获取链接能力的影响。构建BB模型有以下两个步骤:

a. 生长

在每个时间步,网络中加入的新节点 i 具有 m 条链接和适应性 η_i。其中,η_i 是从适应性分布 $\rho(\eta)$ 中采样得到的一个随机数。

b. 偏好连接

一个新链接连接到节点 i 的概率正比于节点 i 的度 k_i 和适应性 η_i 的乘积:

$$\Pi_i = \frac{\eta_i k_i}{\sum_j \eta_j k_j} \tag{1.1}$$

在上式中,Π_i 和 k_i 的依赖关系体现了大度节点的高可见性,这意味着新节点更可能选择和大度节点相连。Π_i 和 η_i 的依赖关系体现了对度相同的节点,高适应性的节点有较大的概率获得新链接。因此,对于最初只有少数链接的"年轻"节点而言,只要其适应性比其他节点高,也可以快速获得大量链接。

二、网络拓扑性质

1. 节点度

节点度表示网络中与该节点直接相连的节点个数,它是描述网络结构特性的重要指标之一,通常使用度分布函数或累计度分布函数描述。度分布函数 $p(k)$ 表示网络中度为 k 的节点在整个网络中所占的比例,即在网络中随机抽取到度为 k 的节点的概率为 $p(k)$,累积度分布函数 P_k 表示度不小于 k 的节点的概率分布。累积度分布函数 P_k 与度分布函数 $p(k)$ 的关系如式 1.2 所示:

$$P_k = \sum_{x=k}^{\infty} p(x) \qquad (1.2)$$

节点的度直观地反映了该节点在网络中的重要程度,可以看作该节点的影响力,也可以作为媒体影响力研究指标。

2. 平均路径长度

网络的平均路径长度指网络中任意两个节点之间的距离的平均值,它描述了网络中任意节点间的距离远近程度,如式 1.3 所示:

$$<L> = \frac{1}{\frac{1}{2}N(N-1)} \sum_{i>j} l(i,j) \qquad (1.3)$$

其中,$l(i,j)$ 表示节点 i 和节点 j 之间的距离,N 表示网络中的节点数。

在网络结构研究分析中,网络的平均路径长度对反映网络模型的整体结构特性起着重要作用。

3. 平均聚类系数

复杂网络的聚类系数表示网络中节点聚集程度的系数,它表明一个节点的邻居节点之间彼此连接的稠密程度。在现实的网络中,节点之间总是倾向于建立高密度的关系,如一个低影响力的个体和一个高影响力的个体建立关联后,它本身的影响力也会提高。聚类系数反映了网络的局部特征,它表示一个节点的邻居节点之间的重合程度。先计算网络中所有节点的聚类系数,然后对得出的聚类系数求和后取平均值得到网络的平均聚类系数。

计算单个节点的聚类系数 C_i:

$$<L_i> = p \frac{k_i(k_i-1)}{2} \quad (1.4)$$

$$C_i = \frac{2<L_i>}{k_i(k_i-1)} \quad (1.5)$$

其中,L_i 表示节点 i 的 k_i 个邻居节点之间的链接数;p 表示节点 i 的两个邻居节点之间的连接概率。

对所有节点的聚类系数求和取平均值:

$$C = \frac{1}{n}\sum_{i=0}^{n} C_i \quad (1.6)$$

聚类系数的取值范围为[0,1]。其中,0 表示节点的所有邻居节点彼此都不相连,1 表示节点的所有邻居节点形成了一个完全图,彼此之间互相连接。该指标表示媒体之间联系的紧密程度,并从侧面反映了网络中媒体节点的整体影响力水平。越接近 1,表明网络中大部分的节点影响力较大;反之,越接近 0,则表示网络中大部分的节点影响力较小。

4. 介数

在社交网络中,有些节点虽然度值很小,但它可能是连接两个群体的关键节点。如果没有该节点,这两个群体就会失去联系,这种节点在网络中不可替代。衡量节点在网络中的重要性指标被称为介数,它分为点介数和边介数。点介数反映了媒体节点在网络中的重要地位,该指标对后续网络结构分析以及影响力最大化中的约简网络具有重要意义。

节点介数定义为:

$$B_i = \sum_{1 \leq j < l \leq N} [n_{jl}(i)/n_{jl}] \quad (1.7)$$

其中，n_{jl} 为节点 j 和节点 l 之间的边的最少数量；$n_{jl}(i)$ 为节点 j 和节点 i 之间的最短路径中经过节点 i 的路径数量；N 为网络中的节点数。

5. 度相关性

度相关性是指网络中一条边的节点度值之间的关系。如果度大的节点倾向于和度大的节点相连，则称网络具有同配性；反之，如果度大的节点倾向于和度小的节点相连接，则网络具有异配性。度相关性在网络的扩散现象中担当重要角色，它会对信息传播的规模和速度产生重要影响。

根据传播过程中邻居节点的影响，可以将传播过程分为两类。第一类中，相对于度值小的节点，度值大的节点对邻居节点的状态较不敏感，它们是传播中的延迟者。第二类中，节点需要处于活跃态的某一数量的邻居节点才能成为活跃节点，因此度值较大的节点的激活概率更高。对于第二类，度值大的节点更可能被活跃的邻居节点影响，它们变成了传播中的加速者。因此，信息传播速度依赖于度值较大的节点在传播中所扮演的角色和它们在网络中的位置。

节点的邻居节点平均度为：

$$k_{nn,i} = \frac{1}{k_i} \sum_{j \in V(i)} N_k \tag{1.8}$$

其中，k_i 为节点 i 的度值；j 为与 i 相连的节点；k_j 为节点 j 的度值。对网络中节点为 k 的所有节点 N_k 的邻居节点的平均度 $k_{nn,i}$ 取平均值，得到度为 k 的节点的邻居节点平均度：

$$k_{nn}(k) = \frac{1}{N_k} \sum_{i, k_i = k} k_{nn,i} \tag{1.9}$$

6. 介数相关性

介数相关性描述的是节点根据介数相互选择连接的偏好，它与节点的度相关性都反映了网络的局部结构特征。介数为 g 的节点 i 的邻居节点平均介数为：

$$g_{nn,i} = \frac{1}{k_i} \sum_{j \in V(i)} g_i \tag{1.10}$$

其中，k_i 为节点 i 的度值；j 为与 i 相连的节点；g_j 为节点 j 的介数。将网络中节点介数为 g 的所有节点 N_k 的邻居节点的平均介数 $g_{nn,i}$ 取平均值，得到介数为 g 的节点的邻居节点平均介数：

$$g_{nn}(g) = \frac{1}{N_g} \sum_{i, g_i = g} g_{nn,i} \qquad (1.11)$$

三、复杂网络的应用

复杂网络不仅是一种数据的表现形式，也是一种科学研究的手段，各领域对在线社交网络的研究也越来越多。

1. 链接预测

近年来，已经有很多学者致力于研究网络的演化机制、网络拓扑与功能的关系等。在这些研究中涉及链接挖掘中的许多问题，而链接预测是最基本的问题。网络中的链接预测是通过已知的网络节点以及网络结构等信息预测网络中尚未产生连边的两个节点之间产生链接的可能性。也就是说，链接预测的任务是要探测潜在的但尚未被观测到的链接，或者是要预测现在未有但未来可能会产生的链接。

在生物信息学领域的研究中，链接预测可用于研究生物的基因与疾病的关系，分析蛋白质相互作用网络等生物网络的结构，有利于预防和治疗人类的疾病。比如，在蛋白质相互作用网络的研究中，需要观测蛋白质之间是否发生相互作用，这就要进行大量的生物学实验，而这样的生物学实验将会耗费巨额资金和很长时间。应用链接预测的技术分析蛋白质相互作用网络的拓扑结构，以此来预测一些疑似的链接，在此基础上再对这些疑似的链接进行生物实验，这样不但可以降低实验费用，而且可以提高预测的准确率。[3]

链接预测的思想和方法广泛地应用于社会网络的分析中。近年来，社交网络吸引了越来越多的用户，通过链接预测算法可以将那些很有可能是好友但是还未结交的人、部分兴趣爱好相同的人、用户可能会感兴趣的人推荐给在线的用户。如果预测的结果足够精准，那么此算法可以提高该网站在用户心中的地位，保证用户对该网站的参与度。

链接预测在电子商务中也有着重要的应用。电子商务网站分析消费者过去的交易情况和他们对不同商品的喜好，利用链接预测技术来向用户推荐他很可能想购买的商品，这样的促销手段可以增加现有客户的黏性，还能招来更多新客户。

目前，常用的链接预测方法主要有基于相似性的方法、基于机器学习的方法、基于矩阵运算的方法和基于概率模型的方法等。

(1) 基于相似性的方法

应用基于相似性的方法进行链接预测的重要前提是两个节点之间相似性足够大，相似性越大，它们之间存在链接的可能性就越大。如何定义节点之间的相似性是基于节点相似性的链接预测方法的核心问题，根据不同的相似性度量方法，可分为基于局部信息的相似性方法、基于路径信息的相似性方法、基于随机游走的相似性方法和基于社会理论的相似性方法。

(2) 基于机器学习的方法

近年来有不少学者提出了基于机器学习的链接预测方法。例如，将链接预测问题转化为分类问题来解决，将存在和不存在的链接看成两类。也有的是将网络描述为具有某种内在结构的模型，然后用最大似然方法找出与已知网络具有最大似然的具体结构，最后根据所得到的具体结构估计顶点之间出现链接的可能性。

(3) 基于矩阵运算的方法

基于矩阵运算的链接预测方法将链接预测问题转换为矩阵运算问题，它们将图的邻接矩阵、拉普拉斯矩阵等描述拓扑结构的矩阵进行变换、分解、填充等，从而得到一个反映潜在链接的隐空间，最后由隐空间所反映的边上的隐特征可以得到未知边的预测得分。

(4) 基于概率模型的方法

概率模型是一种网络的建模工具，它提供了一种系统的方法，把顶点和边的属性合并为一组实体,并对它们链接的联合概率分布建模。概率模型的优点在于它可以通过捕获实体和链接本身之间的概率交互来反映网络中的对象—关系的结构。

2. 社区发现

复杂网络一般是指节点众多、连接关系复杂的网络。由于其灵活、普适的描述能力,复杂网络被广泛应用于各科学领域。近年来,越来越多的人对复杂系统进行研究,随着研究的深入,人们发现许多实际网络均具有社区结构,即整个网络由若干社区组成,社区之间的连接柜对稀疏,社区内部的连接相对稠密。社区发现则是利用图拓扑结构中所蕴藏的信息,从复杂网络中解析出其模块化的社团结构。它以一种分而治之的方式研究整个网络的模块、功能及其演化。

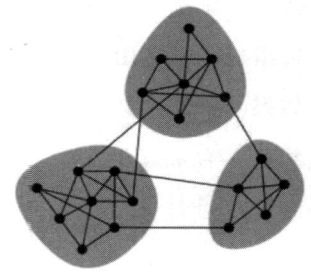

图 1.4　网络中的社区结构

模块度是评估社区发现效果的度量指标,其取值范围介于 -1 至 1 之间。在加权网络中,模块度的定义为:

$$Q = \frac{1}{2m} \sum_{i,j} \left[A_{ij} - \frac{k_i k_j}{2m} \right] \delta(c_i, c_j) \quad (1.12)$$

$$\delta(u, v) = \begin{cases} 1 & if u == v \\ 0 & else \end{cases}$$

其中,A_{ij} 表示节点 i 和 j 之间边的权重;$k_i = \sum_j A_{ij}$,k_i 表示所有与 i 相连边的权重之和;c_i 表示顶点 i 所属社区;$m = \frac{1}{2} \sum_{ij} A_{ij}$,$m$ 表示所有边权重之和。

模块度可以理解为社区内部边的权重比例"减去"随机放置边情况下社区内部边的权重比例。内部权重比例越高,则表示社区内部的连接越紧密。此外,划分的社区越好,则权重占比与随机情况的差距也越大。

传统的社区发现技术有图分割方法和聚类方法。图分割方法将图划分为定义大小的 g 个簇,簇中的边数比簇之间的边数更密集。图分割的著名例子是谱二分法和 Kernighan-Lin 算法。聚类社区发现方法将图表示为其邻接矩阵或经过矩阵分解转化等降维后的小矩阵，然后采用常规的聚类算法进行聚类，如分层聚类、划分聚类、谱聚类等。基于低相似性，删除网络中的簇间的边，从而将社区彼此分离，如 Girvan-Newman 算法。基于模块度优化的社区发现方法有贪婪算法、模拟退火算法、Memetic 算法、PSO 算法和进化多目标优化算法等。

在实际网络中，大多数节点可能同时属于多个社区。传统的社区检测技术无法识别重叠的社区。派系过滤法是识别网络中重叠社区的最著名的技术。派系更可能是由紧密连接的内部边组成，而不是由稀疏连接的外部边组成。社区由 $k\text{-}cliques$ 组成，$k\text{-}cliques$ 指的是具有 k 个顶点的完整子图。如果两个派系共享 $k-1$ 个节点，则认为它们相邻。$k\text{-}cliques$ 社区是由所有相邻的 $k\text{-}cliques$ 组成的。

第三节 系统动力学

系统动力学方法也常被称为工业动态学，这是一门用于分析研究信息反馈系统的交叉学科。该方法通过研究复杂系统内部的各类要素和要素之间的因果反馈关系，根据系统内部要素的因果结构来寻找问题，而不使用外部的干扰或者不可预知的随机事件来说明系统的行为性质。该方法能够通过分解复杂系统整体结构的方式去清晰地了解各个组成部分的相互作用情况，再借由参数或者策略的调整在动态仿真的过程中模拟系统整体的变化趋势。同时，在数据不足以及某些参数难以量化时，用各个变量之间的反馈作用关系也能在一定程度上对关注的问题展开研究。

系统动力学的特点可大致概括为以下三点：

（1）系统动力学主要以控制理论作为指导，以信息反馈作为运行机制，并以此对系统进行研究。

（2）系统动力学模型内部可同时存在多个子系统，模型主要通过因果关系将不同子系统与整体系统联系起来。

（3）系统动力学与计算机技术高度结合，目前已有很多较为成熟的仿真软件能够对系统动力学模型进行可视化仿真，也可对模型进行相关验证和测试，为人们提供丰富的决策意见。

一、系统动力学的主要概念

系统动力学所涉及的主要概念如下：

1. 反馈

反馈的概念最早出现在控制论的相关理论中，它指的是在系统内的同一单元或者系统的相邻子块之间的输入和输出关系。从整个系统的层面来看，反馈指的是来自外部的输入以及系统对外的输出。

2. 因果回路图

因果回路图是用来表示系统中各个因素之间的因果作用以及反馈关系的图例，通过因果回路图可以清晰直观地描述系统的逻辑结构。而因果回路图中的变量将会构成一个或多个反馈回路，反馈通过因果链（带箭头的线段）来进行连接。每条因果链都具有极性，用正（+）或者负（-）来表示是正反馈关系还是负反馈关系。

3. 存量流量图

存量流量图可以明确系统整体的反馈形式和控制规律，通过存量流量图可以区分变量性质并建立变量间的数学逻辑关系。存量流量图的存量是累计量，能够表示系统中量的状态。流量是指能使存量发生变化的量，有且仅有流量能使存量发生改变。

二、基于系统动力学的多主体博弈建模方法

系统动力学可以将复杂系统的微观行为和宏观现象有机地结合到一

起,系统动力学的分析建立在对问题以系统化思维进行解构的基础上,随着理论方法和计算机技术的不断发展,系统动力学已经被广泛地运用到事件范围内的各个领域中去。系统动力学将系统构建成为结构与功能图式模型,利用反馈、调节和控制原理进一步设计表示系统行为的反馈回路,最终建立模型并通过计算机仿真技术对模型进行仿真实验。系统动力学中多主体的博弈行为建模的流程如下:

1. 描述系统

对现实系统进行模型描述,应基于收集研究对象的相关资料来明确研究的问题以及研究系统的组成要素,并分析多主体存在博弈的原因和对应的博弈行为,最终确认想要研究的主体对象。

2. 分析系统的结构

根据主体对象的不同,应厘清各个主体之间的反馈关系,再通过各个主体所处的子系统,来厘清子系统的结构关系和其对应的边界。最后确定变量之间的因果关系,划分若干个子系统来明确总体和局部之间的反馈机制以及各个变量之间的反馈,同时可以用因果回路图对系统结构进行总结。

3. 建立系统动力学数学模型

通过因果回路图分析系统的反馈关系后,需要明确各个存量和流量及变量之间的具体数量关系,运用系统动力学的语言深层次描述变量间的关系,构建数学方程组,并在此基础上运用参数估计法、问卷调查法、专家打分法等确定参数值,最后对存量流量图中的函数关系进行简单的说明。

4. 检验与评估模型

检验模型需要分析模型的因果回路图是否合理,模型的逻辑关系是否正确,并对其出现的问题进行修正与解决。对模型进行检验和评估贯穿整个分析过程,通过不断的检验与评估,让模型能更准确地反映现实系统中多主体的博弈或相互作用。在此之后可以通过改变系统中各个参数的大小,来分析研究参数的变化对整个系统的影响。

第四节 议程设置

一、第一层次：客体议程设置

议程设置的思想源自李普曼的书《公众舆论》，在该书中，李普曼认为媒体对社会舆论的形成起着至关重要的作用，即媒体可通过塑造有关外部世界的"拟态环境"来影响人们对世界的看法。

在 20 世纪 70 年代，学者麦库姆斯和肖通过在美国北卡罗来纳州教堂山镇进行的社会调查验证了这个观点。他们在 1968 年的美国总统选举期间，随机抽取态度摇摆不定的选民，要求选民把他们自己认为重要的议题排序，并将这一系列数据用以代表公众议程。同时，他们也收集了一段时间内不同议题在媒体报道中的显要性排序，以此代表媒介议程。通过将公众议程与媒介议程进行对比，从结果中可发现这两组数据呈高度正相关关系——外交政策、法律秩序、经济、公共福利、公民权利，这是五大议题在这些选民心中的重要性排序，与之前在新闻媒介上的显要性排序基本一致。由此，这验证了议程设置理论假设——大众媒介通过影响议题在选民心中的显要性为政治竞选设置议题议程。[4]这是议程设置理论研究的第一个阶段，也被称为第一层次议程设置，即客体的议程设置。这一层次的议程设置认为，公众媒介可以通过筛选报道内容来告诉人们"想什么"。

二、第二层次：属性议程设置

第二层次的议程设置也被称为属性议程设置，这一层次的议程设置主要指媒介、公众如何讨论关注的议题——关注议题的哪些属性或特点，即媒体可通过筛选和强调客体的某些属性，来影响公众"怎么想""怎么做"。以麦库姆斯在《议程设置：大众传播媒介与舆论》一书中所举案例为例：媒体报道飞机失事与劫机事件增加,这使航空售票量大幅减少,买航空保险的人大幅增加。这一例子说明媒体通过报道有关民航方面的负面消息,使公众对飞机的安全性产生怀疑,进而改变了公众的行为选择。议程设置领域的研究发展至此阶段,可以将第一、二层次的议程设置综合描述为:媒介对于外部世界的报道,不是镜子式的反映,而是根据一定的形态意识、法律制度、群体规范等对外部信息进行挑选、整理与重新建构,然后打包传播给受众,从而影响受众的认知、态度与行为。

近年来,基于第一、二层次的议程设置也受到国内广大学者的关注。黄扬等围绕"事件属性"和"注意力"两大要素,借助定性比较分析(QCA方向)研究了40个本土案例的议程设置特征,发现网络焦点事件中,多起焦点事件的"叠加"会推动政策议程的设置。[5]曾怡然选取《经济日报》中有关中美经贸磋商的报道,运用内容分析法和案例分析法研究媒体对中美贸易摩擦中舆论的引导作用,发现以《经济日报》为代表的党报在此事件的不同时期呈现不同的属性议程设置特点。[6]韩晓宁等聚焦2020年新型冠状病毒肺炎疫情期间的健康信息传播,检验多元话语主体间的多层次议程互动情况,发现在第二层属性议程设置方面,党媒和市场化媒体对社交媒体意见领袖层面的影响较为显著。[7]

三、第三层次:网络议程设置

在互联网社交媒体崛起的背景下,第三层次议程设置是由麦库姆斯和郭蕾提出的。传统议程设置认为,公众对信息的认知是线性和分层的。人们通过一系列问题和属性的排序列表来考察一个客体,不同客体和属性是相互独立且分离的;这与传统主流媒体传播渠道少、传播速度慢、传播信息量有限的特征相呼应。但随着网络发展,社交媒体不仅拓宽了传播渠道,而且提高了新闻议程传播的速度和信息量,导致线性传播思想的传统议程设置理论受到挑战与质疑。而第三层次的网络议程设置进一步采纳了认知心理学领域的研究成果,认为人的心理表征是以网络状结构来呈现的,公众在认识社会现实时,倾向于在他们头脑中把不同的信息要素关联起来。[8]媒介在这一认知过程中影响人们用什么方式接收不同的新闻。这一内涵也更符合网络时代信息密集且传播速度极快的特征。二者的主要区别如图1.5所示。

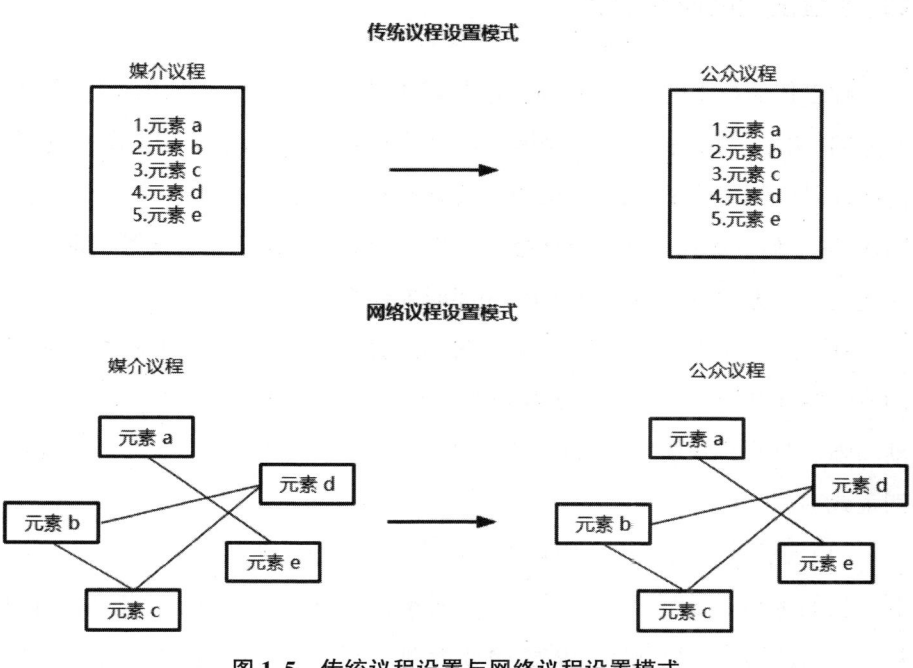

图1.5 传统议程设置与网络议程设置模式

自此,议程设置理论被赋予了第三层理论内涵:除了告诉大众"想什么""怎么想"之外,还能告诉大众"怎么"以及"如何"联系。第三层次议程设置理论在国内外均受到学者的重视。例如,Zhan Xu 等通过研究媒体报道流感导致的疾病、死亡事件可以积极预测儿童流感疫苗接种率。[9]Fan Yang 等通过构建动态社交网络对法国巴黎恐怖袭击事件后一周内 Twitter(推特,现已改名为X)平台上的推文进行分析,发现在网络平台上,专业大众媒体组织在设置公共议程方面仍然比个人意见领袖拥有更大的议程设置权力。[10]蒋贤成等通过研究在"弗洛伊德之死"事件后,美国、法国媒体以及Facebook(脸谱,现已改名为Meta)上的评论,用社会网络分析法考察媒体对公众的议程设置效果,发现两国媒体对公众都存在网络议程设置效果,但不同议程会发生折变。[11]

四、议程设置的研究现状

随着传播技术的进一步发展,在新媒体时代的议程设置理论当中,有着明显的"去中心化"特征——媒体不再是公众获取信息的唯一渠道,普通个体同样可以利用手中的自媒体,对信息进行选择、加工与重组,并进行发布。因此,科学研究第四范式和新传播格局由此形成。[12]在把议程设置理论与第四范式研究方式概念相结合之前,先要明确什么是"范式"。

托马斯·库恩提出"范式"的概念,范式是指每个学科在不同发展阶段的特殊内在结构。科学研究随着人类的发展,复杂程度逐渐加深、规范性逐渐增强。范式有四个发展阶段,先后为实验范式、理论范式、计算范式和第四范式。

(1)实验范式具有相对固定的实验程序,它是根据某一目的,在人工控制变量的条件下,借助某种手段,例如实验仪器,按照规范操作,观察、归纳规律的实验形式。以新闻传播学领域为例,"倒金字塔结构"是以在战争环境下也能准确传递重要新闻为目的而产生的,因此需要人为地将新闻内容按照新闻价值的大小排序后撰写成文,即把最重要的新闻放在最前面,而后再通过电报传回报社。这便是新闻传播学领域在实验范式思想指导下取得的成果之一。

(2)理论范式以形成科学理论体系为导向,摆脱了单纯实验方法的束缚,尝试用概括化的描述方式分析和解释世界,由一系列的概念、判断和推理组成。新闻要素理论就是理论范式在新闻传播学领域当中的一种体现。新闻要素理论将新闻报道抽象为五要素——何时、何地、何人、何事与何故,这五要素使用一种概括化的描述方式去分析和指导新闻报道的写作,这是一项新闻传播学在理论范式指导下取得的重大收获。

(3)与前两种范式不同,计算范式最大的特点是"量化"。它的主要方式是运用计算机对大量数据进行数学计算,以处理研究过程中所遇到的问题。该范式对新闻传播学影响深刻,"精确新闻"这一报道手法,便是在计算范式的思想指导下,通过大量调查研究,对大量数据进行再分析,尽可能地减少新闻报道中偶然、片面和夸大的描述,它是反映事件或现象本质的新闻报道模式。

(4)第四范式有比计算范式更大量且密集的数据作为支撑,又称为"数据密集型范式"。在第四范式的指导下,出现了数据挖掘、精准推送、用户画像等概念,形成了互联网时代的传播新形态,构成了信息传播的新格局。以近几年的研究为例,赵健等通过构建知识图谱来分析中国语境下学习科学发展历程的三个阶段的方式,这便是一种基于科学范式进行研究的实践成果。[13]

第四范式下的议程设置研究需要大量已知数据支撑,然后通过机器计算得出之前未知的可信结论,而这种计算又叫作"算法"。这一背景下的议程设置,对于社会来说有利也有弊。一方面,人们可以通过研究大量数据挖掘数据背后隐藏的议程设置方向,从而更好地推动社会思想建设和政策宣传建设。而另一方面,在这个自媒体资源极其丰富的时代,有部分媒介滥用议程设置理论,引起或强化"信息茧房"效应,以一些社交平台使用的定向内容投喂算法为例,这一算法通过收集大量数据来计算、琢磨用户的价值观与兴趣爱好,为用户量身定制、推送议程,虽然能够精准匹配用户需求、提升用户体验,但也会固化用户的价值观念,放大"信息茧房"效应,使社会整合变得困难。

目前,基于大量数据的议程设置已被广泛应用于实际研究中,王晗啸通过爬取长生疫苗事件的公众评论,提出疫苗安全议题中同时存在显性和隐性的议程设置网络关系。[14]郭雄腾等选取30个本土媒体焦点事件,针对融媒体时代下的政策议程设置进行研究,发现媒体焦点事件能否促成政策议程设置是多个条件共同作用的结果。[15]法布里齐奥·吉拉尔迪采集了瑞士多家报社、瑞士政党官方账号和相关人员在2018年1月到2019年12月期间发表的文章并进行分类,分析三者之间的议程关系,发现瑞士的传统主流媒体议程、政党的社交媒体议程和相关人员的社交媒体议程之间存在着相互影响的关系。[16]综合以上研究范式与成果可以发现,当前在议程设置研究领域中,大部分研究集中在探究新时代网络媒介与传统媒介之间的议程设置关系,主要注意事项可概括为在最大化地使用该理论的同时,应避免滥用它带来的种种问题与矛盾。

第五节 多主体演化与博弈研究现状

多主体演化与博弈模型是指基于多主体建模思想对系统中已有的多主体演化与博弈行为进行建模的模型分析方法,该方法已经被用于各类具有演化与博弈过程的多主体系统中了。在国外的研究中,Mehdi 提出了一种系统动力学与博弈论相结合的耦合仿真优化建模方法,以寻找系统中可用水资源的最优分配决策。[17]Cai 在博弈理论的基础上,提出了一种完全约束惩罚机制以降低普通的停产惩罚机制下企业发生违规行为的概率,并利用系统动力学进行了仿真研究以验证机制的有效性。[18]Duan 在研究演化博弈理论以及政府、企业与社会整体利益关系的基础上,构建了基于系统动力学的三方演化博弈模型,通过对各项政策策略的调整以及调整方案的附加组合,对两种模型在同一策略下的运行情况进行了比较分析。[19]Improta 将层次分析法和系统动力学结合来解决健康技术评估步骤复杂和不易应用的问题,并通过系统动力学的仿真模拟来帮助决策者做出适当的决策。[20]Cordier 将投入产出经济模型与系统动力学生态模型相结合,并将新模型的数据应用于法国塞纳河口的恢复工作中。[21]Feng 考虑经济发展与人口和农业生态系统等因素之间的关系,将系统动力学与马尔可夫链结合,以预测总的农业用水足迹及其对淡水生态系统的压力。[22]按照研究的关注点来划分常见的多主体演化与博弈模型如表1.2所示。

表1.2 常见的多主体演化与博弈研究方法

模型类型	关注点	核心思想
局部演化博弈	利益最大	多主体中的个体在每个时间区间都去选择博弈的最佳策略,保证每个时间区间都能演化达到局部最优
网络演化博弈	合作成本	运用策略和结果描述多主体间的相互博弈方式,反映整个网络中多主体的动态演化博弈关系
社交演化博弈	效应声誉	多主体中每个个体都会有短期效应和长期声誉两个关注点,同时为了获得更好的效应和声誉进行演化博弈
进化演化博弈	状态演化	多主体中的个体以从一种状态演化到另一种状态为目标,在此基础上建立相互作用及博弈行为决策关系

国内的学者也广泛使用多主体演化与博弈的思想和方法。在城市建设方面,薛领通过分析城市中居民、企业等大量微观主体的非线性互动,结合多主体建模方法研究了城市宏观空间的演化过程,为城市的未来发展和持续性规划提供了理论支持。[23]在企业运作方面,宗利永使用多主体建模方法对控制制度设计进行研究,考察了制度设计对代理的行为选择的影响。[24]任军号通过将产业集群演化的生命周期理论与多主体演化建模相结合,为产业集群的升级提出了相应的建议。[25]杨玉芳研究了政府、汽车生产商及车主的三方演化博弈模型,并对三方的平衡演化给出了对应策略。[26]在经济市场方面,张鹏通过对品牌市场的演化理论进行研究,结合多主体仿真方法提出了品牌市场演化模型,为市场多方提出了成本优化的建议。[27]尹秋菊在对价格离散现象的研究中引入多主体建模方法,研究了网络商家和客户的行为演化模型,通过仿真结果为C2C(Customer to Customer,即消费者对消费者)市场管理者提高市场效率提供了依据。[28]吴炳辉基于多主体建模方法,借助投资者行为理论构建了多主体视角下的网络风险传染及演化特征的模型,从而进行针对股票市场风险演化的研究。[29]在社会系统方面,张硕通过研究开源设计的演化过程,结合多主体建模方法提出了社区共生模型。[30]曹霞基于博弈论结合多主体仿真方法对产学研合作创新的网络演化过程进行研究,为政府产学研网络体系的构建提供了理论支持。[31]

而针对融媒体及新闻传媒领域,国外常常与政府管理研究相关联,网民在网络上进行原创投稿的行为和网络舆情演进。[32]K. Mulder认为网络舆情传播的五要素为政党、网民、媒体、KOL(Key Opinion Leader,关键舆论领袖)和政府。[33]Sznajd在对舆论传播过程简化的基础上,使用多主体模型阐述了舆论交互演变的过程。[34]国内在融媒体相关领域的研究主要与网络舆情控制相关,董凌峰研究网媒、政府和网民的共同作用的舆情事件,分析了舆情形成阶段多主体博弈的关键变量因素。[35]孙晓阳围绕社会化媒体平台、政府管理部门和用户三个主体,从信息经济学角度提出社会化媒体平台、政府部门对劣质信息进行调控等行为对网络上媒体信息质量的影响。[36]曹峰利用系统动力学分析了网络舆论生态传播系统的驱动因素,最终提出积极管理网络舆情传播的建议。[37]郭爽分析了影响微博社区网民情绪演变的政府、官媒、意见领袖这三个主体,并对这三个主体如何引导网民情绪提出了对应的策略建议。[38]阎海燕从舆情事件本身分析了网民、媒体、政府三个主体对企业自身网络舆情事件的影响,为企业制定相关政策提供了建议。[39]

第六节　多主体仿真建模工具

本节对 Gephi 软件、Vensim 软件、AnyLogic 软件和 NetLogo 软件进行简要介绍。

一、Gephi 软件

Gephi 软件是一个免费的跨平台工具,可以用于分析各类复杂网络,主要用动态和分层图的方式对给定的复杂网络进行可视化和探测,与其他同类软件相比拥有更多的对多重复杂关系的处理模块,图像的渲染和调试性能也较好,具体应用方向如表 1.3 所示。

表 1.3　Gephi 软件常用领域介绍

应用领域	详细介绍
社会网络分析	通过社会关系数据创建小世界社区地图
网络结构绘制	绘制用于描述网络关系的高质量可视化图像
数据探索分析	对数据进行实时直观的可视化分析
生物网络分析	发现生物数据中的固有结构或者行为模式
链路链接分析	分析各个对象之间的关联结构

由于 Gephi 软件具有丰富的社交网络分析功能,同时对于大数据也有较好的兼容能力和处理效率,所以通过 Gephi 软件的数据探索分析,结合媒体微博的关系数据,可以对融媒体网络的聚类系数、平均路径长度等网络拓扑参数进行计算分析。

二、Vensim 软件

Vensim 软件是一个专门用于研究系统动力学仿真领域的建模工具,通过软件可以建立不同主体之间的因果关系链从而得到因果回路图,在因果回路图的基础上,通过方程编辑器设定不同存量之间的流量关系就可以得到各个变量之间的因果反馈通路,通过恰当的因果循环关系结合参数之间的流量变化就可以快速建立存量流量图,最终构建描述动态系统的系统动力学模型。

通过该软件建立动力学模型,可以了解不同变量之间的流入和流出关系,结合表函数和延迟函数的相关设置,可以方便地对现实生活中的动力学现象进行仿真。软件同时还具备数据分析导出、参数敏感度实验、蒙特卡洛实验等模块,方便用户对系统动力学模型的各项指标展开进一步的分析与计算,是系统动力学建模中的常用建模工具,其自带的动力学方程检查和稳定性分析也十分便捷。

三、AnyLogic 软件

AnyLogic 软件是一款可视化的动态仿真建模软件,可以对离散事件、智能体、系统动力学等多种方法进行建模,同时提供了各行业的工具方法库。比如,它可以用于模拟常见业务流程或者自定义工作流程的流程建模空间,模拟石油、矿业、天然气等各行业的货物转移或者液体气体运输的流体力学库,又可模拟铁路、码头、机场的交通轨道库,模拟制造和仓储过程的物料搬运库等仿真库,支持绝大多数主流数据存储,如 Oracle、MySQL、Excel、Text 文件等,同时支持输出仿真数据和模型运行日志。

由于 AnyLogic 软件是由 JAVA 开发的,所以在建设使用流程库时,用户可以完整地了解软件的运行仿真过程,而相关的流程建模库也可以模块化地将所需要的仿真模块打包到其他的 CRM 或者 BI 系统中进行集成,满足动态仿真建模软件的设计开发需求,它能够提供一定的扩展能力,减少额外的模型构建工作。也就是说,AnyLogic 软件可以建立模块化、层级化和面向对象的系统动力学模型。

四、NetLogo 软件

NetLogo 软件是用来对自然和社会现象进行仿真的多智能体可编程建模环境,由美国西北大学连接学习和计算机建模中心开发和维护。NetLogo 软件继承了 Logo 语言,能够在多种主流平台上运行。基于 NetLogo 软件的易用性以及通用性等特点,它已被经济学、生物学、社会学等各学科领域学者广泛采用。

NetLogo 图形化界面和其特有的 Turtle、Patch、Link 等组件可组成网络舆情事件的复杂网络仿真系统。实现后的网络舆情模型可用图形输出窗口展现网络舆情传播演化的过程,从而直观地展示网络舆情事件的起因、加剧、暴发、衰弱至消亡的整个生命周期。同时,通过仿真实验还可以分析在网络舆情事件演化过程中各因素的相互作用关系,为网络舆情演化分析提供帮助。

第二章 媒体融合中的主体行为特征分析

第一节 媒体融合的内涵、特征与发展

一、媒体融合的内涵

  人们普遍认为媒体融合的概念是在1978年由美国麻省理工学院的媒体实验室的尼古拉斯·尼葛洛庞帝最先提出的。从当时的计算机技术对传统出版行业和广播行业等的影响来看,他认为计算机与传统出版行业和广播行业重叠融合的部分,将会成为成长最快、创新最多的领域。随后,伊契尔·索勒·浦尔在1983年首次提出"形态融合"的概念,突破了尼葛洛庞帝对媒体融合的认知,他认为数字技术的发展将使报纸、广播电视及电信行业的边界慢慢消失,各种媒体呈现多功能一体化的趋势。进入20世纪90年代,数字化融合伴随着计算机数字技术的进步而迅速发展起来,它在为媒介产业融合提供技术支撑的同时,也给信息传播带来了重大变革。[40]

  我国对媒体融合的研究始于20世纪90年代末。在研究初期,相关研究成果极少且视野狭窄,直至2006年,相关研究才多了起来。宫承波等把电子杂志、博客等由不同的媒介形态"融合"在一起发生质变而形成的新媒介形态称为狭义的媒体融合;而广义的媒体融合则不仅包括媒介形态的融合,还包括媒介功能、传播手段、组织结构等要素的融合,是一切媒介及其相关要

素的结合、汇聚和融合。[41] 2009年蔡雯等将国内外关于"媒介融合"的代表性观点进行了梳理和归纳,提出了对媒介融合的概括性认识,他们认为"媒介融合"包含三个核心内容:媒介内容的融合、传播渠道的融合、媒介终端的融合,并提出媒介融合是指在以数字技术、网络技术和电子通信技术为核心的科学技术的推动下,大媒体业的各产业组织在经济利益和社会需求的驱动下通过合作、并购和整合等方式,实现不同媒介形态的内容融合、传播渠道融合和媒介终端融合的过程。[42]

此外,我国其他学者也曾提出对"媒介融合"这一概念的不同理解。熊澄宇认为,媒介融合是指所有的媒介都转向电子化和数字化的形式,这个趋势是由数字技术驱动的,并在网络技术的推动下变得可能。高钢认为,媒介融合的本质为现代信息技术推进的信息传播的技术手段、功能结构和形态模式的界限改变与能量交换。孟建、赵元珂则提出,"媒介融合"就其表现形式而言,主要有两种:一是在传媒业界跨领域的整合与并购,二是媒介技术的融合。喻国明、戴元初则从电视从业者角度对媒介融合概念加以界定,他们认为媒介融合是基于数字化技术的不同媒介之间的资源共享,是电视媒体获得市场竞争力的一种有效策略。由此可见,因语境、研究视角、研究视野和研究层次等多方面的差异,不同学者对媒介融合概念的表述也不尽相同。[43]

二、媒体融合的特征

1. 多模态的传播内容

多模态信息的来源方式、表现形式、语义内涵和存储结构等方面都不尽相同,它是对同一个描述目标的不同层面和不同维度的相关表达。

数据广播、计算机技术、通信技术等数字技术的运用和发展,为传统主流媒体和新媒体的兼容和合作提供了技术支撑,在媒体融合发展过程中,传播技术的提高和更新可以催生新型的媒介形态,不同形态的媒体通过全新的融合,将文字、图片、声音、视频等多种元素的内容进行创造性的组合,这就使得传播内容有了多模态的特征。相比传统单一的文本表现形式,多模态信息在描述目标的维度和层次上有更加明显的优势。随着用户信息需求的不断变化,不同信息用户对同一信息资源在需求层次和侧重点上也不尽相同,多维度、多模态的信息资源在满足不同用户的信息需求上具有更大潜力。

2. 多元化的传播渠道

媒体融合使信息无处不在、无时不有,受众获取信息也不再局限于某一特定渠道,不再受时间和空间的限制,可以用多种形式、多种渠道获取信息。各种智能终端、互动平台、互动应用的出现,不仅使信息传播更有机动性,也使信息的传播在时间和空间上得以延伸。受众获取信息的途径逐渐由传统渠道向互联网渠道转移,如表 2.1 所示。

表 2.1 传统渠道与互联网渠道

信息获取方式		名称	特点
传统渠道	传统主流媒体	电视、广播、报纸、杂志	信息获取的时间和空间有局限性
互联网渠道	即时通信 App	微信、QQ、钉钉	1. 打破传统主流媒体信息传播的局限性 2. 信息获取渠道分散 3. 信息获取习惯变得碎片化、移动化 4. 信息内容丰富、互动强
	微博 App	微博	
	问答 App	知乎	
	社区 App	豆瓣、简书、小红书	
	音频 App	喜马拉雅、懒人听书	
	视频平台 长视频 App	bilibili、腾讯视频	
	视频平台 短视频 App	抖音、快手	
	视频平台 直播 App	斗鱼、花椒	
	自媒体平台	头条号、百家号、大鱼号、凤凰号	

3. 多样化的传播主体

互联网打破了由单一新闻主体构成的新闻传播格局。在网络时代,除了传统的新闻传播主体,一些非专门新闻传播机构也能通过网站进行新闻传播,而普通网民也可以利用互联网向世界传播信息,传播主体开始向多样化发展。

4. 差异化的传播受众

面对大规模单向度的媒体传播，受众往往被认为是"弱势"的群体。面对互联网的冲击，媒体融合发展的早期思路是发挥内容优势，立体化覆盖受众的接触点，实现接触点融合。国内多数报业集团、广播电视台均提出了具体的全媒体转型战略实施计划，从网络报、网络电台、网络电视台、多媒体数字报到户外LED、电子阅报栏等。从整体上看，虽然媒体形态较为多样，接触点覆盖较为广泛，但受众作为"接收者"的地位没有改变，受众接触媒体来获得内容的方式并没有发生改变。

到了社交媒体时代，"互动"成为社交媒体时代的特征。社交媒体将信息传播主动权还给了普通大众，为用户提供了生产、积累、共享、传播信息的独立空间，形成个人信息管理的自媒体。用户可以相对自主地将个人信息向外发布，形成了用户生产、用户分享的互动机制。传播领域不再由少数"把关人"控制，而成为一种无受众亦无传播者、传播者即受众、受众即传播者的，互动的、多元交叉性的、网状的"互播"过程。在互播过程中，用户、记者、编辑等角色是相互转换的，他们更接近伙伴与伙伴之间的关系，形成一个或多个紧密联结的社群。

媒体与经济社会的融合向纵深推进，越来越多的媒体开始与政务、商务、民生等线下服务进行融合，提供闭环服务体系，探索将媒体服务与交通、教育、医疗、旅游、购物等深度融合，形成了丰富多样的"媒体+"融合发展模式，推动"用户"向"协同创造者"转变。传统意义上的"受众""用户"不再仅仅是信息接收者和产品、服务的使用者，也是产品、服务的生产者，成为价值的"协同创造者"。[44]

三、我国媒体融合的发展

2013年，习近平总书记首次正式提及媒体融合发展，并指出传统主流媒体不能被边缘化，要解决"本领恐慌"的问题。他谈到要加快传统主流媒体和新兴媒体融合发展，充分运用新技术、新应用对媒体传播方式进行创新，带动宣传思想工作方式的创新,将媒体融合工作提到国家意识形态建设和宣传思想工作的高度。

2014年,习近平总书记召开中央全面深化改革领导小组第四次会议时强调,推动传统主流媒体和新兴媒体融合发展,要遵循新闻传播规律和新兴媒体发展规律,强化互联网思维,坚持传统主流媒体和新兴媒体优势互补、一体发展,坚持以先进技术为支撑,以内容建设为根本,推动传统主流媒体和新兴媒体在内容、渠道、平台、经营、管理等方面的深度融合,着力打造一批形态多样、手段先进的具有竞争力的新型传统主流媒体,建成几家拥有强大实力和传播力、公信力、影响力的新型媒体集团,形成立体多样、融合发展的现代传播体系。要一手抓融合,一手抓管理,确保融合发展沿着正确方向推进。

媒体融合上升为国家战略并确定媒体融合发展目标之后,我国进入探索媒体融合实践发展道路的新阶段。2015年12月,习近平总书记在视察解放军报社时再次发表针对媒体融合问题的重要讲话,将"一体发展"升级为"一体化发展理念",指出要推动各种媒介资源、生产要素有效整合,从而催化媒体融合由量变向质变升级。2016年2月,习近平总书记在党的新闻舆论工作座谈会上强调,要尽快从相"加"阶段迈向相"融"阶段,从"你是你、我是我"变成"你中有我、我中有你",进而变成"你就是我、我就是你",着力打造一批新型传统主流媒体。为了进一步巩固和壮大主流思想舆论,2018年8月,习近平总书记在第五次全国宣传思想工作会议上提出要扎实抓好县级融媒体中心建设,更好引导群众、服务群众。

2019年以来,习近平总书记关于媒体融合重要论述体系化程度加深,其重点内容是推进媒体融合走进纵深发展阶段,构建全媒体传播格局。2019年1月,习近平总书记在中共中央政治局第十二次集体学习时强调,推动媒体融合向纵深发展,做大、做强主流舆论,巩固全党全国人民团结奋斗的共同思想基础。2019年10月,党的第十九届四中全会审议通过了《中共中央关于坚持和完善中国特色社会主义制度、推进国家治理体系和治理能力现代化若干重大问题的决定》(以下简称《决定》),《决定》中将媒体融合工作所要构建的全媒体传播体系纳入国家治理体系和治理能力现代化范畴当中,从内容、技术和创新管理角度为媒体融合发展如何参与社会治理乃至促进国家治理体系和治理能力现代化提供了方向。2020年6月,中央全面深化改革委员会第十四次会议审议通过了《关于加快推进媒体深度融合发展的指导意见》。同年9月,中共中央办公厅、国务院办公厅印发《关于加快推进媒体深度融合发展的意见》(以下简称《意见》)并发出通知,要求各地各部门结合实际认真贯彻落实。《意见》从重要意义、目标任务、工作原则三个方面明确了媒体深度融合发展的总体要求,进一步提出了"推动主力军全面挺进主战场""走好全媒体时代群众路线""以先进技术引领驱动融合发展""大力培养全媒体人才"和"形成政策保障体系"等具体要求。同时,《意见》明确我国媒体深度融合的发展布局是"四级融合发展布局",即以"中央媒体、省级媒体、市级媒体和县级融媒体中心"为主体建设全新的媒体发展体系。自此,中国的媒体深度融合发展进入全面深化的实施阶段。

第二节　融媒体生态系统

《关于加快推进媒体深度融合发展的意见》中指出发展融媒体的目的就在于能够产生更多的社会效益和经济效益,以达到1+1>2的效果,其中的关键就在于让融媒体生态系统中的各个主体达到"共融"。《意见》中的"融媒体"并不是指某一个实体,而是指一种把传统主流媒体与新媒体的优势相结合的理念。与单一的传统主流媒体相比,它以先进的数字技术、网络技术、移动技术为支撑,以互联网、无线通信网、有线网络等为渠道,以电脑、手机、数字电视机等为终端,以社交网站、新闻网站、网络论坛、即时通信、数字报纸等为形式,具有传统单一媒体无法比拟的技术优势、渠道优势、平台优势和载体优势,使其信息传播呈现传统主流媒体所不具有的特点。[45]融媒体生态系统指的是在融媒体发展建设和实际运作过程中各主体与信息环境所构成的统一整体,在这个生态系统中各个主体相互制约、相互作用并相互影响。我国目前融媒体的研究里以信息传播为方向的研究较多,对学科理论框架构建的尝试较少,大部分都是针对案例和现状的分析,缺乏理论研究。

融媒体在实际运作时涉及两个过程:一是融媒体在发展建设过程中由政府部门和各类媒体主导的媒体融合过程;二是融媒体在实际运作过程中由媒体、平台、政府、用户多方博弈作用下的信息传播过程。融媒体的建设和运作过程如图 2.1 所示。

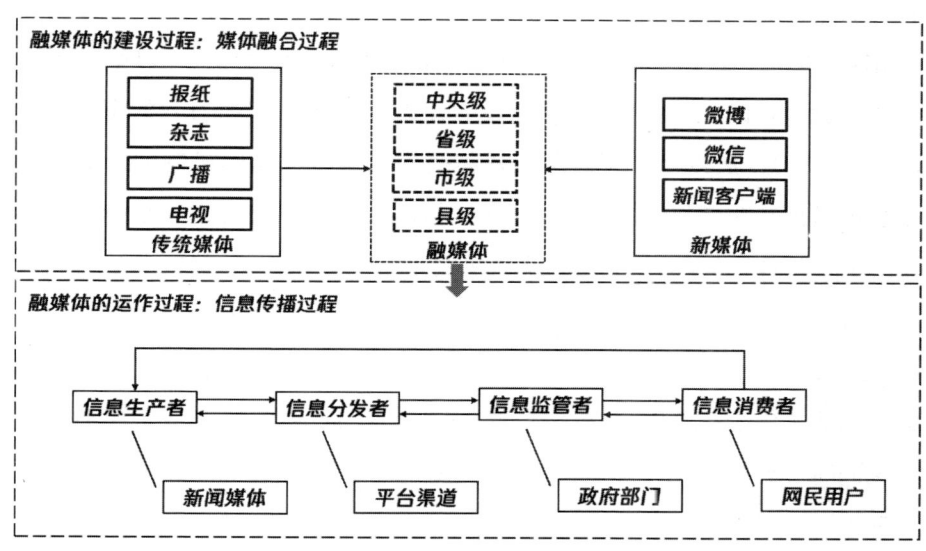

图 2.1 融媒体的建设和运作过程

一、融媒体的建设过程

融媒体的建设过程,也就是由传统主流媒体和新媒体参与的媒体融合过程,关注的是媒体主体之间的演化。但因为目前进行媒体融合的成本相对较高,建成后的收益不明显,加上媒体产业整体发展深度不够,建设过程缺乏理论支持和引导等,这些问题都给媒体深度融合的推进造成了巨大的障碍。

从融媒体的建设过程也就是媒体融合角度来看,周轶桢指出,随着融媒体的不断建设,"中央厨房"式的新闻采编生产中心,把新闻信息的采编流程转变为采、编、播一体化的传播体系,强化了媒体与用户之间的交流互动,使得新闻生产能够双向传导,有效提高了传统主流媒体信息传播的有效性。[46]姚佳子指出在媒体融合的过程中传统主流媒体与新媒体之间并没有明显的界限和作用关系,体现在媒体融合上更多的是不同级别的媒体所拥有的不同的资源和传播能力。[47]陈楚瑜表示,区县级融媒体作为媒体融合的"基层堡垒",其在信息流的上传与下达及实现信息传播的"最后一公里"中有无法替代的作用。[48]但融媒体在建设的过程中还存在许多复杂和综合性问题,比如,融媒体在建设发展的过程中,由于各级媒体的资源配置不合理,导致融媒体建设不到位。[49]评价融媒体建设的方式太过简单,没有有效的衡量媒体融合进度的标准,以及小的县级融媒体受到体制以及运作机制的影响未能很好地发挥其功能和作用。[50-51]刘义昆指出当务之急是要建立县级融媒体中心的评价规则标准,建立跟踪反馈机制来帮助融媒体的运转,通过协同资源结合完善的融合理论和体系来促进产业融合。[52]郭雯表示,"融"是路径,而"合"是效果,从整个融媒体的生态系统出发,应该对有效传播进行奖励,最终形成主体统一协调、有机协作的整体。[53]王晨光指出,县级融媒体平台应该同时协调内容与平台关系,平衡中央和地方关系,省级和市级媒体也应该通过资源互补的方式来进行媒体融合的相关实践。[54]

二、融媒体的运作过程

融媒体的运作过程,也就是新闻媒体、平台、政府部门、用户参与的信息传播过程,关注的是多主体之间的博弈。由于政府、媒体、平台、用户这些处于多维价值体系的不同主体之间拥有不同的目标,其价值认同存在着差异性,所以难以对这些主体博弈的行为进行系统、综合的分析。

从融媒体的运作过程也就是信息传播角度来看,新时代下的融媒体呈现非线性的报道方式。[55]这种方式要求媒体自身不再是用户接收信息的主要渠道,微信、微博这些平台成为网民接收信息的主要渠道,矩阵化、跨媒介、多圈层的特性也让网民可以参与信息的传播,从而形成了更大范围的传播。[56]陈慧指出,在融媒体运作的过程中网民不单单是被动接收信息,也会对已有的信息做出反馈,而这些反馈也会影响信息的传播,这就对融媒体的运作过程提出了新的要求,即应该注重网民对于政府和媒体主体的评价。[57]南卫东表示,融媒体时代信息传播的把控难度增大,如何通过技术手段对各类媒体的信息传播活动进行有效监督已经成为融媒体信息传播的过程中的新问题。[58]综上,融媒体所涉及的每个环节,从内容生产到信息传播,再到舆情的监管以及最后的信息消费,都面临着亟须解决的问题。[59]

基于这些已经存在的问题,政府和媒体部门除了要在媒体融合的过程中有体制、机制的创新,树立正确的融合思维,做好市场媒体产品的质量管控,同时也要确保融媒体建设的出发点与落脚点都是为受众提供更优质的信息服务。所以,我们必须对融媒体环境下的信息传播的过程进行深层次的把握,才能提出合理有效的应对策略,从而更好地推进融媒体事业向前发展。

第三节 融媒体系统中的主体行为特征

融媒体系统中信息传播过程需要信息生产者、信息分发者、信息监管者和信息消费者,这四部分分别对应传播主体、平台主体、监管主体和用户。在新媒体时代,用户同时也具有信息生产者的属性,因此一并归入传播主体。

一、传播主体

传播主体是传播学的基本概念之一。随着传媒产业的不断发展,传播主体的内涵及其在传播过程中承担的角色也在发生变化。特别是在媒体融合时代,传播主体的身份和职能迭代速度加快,变得更加丰富和多元,进而影响主客体关系。

传统意义上的传播主体是与客体或接收者相对的概念,指的是传播过程中信息的发送者,即传播者。具化到传播实践中,传播主体通常指媒体及其所有者和经营者,传播客体通常指信息接收者,即受众。

随着新媒体的发展,传统的传播模式受到挑战,传统传播模式中的各个要素和过程都被赋予了新的内涵,"双向"乃至"多向"的传播成为可能。在传统的传播模型中,传者与受者泾渭分明的界限、传播模式的线性关系等经典要素,都在数字化和交互、互动的作用和影响下发生了变革。传统主流媒体传播的主线是单一的,信息传递朝一个方向进行。但在新媒体环境下,信息的传播呈现非线性的多方向传播,传播主体和客体之间的交流互动频繁,关系也不断转换,客体不再处于单纯的从属和被动的地位,主客体地位趋于平等,它们之间的地位不再有高低之分,两者共同构成新闻传播的主体。[60] 信息传播方式的这一改变导致传播主体在传统主流媒体时代的主导者地位开始发生变化。在传统主流媒体时代,传播客体被称为"受众",而在新媒体时代,它更多地被称为"用户"。

1. 传统主流媒体

长期以来,以广播、电视、报纸为代表的传统主流媒体,凭借其专业的采编团队、丰富的编辑经验、较广的社会资源,产出了质量较高、颇具权威的内容,成为人们生活中不可或缺的信息媒介。但是随着互联网技术的发展,出现了利用数字技术、网络技术,以手机、电脑等新兴互联网载体为终端,为用户提供相关服务的新型媒体,它们更能迎合受众在碎片化时间里阅读的需求,受众有了更多的选择,解决了传统主流媒体"自上而下"模式的单一问题和选择较少的问题,因此新媒体迅速挤占传媒市场,传统主流媒体的影响力、竞争力等被逐渐削弱。

为应对技术环境和客户需求的变化,传统主流媒体的融合转型势在必行。近年来,各级、各类媒体积极推进融合发展的实践表明,新型主流媒体是媒体深度融合发展的必然产物,不少媒体已经在向新型主流媒体加速转型。目前来看,新型主流媒体应包含以下主要特征:从政治维度来看,新型主流媒体与传统主流媒体一脉相承,由党领导,负责党的宣传思想工作、新闻舆论工作,为党和人民服务,是党和人民的"喉舌";[63]从形态维度来看,新型主流媒体相较传统主流媒体的单一形态,媒体形态更多样,生产传播手段更先进,要在内容、技术、终端、管理、服务等方面实现全方位相融,一体化发展;从社会维度来看,新型主流媒体在自建平台及各个传播渠道上,都应让主流价值占领主阵地,创造一流社会效益,成为群众离不开的渠道;从经济维度来看,新型主流媒体应具有强大的自我造血机能和竞争力,能够获得良好的经济效益,从而成为引领传媒行业发展的主导力量,在市场竞争中占据主流地位;从国际维度来看,新型主流媒体要掌握国际传播规律,采取贴近不同地域、不同国家、不同受众的精准传播方式,增强国际传播的亲和力和实效性。

新型主流媒体的建设目标,应是让媒体的内容生产与传播具有强大的传播力、引导力、影响力、公信力,从而占领信息传播制高点。同时,媒体应具有强大的经济实力、盈利能力,即市场竞争力,使社会效益和经济效益相统一。

2. 自媒体

相对于传统主流媒体,自媒体也是媒体融合实践活动的承担者。在人类社会发展进程中,它的主体作用不可小觑。以往,受众接收新闻信息的渠道不足、渠道不畅且完全受制于传统主流媒体,在新媒体时代这种情况已经一去不复返了。公众发表意见的方式更自由、方便,这使自媒体的使用者可以参与到形成舆论的过程中,改变了社会舆论的格局与社会话语格局。

(1)自媒体对传统主流媒体专业性的挑战

由于传统主流媒体从业者的职业素养和传播伦理要求其客观真实地进行新闻报道,而在面对重大突发公共卫生事件时,传统主流媒体难以仅凭一己之力掌握事实,而是需要协调多方力量来合作考证。此时,传统主流媒体的层层把关及其审核制度与公共卫生事件的突发性形成相悖的关系,往往导致传统主流媒体在新闻发布的时间上处于不利地位。基于网络的匿名化特征和把关人的缺失，自媒体用户发布或转发消息，既没有传统主流媒体新闻准则的约束，也没有自身媒介素养的限制。

（2）自媒体与传统主流媒体话语权的争夺

在我国未进入移动传播的数字化时代时，传统主流媒体在议程设置上发挥着主导作用。而如今移动传播和媒介工具的迅速发展催生了更加多元立体的信息和传播渠道，技术赋权打破了信息传播者与接收者之间的壁垒，普通大众也开始扮演"新闻生产者"的角色。海量的自媒体有了竞争力，在一定程度上解构了传统主流媒体的话语体系。作为信息传播主体的自媒体，不受时空限制且具有很强的互动性。

二、平台主体

百度、腾讯、新浪等互联网原生企业从一开始就以聚合资源、搭建平台为使命，内容生产并非其优势，因而这类企业旗下的媒体平台，比如今日头条、微信公众号、微博等都具有典型的互联网平台特征。它们本身不生产内容，而是扮演第三方角色，致力于聚合庞大的内容生产群体和海量用户，为二者的媒介产品流通、信息资源置换搭建"自由市场"。它们一方面为内容生产者提供内容发布、变现和粉丝管理的平台，另一方面为用户提供获取内容资源的信息服务平台。

平台型媒体是在向用户开放的基础上，把恰当的算法技术与专业的编辑运作结合起来的一种传媒形态，因此平台型媒体本质上融合了科技平台的开放特质和媒体出版领域的把关属性。平台型媒体以提供信息资讯服务为主要任务，它不仅是数据交换的中介，也是网络表达和信息内容传播的"中心"，是影响最大的网络平台类型，在很大程度上决定了互联网的信息内容环境。

平台型媒体打破了单一的生产、传播逻辑，生产平台向用户开放，允许普通用户参与文章发表全过程，它抓住了互联网低门槛、平民化特点的核心,将被动的"受众"转变为拥有创造力的"用户",构建了一个稳定的用户社区群。

网络平台运作的基础逻辑是服从资本与市场的规则,"点击量""流量"等指标是平台型媒体首要追逐的指标,拥有这些指标才能保证平台型媒体真正成为一个"平台"。而"转化率"则是平台型媒体所追逐的更为重要的一项指标,它保障平台型媒体商业利益的实现,进而维系平台型媒体的持续发展。在平台型媒体信息内容生产流程内部,"点击量""流量"不仅成为平台及内容生产者量化用户注意力的通用货币,同时也成了用户评判媒介信息内容价值的主要尺度。[60]平台的商业化性质导致了"流量战争"和"平台垄断"现象的产生,不利于良好网络生态的形成。

三、监管主体

在我国,对新闻媒体进行监管的主体主要有政府监管主体、行业自律管理主体和社会监督主体。其中,相关的政府职能部门承担着主要的监管任务。

根据我国政府对新闻媒体监管机构的设置,我国新闻媒体的政府监管主体分为以下两类:一是中国共产党中央委员会宣传部、中华人民共和国国务院新闻办公室以及各级地方宣传部门。除对新闻媒体提供信息服务外,它们也对新闻媒体及其工作人员在工作方针、阶段性工作计划以及重大新闻报道、评论和正确舆论方向的把握上进行指导、监督和规范管理。二是中华人民共和国国家广播电视总局及各级地方新闻出版局和中华人民共和国国家互联网信息办公室。它们作为新闻媒体的主要行政监管主体,分别对我国的新闻出版、广播电视和互联网等各种媒体的设立与调整、经营运作的秩序、分支机构的设立进行监督管理。它们为新闻媒体及其从业人员提供相关的新闻服务,同时也依法对媒体和记者的行为进行规范管理,并对其在新闻工作过程中所出现的违法行为依法予以相应的行政处罚。如《上海证券报》、《中国建设报》、交通网等行业类媒体,它们除受前面两大类监管主体的监管外,还接受相关行业主管部门的指导和监管。

  当前,我国政府对新闻媒体的监管方式主要采取的是行政手段和法律手段。行政手段主要应用于新闻媒体的审批与调整、对新闻媒体运作秩序的行政监管以及对新闻从业人员的身份管理等。在我国实行的是媒体备案审批制,所有新闻媒体都必须经过相关部门的审核批准方可设立。同时,政府通过对我国媒体主要管理层的人事任免、重要宣传主题内容的引导、正确舆论引导等来加强对媒体运作秩序方面的监管。此外,通过行政手段,在加强新闻从业人员的管理方面我国取得了不小的进步。一是通过制定相关法律法规,二是依法处理新闻媒体及新闻从业人员的违法行为。近年来,我国先后制定了一些有关报纸、电视、网络等的法律法规,在我国其他法规中也有关于新闻媒体及其工作的相关规定。通过法律来规范、保障新闻媒体及其从业人员的工作行为和合法权益的同时,我国也依法处理了新闻从业人员的新闻敲诈、新闻侵权等违法犯罪行为。[62]

第三章　媒体融合过程中媒体主体的演化分析与建模

第一节　媒体融合过程中的多主体

一、多主体范围界定

在融媒体的发展过程中,逐渐形成了包含地域特性和等级特性的融媒体网络。各类媒体主体在整个融媒体网络的演化中会受到融媒体网络本身性质和特征的影响。同时,媒体融合的成本和收益也会影响融媒体在媒体融合中的积极性。在媒体融合过程中,各类媒体状态可以分为非活跃主体、活跃主体、待融合主体、融合中主体和已融合主体这几类。

(1)非活跃主体:这类媒体主体在融媒体网络中并不活跃,同时由于自身条件的限制或者利益分配的问题没有积极地进行媒体融合,但当在网络中离它较近的媒体选择进行融合时,它也会有一定的概率进行融合。

(2)活跃主体:这类媒体主体在融媒体网络中较为活跃,它们积极地参与信息传播的过程,也积极地响应媒体融合政策,根据媒体融合所能获得的收益尽可能地去完成媒体融合的整个过程。

(3)待融合主体:这类媒体主体有自身的限制,并不能直接对媒体融合起促进作用,如县级媒体因为其影响力和活跃度有限,所以不具备促进媒体融合整体进程的能力,但当它自身能力具备之后就会开始进行媒体融合。

同时,若融媒体网络中临近的活跃媒体主体积极地进行媒体融合,它会通过借鉴相关经验来完成媒体融合。

(4)融合中主体:这类媒体主体是已经开始媒体融合但还没完成融合的媒体主体,主要以正在建设融媒体中心的县级媒体为主。

(5)已融合主体:这类媒体主体完成了媒体融合的过程,是已融合状态,绝大多数的头部媒体,如《人民日报》,就是完成了媒体融合的已融合主体。

以上这些媒体主体在融媒体网络中按照自身的特点转变状态,当网络中各主体的状态趋于稳定时,就完成了整个融媒体的网络演化。

二、多主体演化机制分析

研究表明,社交网络拥有和无标度网络相似的特性,即网络的自然增长和择优连接这两个重要特性。其中,自然增长特性是指在一个网络中总会有新的节点加入,也就是说,节点的规模呈现增大趋势。择优连接特性是指新加入网络中的节点与网络中已有较大度的节点进行相连的概率会更大。融媒体内拥有这两个类似特性的媒体主体同时也呈现相对较高的聚集性,表现为两个媒体用户之间共同的合作伙伴越多,它们直接建立联系的概率就会越大。结合融媒体本身的复杂性,实际上很难直接使用无标度网络的特性去描述整个融媒体网络的多主体演化过程。所以,本节将结合无标度网络的自然增长特性和择优连接特性来说明融媒体在媒体融合过程中整个网络的多主体演化机制。

1. 自然增长机制

融媒体的自然增长机制不表现为网络中媒体总数的增长,而是表现为整个融媒体网络中完成媒体融合的媒体主体数量的增长。由于融媒体网络中的各个媒体主体的状态会发生变化,当媒体主体的状态发生变化时,整个融媒体网络的结构也会发生变化。所以,当融媒体中的媒体主体完成媒体融合时,网络结构的变化也可能会导致其他的媒体主体选择进行媒体融合,进一步地增加能够完成媒体融合的媒体主体的数量,最终保证融媒体中完成媒体融合的主体数量自然增长。

2. 网络结构作用机制

主体节点在网络中进行演化时会受到各类因素的影响,以微博网络为例,它在选择关注其他媒体账号时不会选择随机搜索来关注其他用户,而更有可能倾向于在头部主体及可信主体中选择关注,同时也会优先关注与自己处在相同的地域、有共同的创作领域、有同一话题的其他媒体。而媒体主体在融媒体网络中进行演化时,这些媒体的演化更容易受到离自己网络距离较近的媒体的影响,表现为同一个省或者同一个县的媒体之间更容易互相关注。同时,当某一媒体开展媒体融合工作时,也会提高其他媒体开展媒体融合的意愿。也就是说,融媒体网络的平均路径长度、平均聚类系数等结构特征会对媒体主体在融媒体网络中的演化产生影响。

3. 演化收益作用机制

主体节点在网络中演化除了会受到网络结构的影响,还与演化所能获得的实际利益相关。以微博为例,媒体会根据未来的需求,有针对性地搜索一些相关的微博用户进行关注,也就是说,行为可能带来的潜在收益会影响主体的行为选择,最终导致网络中的主体朝着不同的方向演化。

同样,融媒体的媒体主体在网络中进行演化除了会受到融媒体网络结构上的影响,还会受到演化收益大小所带来的影响。比如,如果通过建设融媒体中心来进行媒体融合的成本大于选择媒体融合所能带来的收益,那么融媒体的媒体主体就可能不会选择媒体融合;如果媒体融合所能带来的收益要远远高于成本,那么整个融媒体网络就会以更快的速度朝着媒体融合的目标进行演化。

第二节　基于传染病模型的多主体演化分析方法

一、传染病模型

随着复杂网络研究的快速发展，人们认识到真实系统中的传播现象，如疾病的流行、网络信息传播等都可以叫作服从某种规律的传播行为。网络信息传播是指信息以互联网为载体，依靠特定的社交关系实现自身流动的过程。网络信息传播模型可以借助传染病动力学模型建立。[64] 传染病传播的数学模型能够描述复杂网络的传播特性，是传播动力学的研究基础。在传播模型的研究中，个体被抽象为若干个舱室：易感染者（Susceptible, S）、潜伏者（Exposed, E）、感染者（Infected, I）和治愈者（Removed, R），个体之间的转换构成了不同的传播模型。经典的传播模型有 SI（Susceptible-Infected）模型、SIS（Susceptible-Infected-Susceptible）模型、SIR（Susceptible-Infected-Removed）模型，其中 SIR 模型在流行传染病学中占据中心位置，是传染病动力学的最基本模型。在该模型的发展演变过程中，学者根据应用场景的不同，对经典模型进行变体，包括 SIRS（Susceptible-Infected-Removed-Susceptible）模型、SEIR（Susceptible-Exposed-Infected-Removed）模型等，它们之间的关系如表3.1所示。

表 3.1　常用传染病模型比较

模型名称	关注点	核心思想
SI、SIS、SIR	感染率与治愈率	研究易感染者 S、感染者 I、治愈者 R 三类节点的状态转化，确定信息的传播扩散方式
SEIR、SEInR	潜伏期	将潜伏者 E 纳入模型中，其有一定概率变为感染者，同时也有一定概率使用免疫策略变为治愈者
SEIRS	时滞与时延	将不同时滞和时延作为参数分析其如何影响信息传播的过程

续表

模型名称	关注点	核心思想
SISa	节点主体偏好	将节点主体是否具有接受某种行为的自主性纳入模型,将这些行为作为特殊的信息进行传播扩散
SCIR	节点最终状态	认为模型只有感染和不感染两种最后的状态,网络中只需要有少量感染节点,整个网络就处于能够传播信息的状态

1. SI 模型

SI 模型只有感染者和易感染者,感染者以 β 的传染率传给易感染者,用 $S(t)$、$I(t)$ 表示 t 时刻易感染者和感染者的比例,有 $S(t)+I(t)=1$。易感染者一旦被传染就不能被治愈,最后随着时间 t 的推移,所有人都是感染者,其传播路径如图 3.1 所示。

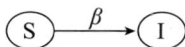

图 3.1 SI 模型

该模型的传播动力学微分方程如式 3.1 所示:

$$\begin{cases} \dfrac{dS(t)}{dt}=-\beta S(t)I(t) \\ \dfrac{dI(t)}{dt}=\beta S(t)I(t) \end{cases} \quad (3.1)$$

2. SIS 模型

SIS 模型与 SIR 模型不同的是,感染者最终还是变成易感染者。SIS 模型描述了感染个体能够反复被治愈的流行病传播行为,其传播路径如图 3.2 所示。

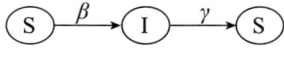

图 3.2 SIS 模型

其传播动力学微分方程如式 3.2 所示:

$$\begin{cases} \dfrac{dS(t)}{dt} = -\beta S(t)I(t) + \gamma I(t) \\ \dfrac{dI(t)}{dt} = \beta S(t)I(t) - \gamma I(t) \end{cases} \quad (3.2)$$

3. SIR 模型

SIR 模型将人群分为三类：易感者 S、感染者 I、免疫者或治愈者 R。其中 R 表示人群已经治愈，具有免疫力，且不具有传染性。在 SIR 模型中，传播路径为 S→I→R，如图 3.3 所示。

$$S \xrightarrow{\beta} I \xrightarrow{\gamma} R$$

图 3.3　SIR 模型

易感者 S 以概率 β 被感染者 I 感染，感染者 I 以概率 γ 恢复，变成免疫者 R。当传播过程结束后，网络中只存在 S 和 R 两种状态。其传播动力学微分方程如式 3.3 所示：

$$\begin{cases} \dfrac{dS(t)}{dt} = -\beta S(t)I(t) \\ \dfrac{dI(t)}{dt} = \beta S(t)I(t) - \gamma I(t) \\ \dfrac{dR(t)}{dt} = \gamma I(t) \end{cases} \quad (3.3)$$

二、多主体演化分析步骤

以 SEIR 为例，使用该模型进行多主体演化分析的步骤如下：

1. 模型基本假设

由于很多传染病存在一定的潜伏期，易感人群与感染者接触后也不一定会患病，但是病原体可能在某个个体内潜伏，一段时间后以一定的概率发病。同时，治愈后的个体将拥有对该病毒免疫的能力，所以根据 SEIR 模型可将人群分为易感染者 S、潜伏者 E、感染者 I 和免疫者 R。

2. 状态转化关系分析

易感染者 S 与感染者 I 接触后的感染率为 λ，同时易感染者 S 有概率 λ 成为潜伏者 E。病原体在潜伏者 E 体内潜伏一段时间，潜伏者 E 有概率 ω 成为感染者 I。感染者 I 的治愈率为 β，治愈后的免疫者 R 具有一定的免疫能力，与感染者 I 接触后不会再感染。

其中，免疫者 R 不再参与传染病的传播，其状态也不再发生改变，转化关系如图 3.4 所示。

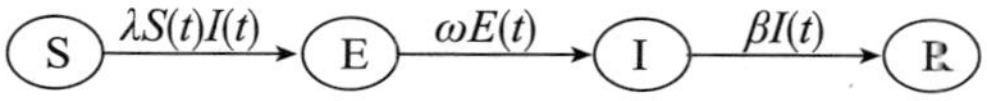

$$S \xrightarrow{\lambda S(t)I(t)} E \xrightarrow{\omega E(t)} I \xrightarrow{\beta I(t)} R$$

图 3.4　SEIR 模型的状态转化

3. 状态转换方程构建

根据状态转化关系，通过微分方程可以对传染病传播动力行为进行数学建模。SEIR 模型的状态转换方程如式 3.4 所示：

$$\begin{cases} \dfrac{dS(t)}{dt} = -\lambda S(t)I(t) \\ \dfrac{dE(t)}{dt} = \lambda S(t)I(t) - \omega E(t) \\ \dfrac{dI(t)}{dt} = \omega E(t) - \beta I(t) \\ \dfrac{dR(t)}{dt} = \beta I(t) \end{cases} \quad (3.4)$$

4. 模型仿真检验

根据状态转换方程，结合实际的数据对模型进行仿真检验，并通过仿真对系统中多主体的演化情况做进一步的分析。

第三节　基于传染病模型的融媒体多主体演化建模

真实的融媒体网络具有一定的复杂性，而在融媒体网络上的媒体存在少量的强连接和大量的弱连接，强连接表示媒体之间有高度一致的地域、级别、组织结构上的关系，而弱连接表现为在微博这类新媒体平台上的关注、互动行为。为了更加清晰、明确地描述和模拟现实中的融媒体多主体网络，同时适当简化研究的流程，本节将用微博中的网络直径、平均路径长度、平均聚类系数等网络结构特征及其演化过程的收益等来研究这些因素对网络中多主体的演化产生的影响，并对融媒体网络中的媒体演化进行数学建模。

一、模型基本假设

本节根据对融媒体中的各类媒体主体在网络中演化机制的分析，结合媒体融合过程中各类媒体的行为特征，加入 SEIR 传染病模型建模的思想，对媒体融合下的融媒体多主体演化模型提出以下基本假设。

（1）将各类媒体主体的演化过程看作媒体节点在网络中状态的改变。

（2）将媒体节点的加入和退出行为看作媒体主体在网络中的状态改变，即在建模过程中各种状态的节点数量发生了变化，但所有状态节点数量的总和不变。

（3）同一类状态的媒体主体的行为是一致的，即不考虑同类状态媒体之间的其他差异。

（4）融媒体网络中各媒体之间的关系类似于融媒体网络中的媒体在微博上的关注关系，即两个媒体如果在微博上存在关注关系，那么在融媒体网络中它们有一条连边。

（5）对于无法直接获取的数据，可以根据已有文献进行一定的推导。

二、主体状态转化关系

假设在融媒体网络中的媒体主体存在下列五种状态:非活跃主体 S_0、活跃主体 S_1、待融合主体 E、融合中主体 I、已融合主体 R。S_0 是融媒体系统中的非活跃主体,它们在融媒体系统中并不活跃,因其自身的能力不足或者利益分配不当的问题没有选择进行媒体融合,但当网络中靠近它的其他媒体选择进行媒体融合时,它会有一定的概率(p_0)进入待融合状态,然后再进行媒体融合。S_1 是融媒体系统中的活跃主体,它们积极地响应媒体融合政策,根据进行媒体融合所能获得的收益以一定的概率(p_1)参与媒体融合进程。E 是融媒体系统中的待融合主体,但由于自身能力和条件的限制,会在接触其他媒体融合过程中的主体后以一定的速度(v_1)成为融合中的主体,同时也在接触完成媒体融合的主体后以一定的速度(v_2)转变为完成媒体融合的主体。I 是融媒体系统中的融合中主体,它们在融媒体网络中开始进行媒体融合。同时,它们会根据自身融合能力的大小以一定的速度(v_3)转变为已融合节点,也会出于网络结构的原因以一定的概率(p_2)来完成媒体融合。R 是融媒体系统中的已融合主体,它们代表在融媒体系统中完成了媒体融合的全过程的媒体主体,在此期间这些已融合主体的状态不会再发生改变。

将媒体主体视为在网络中的节点,这些节点间的状态转化关系如下:

(1)当节点 S_0 与一个节点 I 相邻时,以概率 p_0 成为节点 E。

(2)当节点 S_1 与一个节点 I 相邻时,以概率 p_1 成为节点 I,p_1 越高则节点 S_1 转化成节点 I 的可能性也就越大。

(3)节点 E 和其他节点合作以速度 v_1 成为节点 I,或参考已有范例以速度 v_2 成为节点 R,直接完成媒体融合过程。

(4)对于节点 I,若与节点 R 在网络中处于相邻的位置则会以速度 v_3 成为节点 R。同时节点 I 在融合过程中也会因为已经完成了媒体融合而以概率 p_2 转为节点 R。

(5)对于节点 R,由于它已经完成了媒体融合,所以状态不再发生改变。

此类媒体主体状态转化过程如图 3.5 所示。

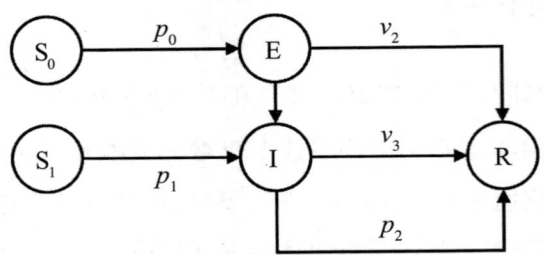

图 3.5 媒体主体在融媒体网络中的状态转化

三、主体间的转移概率

对于融媒体网络中的节点 i，其状态可能在节点 S_0、节点 S_1、节点 E、节点 I 或者节点 R 之间转移变换，在 $[t, t+\Delta t]$ 时间段内，节点 i 发生状态转移的概率如表 3.2 所示。

表 3.2 节点状态转移概率定义

符号	定义说明
$P^i_{S_0 S_0}$	节点 i 保持非活跃状态的概率
$P^i_{S_0 E}$	节点 i 由非活跃状态转为待融合状态的概率
$P^i_{S_1 S_1}$	节点 i 保持活跃状态的概率
$P^i_{S_1 I}$	节点 i 由活跃状态转为融合中状态的概率
P^i_{EE}	节点 i 保持待融合状态的概率
P^i_{EI}	节点 i 由待融合状态转为融合中状态的概率
P^i_{ER}	节点 i 由待融合状态转为已融合状态的概率
P^i_{II}	节点 i 保持融合中状态的概率
P^i_{IR}	节点 i 由融合中状态转为已融合状态的概率

（1）假设节点 i 在 t 时刻处于非活跃状态，则有：

$$P^i_{S_0 S_0} + P^i_{S_0 E} = 1 \tag{3.5}$$

在 t 时刻节点 i 的邻居节点中处于活跃状态的数目为 $m_1 = m_1(t)$，则有：

$$P^i_{S_0 S_0} = (1 - \Delta t p_0)^{m_1} \tag{3.6}$$

根据式 3.6,则有：

$$P_{S_0E}^i = 1-(1-\Delta t p_0)^{m_1} \tag{3.7}$$

假设节点 i 一共能有 k 条边,同时 m_1 也是符合二项分布的变量,则有：

$$\Pi(m_1,t) = \binom{k}{m_1} p_0(k,t)^{m_1} [1-p_0(k,t)^{k-m_1}] \tag{3.8}$$

在式 3.8 中,$p_0(k,t)$ 表示在 t 时刻作为有 k 条边的活跃状态节点接触一个融合中节点的概率,如式 3.9 所示：

$$p_0(k,t) = \sum_{k_1} p(k_1|k) v(I_{k_1}|S_k) \tag{3.9}$$

其中,$p(k_1|k)$ 为度相关函数,表示度为 k 与度为 k_1 的节点相邻的概率；$p(I_{k_1}|S_k)$ 为一个拥有 k_1 条边的节点在连接到一个度为 k 的非活跃状态节点后处于融合中状态的概率。用 $p^I(k_1,t)$ 表示在 t 时刻度为 k_1 的融合中的节点密度,则有：

$$p_0(k,t) = \sum_{k_1} p(k_1|k) p^I(k_1|t) \tag{3.10}$$

度为 k 的节点在 $[t,t+\Delta t]$ 时间段内保持非活跃状态的平均概率 $\overline{P}_{s_0 s_0}(k,t)$ 为：

$$\overline{P}_{s_0 s_0}(k,t) = \sum_{m_1=0}^{k} \binom{k}{m_1} (1-p_0\Delta t)^{m_1} p_0(k,t) [1-p_C(k,t)]^{k-m_1} \tag{3.11}$$

$$\overline{P}_{s_0 s_0}(k,t) = [1-p_0 \Delta t p_1(k,t)]^k \tag{3.12}$$

将式 3.11 代入式 3.12 中,则有：

$$\overline{P}_{s_0 s_0}(k,t) = 1 - p_0 \Delta t \sum_{k_1} p(k_1|k) p^I(k_1|t)^k \tag{3.13}$$

所以,一个度为 k 的节点在 $[t,t+\Delta t]$ 时间段内从非活跃状态节点转移到待融合状态节点的平均概率满足 $\overline{P}_{s_0 E}(k,t) = 1 - \overline{P}_{s_1 s_1}(k,t)$,综上则有：

$$\overline{P}_{s_0 E}(k,t) = 1 - (1 - p_0 \Delta t \sum_{k_1} p(k_1|k) p^I(k_1|t))^k \tag{3.14}$$

(2)假设节点 i 在 t 时刻所处待融合状态,显然有:

$$P_{EE}^i + P_{EI}^i + P_{ER}^i = 1 \tag{3.15}$$

在式 3.15 中:

$$\begin{cases} P_{EI}^i = \Delta t v_1 \\ P_{ER}^i = \Delta t v_2 \end{cases} \tag{3.16}$$

(3)同理,假设节点 i 在 t 时刻所处的状态是融合中状态,则有式 3.17:

$$P_{II}^i + P_{IR}^i = 1 \tag{3.17}$$

此时使用 $m_2 = m_2(t)$ 表示在 t 时刻节点 i 的邻居节点中有处于融合状态的节点的数目,则有式 3.18:

$$P_{II}^i = (1 - \Delta t p_2)^{m_2}(1 - v_3 \Delta t) \tag{3.18}$$

假设节点 i 在网络中一共有 k 条边,同时 m_2 是服从二项分布的随机变量:

$$\Pi(m_2, t) = \binom{k}{m_2} p_2(k,t)^{m_2} [1 - p_2(k,t)]^{k-m_2} \tag{3.19}$$

式 3.19 中, $p_2(k,t)$ 表示在 t 时刻拥有 k 条边的融合中状态节点附近可以连接到其他已融合状态节点的概率:

$$p_2(k,t) = \sum_{k_1} p(k_1|k) p^R(k_1|t) \tag{3.20}$$

所以,一个度为 k 的节点在 $[t, t+\Delta t]$ 时间段保持融合中状态的平均概率 $\overline{P}_{II}(k,t)$ 如下:

$$\overline{P}_{II}(k,t) = \sum_{m_2}^{k} \binom{k}{m_2} (1 - p_2 \Delta t)^{m_2} p_2(k,t)^{m_2} [1 - p_2 \Delta t]^{k-m_2}(1 - v_3 \Delta t) \tag{3.21}$$

$$\overline{P}_{II}(k,t) = [1 - \Delta t p_2 p_2(k,t)]^k (1 - v_3 \Delta t) \tag{3.22}$$

$$\overline{P}_{II}(k,t) = 1 - \Delta t p_2 \sum_{k_1} p(k_1|k) p^R(k_1|t)^k (1 - v_3 \Delta t) \tag{3.23}$$

(4)对于融合中状态节点,从融合中状态转到已融合状态的平均概率有:

$$\overline{P}_{II}(k,t) + \overline{P}_{IR}(k,t) = 1 \tag{3.24}$$

所以则有：

$$\overline{P}_{IR}(k,t) = 1 - [1 - \Delta t p_2 \sum_{k_1} p(k_1|k) p^R(k_1|t)]^k (1 - v_3 \Delta t) \qquad (3.25)$$

四、动力学演化方程

假设在 t 时刻，融媒体系统网络中度为 k 的节点总数为 $N(k,t)$，分别用 $S_0(k,t)$、$S_1(k,t)$、$E(k,t)$、$I(k,t)$、$R(k,t)$ 表示度为 k 的五类状态节点的数量，则有：

$$S_0(k,t) + S_1(k,t) + E(k,t) + I(k,t) + R(k,t) = N(k,t) \qquad (3.26)$$

在 $[t, t+\Delta t]$ 时间段内，各类状态节点的数量变化情况如下：

（1）非活跃状态节点：

$$S_0(k, t+\Delta t) = S_0(k,t) \overline{P}_{s_0 s_0}(k,t) \qquad (3.27)$$

（2）活跃状态节点：

$$S_1(k, t+\Delta t) = S_1(k,t) \overline{P}_{s_1 s_1}(k,t) \qquad (3.28)$$

（3）待融合状态节点：

$$E(k, t+\Delta t) = E(k,t) + S_0(k,t)[1 - \overline{P}_{s_0 s_0}(k,t)] - E(k,t)(P_{EI} + P_{ER}) \qquad (3.29)$$

（4）融合中状态节点：

$$I(k, t+\Delta t) = I(k,t) + S_1(k,t)[1 - \overline{P}_{s_0 s_0}(k,t)] + E(k,t) P_{EI} - I(k,t) \overline{P}_{IR}(k,t) \qquad (3.30)$$

（5）已融合状态节点：

$$R(k, t+\Delta t) = R(k,t) + E(k,t) P_{ER} + I(k,t) \overline{P}_{IR}(k,t) \qquad (3.31)$$

综上，对于非活跃状态节点：

$$\begin{cases} \dfrac{S_0(k, t+\Delta t) - S_0(k,t)}{N(k,t) \Delta t} = -p^{S_0}(k,t) k p_0 \sum_{k_1} p(k_1|k) p^I(k_1,t) \\ \dfrac{\partial p^{S_0}(k,t)}{\partial t} = -p^{S_0}(k,t) k p_0 \sum_{k_1} p(k_1|k) p^I(k_1,t) \end{cases} \qquad (3.32)$$

对活跃状态、待融合状态、融合中状态和已融合状态节点，同理可得：

$$\frac{\partial p^{S_1}(k,t)}{\partial t} = -kp_1 p^{S_1}(k,t) \sum_{k_1} p(k_1|k) p^I(k_1,t) \tag{3.33}$$

$$\frac{\partial p^E(k,t)}{\partial t} = p^E(k,t)(-v_1-v_2) + p^{S_0}(k,t)kp_0 \sum_{k_1} p(k_1|k) p^I(k_1,t) \tag{3.34}$$

$$\frac{\partial p^I(k,t)}{\partial t} = p^E(k,t)v_1 + p^{S_1}(k,t)kp_1 \sum_{k_1} p(k_1|k) p^I(k_1,t) - p^I(k,t)v_3 -$$

$$p^I(k,t)p_2 \sum_{k_1} p(k_1|k) p^R(k_1,t) \tag{3.35}$$

$$\frac{\partial p^R(k,t)}{\partial t} = p^E(k,t)v_2 + p^I(k,t)v_3 + p_2 \sum_{k_1} p(k_1|k) p^I(k_1,t) p^R(k_1,t) \tag{3.36}$$

通过令 S_1 代表 $p^{S_1}(k,t)$，度相关函数 $\sum_{k_1} p(k_1|k)$ 由字母 de 表示，对上述模型式的进一步简化，由此得出模型的微分方程如式 3.37 所示：

$$\begin{cases} \dfrac{dS_0}{dt} = -kp_0 de S_0 I \\[4pt] \dfrac{dS_1}{dt} = -kp_1 de S_1 I \\[4pt] \dfrac{dE}{dt} = kp_0 de S_0 I - (v_1+v_2)E \\[4pt] \dfrac{dI}{dt} = kp_1 de S_1 I + v_1 E - v_3 I - p_2 de IR \\[4pt] \dfrac{dR}{dt} = v_2 E + v_3 I + p_2 de IR \end{cases} \tag{3.37}$$

在式 3.37 中，k 为网络刚开始进行媒体融合时的节点所具有的度，de 为度的相关概率，S_0、S_1、E、I、R 分别代表节点相应的比例，p_0 与 p_2 是主要与网络结构相关的参数，p_1 是主要与状态转化收益有关的参数，v_1、v_2、v_3 为对应的状态转化速度。上述微分方程构成了融媒体系统网络演化的动力学方程组，它反映了在媒体融合的过程中各个节点因为网络结构和状态转化所能带来的收益的状态转化过程。

第三章 媒体融合过程中媒体主体的演化分析与建模

第四节 模型检验与评价

一、基于复杂网络的融媒体网络结构特征分析

结合微博网络的全面性和开放性的特点,即微博上的信息一旦从某个主体发布,就不单单在各主体的关注与被关注的关系之间传播,而是在整个微博网络以及官方网站上进行传播,同时也会在网页或微信上进行同步,各大媒体之间的关注关系和这种传播方式与实际的融媒体网络是十分相似的,本节将以媒体的微博网络关注关系作为融媒体网络的结构关系来进行分析与研究。

为了更加充分地反映融媒体系统中各类媒体主体的交互关系,本节选择 2021 年 10 月中华人民共和国国家互联网信息办公室公开发布的《互联网新闻信息稿源单位名单》作为媒体主体研究对象,它们包括中央新闻网站、中央新闻单位、行业媒体、政务发布平台、地方新闻单位和地方新闻网站等共 1 358 家稿源单位,其中开通微博的主体有 763 个。结合微博提供的 API,通过爬虫从微博网页版爬取网站上的这些媒体账号,访问这些微博的二级关注列表,即关注列表中的账号和关注列表中的账号的关注列表账号,并提取结构化数据,最后获得 11 371 个账户和 84 547 条关注关系。

表 3.3 互联网新闻信息稿源单位名单

单位类型	数量	举例
中央新闻网站	79 家	人民网、新华网、央视网、中青在线等
中央新闻单位	38 家	《人民日报》、新华社、中央广播电视总台等
行业媒体	89 家	《中国电子报》、《当代世界》杂志、《人民铁道》报等
政务发布平台	80 家	中共中央网络安全和信息化委员会办公室
地方各级媒体	1072 家	《北京日报》、澎湃新闻、贬联社等

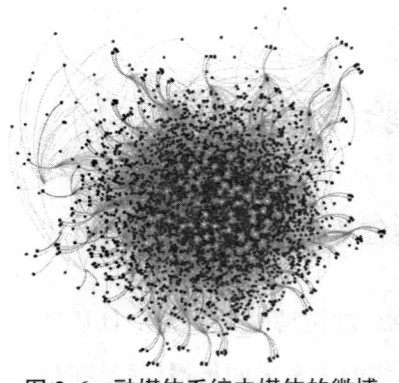

图 3.6 融媒体系统中媒体的微博关注网络

经过数据清洗,利用 Gephi 软件进行统计,可最终获得一个拥有 4 972 个节点及 60 604 条边的融媒体网络。将这些节点和边数据进行处理并绘制图像,得出的网络模型结构如图 3.6 所示。

图 3.6 上只有少数节点拥有大量连线,其他绝大多数节点只有很少的连线,整体上来看具有明显的无标度性,在符合融媒体网络的特征的同时也符合微博上其他社交媒体所形成的网络模型结构。

通过 Gephi 软件计算得到网络的基本拓扑性质如表 3.4 所示。

表 3.4 当前传统主流媒体微博网络的基本拓扑性质

网络特征参数	符号	参数值
节点数	n	49 72
边数	m	60 604
网络直径	D	5
平均路径长度	L	3.737
平均聚类系数	C	0.198

通过分析可以得出,该网络的网络直径为 5,网络的平均路径长度为 3.737,这也就是说,在任意两个媒体节点之间,最多只需要经过 5 个媒体就可以相互联系,平均只需要 3.737 个媒体就可以相互抵达,这一结果符合六度空间理论。

表 3.5 部分现实世界网络的统计特征

网络名称	节点数	边数	网络直径	平均聚类系数
Facebook	4 039	88 234	8	0.109
Twitter	81 306	1 768 149	7	0.206
YouTube	1 134 890	2 987 624	2	5
科学家合作网络 NS	1 590	2 468	17	0.798
美国电力网络 Grid	4 941	5 935	46	0.107

表 3.4 中的平均聚类系数为 0.198,对比表 3.5 中的其他常见的复杂网络,能够看出该融媒体中媒体所构成的网络有较高的聚类性,整体节点聚集程度较高,网络直径较短,符合我国融媒体的网络结构环境。

根据融媒体网络中的网络结构特征来设定模型中的参数,其中 $p_0 = C = 0.198$,$p_2 = \dfrac{L}{D} = 0.7474$,状态转换收益 $p_1 = 0.5$。设置初始时融媒体系统内媒体节点的比例和其他所需要用到的参数值如表 3.6 所示,后续的仿真分析在不做另外说明的情况下都是基于该参数设定进行的。

表 3.6 实验仿真参数设定

S_0	S_1	E	I	R	k	de	p_0	p_1	p_2	v_1	v_2	v_3
0.85	0.1	0	0.05	0	15	0.1	0.198	0.5	0.7474	0.25	0.3	0.05

基于以上参数设定,实验得到媒体融合过程中节点随时间演化的情况;如图 3.7 所示。

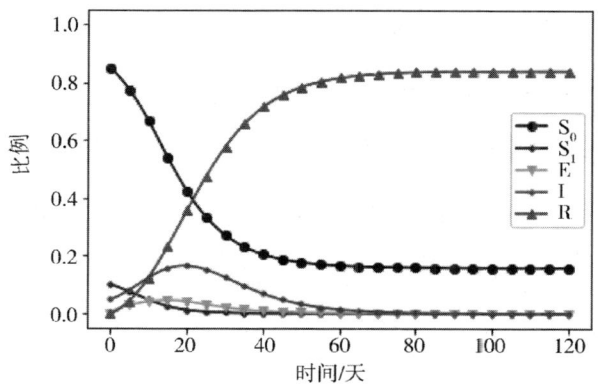

图 3.7 融媒体系统媒体网络模型节点随时间演化的情况

从图 3.7 可以看出,媒体融合初期,节点 S_0 和节点 S_1 的数量在减少,当网络中待融合状态节点与融合中状态节点的数量逐渐增多时,节点 S_0 和节点 S_1 的数量急剧下降,但到达一定时间后便趋于稳定。而节点 E 和节点 I 在系统中的比例在迅速增加一段时间后就达到了峰值,之后便开始慢慢降低,经过一段时间后逐渐下降,直至为零。

而在整个过程中,节点 R 的比例一直在增长,其增长的速度随着待融合状态节点与融合中状态节点的迅速增长在增加,直至最后趋于 0.82,这同时说明融媒体系统中的大多数节点都已经完成了媒体融合,而整个媒体融合进程也达到了稳定状态。而节点 S_0 在融合过程的最后阶段没有融合中状态的节点,所以导致选择参与融合的意愿降低,最终有占比为 0.18 的非活跃节点不参与媒体融合。上述过程符合我国媒体融合工作推进进程中媒体数量占比的变化情况,说明该模型较好地对融媒体系统媒体网络演化过程进行了仿真。[65]

二、网络直径对媒体融合的影响

在媒体融合过程中,整个融媒体系统的网络也会变化,而融媒体系统网络的网络结构又会对媒体融合过程本身产生影响。在模型中,$p_2 = \dfrac{L}{D}$,而 $0<L<D$,所以 $0<p_2<1$,且 p_2 越大,说明网络直径就越大,即网络中的节点想要联系其他任意节点的最大路径长度越长。p_2 分别取 0.3、0.6、0.9 来检测平均路径长度 D 和网络直径 L 对媒体融合的影响,结果如图 3.8 所示。

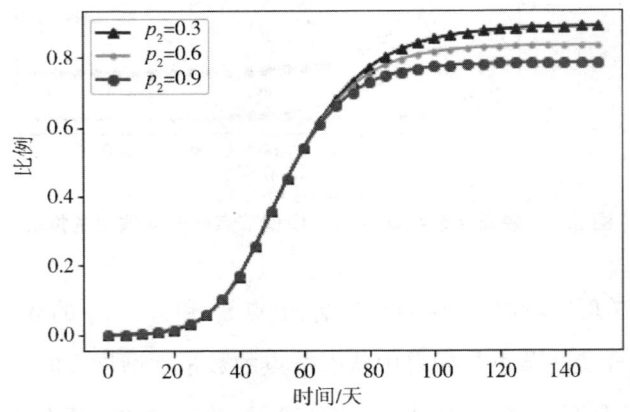

图 3.8 平均路径长度 D 和网络直径 L 对媒体融合的影响

从图 3.8 可以看出，随着 p_2 的增加，已融合节点 R 的前期演化过程没有出现明显的变化。当已融合节点 R 演化达到稳定状态时，已融合节点 R 在整个融媒体系统中的占比有了一定的差异，说明媒体融合的速度与平均路径长度 D 和网络直径 L 无显著相关，但是平均路径长度越小，已融合的节点也就越多，最终媒体融合的效果越好。在融媒体的建设过程中，"北京模式"通过连通旗下所有媒体账号，让各账号进行关注、互动以形成较短的合作路径来提高媒体融合的效果，就是这一结论的典型例子。

三、聚类系数对媒体融合的影响

随着媒体融合的进行，网络中各媒体主体的聚集程度也会发生变化。在模型中，$p_0 = C$，而 $0 < C < 1$，故 p_0 分别取 0.1、0.5、0.9 来分析网络的平均聚类系数对媒体融合的影响，结果如图 3.9 和图 3.10 所示。

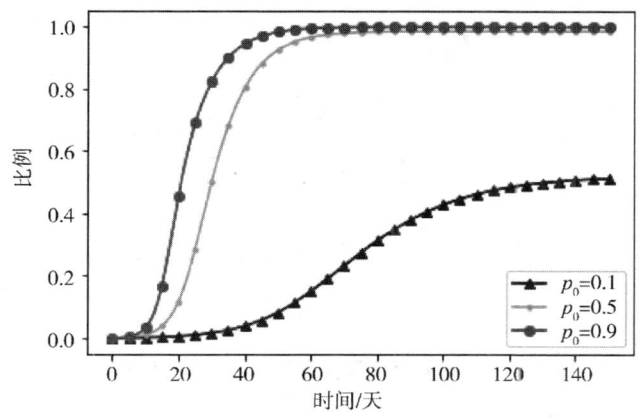

图 3.9　不同平均聚类系数对媒体融合的影响

从图 3.9 可以看出，随着 p_0 的增加，已融合节点 R 的演化过程出现了明显的变化。当 $p_0 = 0.1$ 时，已融合节点 R 的演化速度较慢，且当已融合节点 R 演化达到稳定状态时，已融合节点 R 只占整个融媒体系统节点的 48%。而当 p_0 等于 0.5 和 0.9 时，已融合节点 R 的演化速度较快，且当已融合节点

R 演化达到稳定状态时,整个融媒体系统节点都已经成为已融合节点 R,说明随着平均聚类系数的增长,媒体融合的速度和最终程度都会变优,即媒体的聚集性越强,媒体融合的效果越好。

当 $p_0=0.1$ 时,如图 3.10 所示,节点 S_0 转化成为节点 R 的速度变慢,而当整个系统演化趋于稳定时,只有一半左右的节点成功完成了媒体融合。所以,在推进媒体融合的过程中,各级政府及媒体机构应该注意媒体矩阵的聚集性,只有联合各级媒体,发挥区县级融媒体中心的优势,并积极表彰媒体融合先进单位,才能更好地推进媒体融合,提高媒体融合的效率。在县级融媒体中心的建设过程中,湖北省县级融媒体中心——生态"长江云"通过"1+N"模式,用一个"长江云"带动了"云上市县"的全面发展,就是此结论的应用范例。

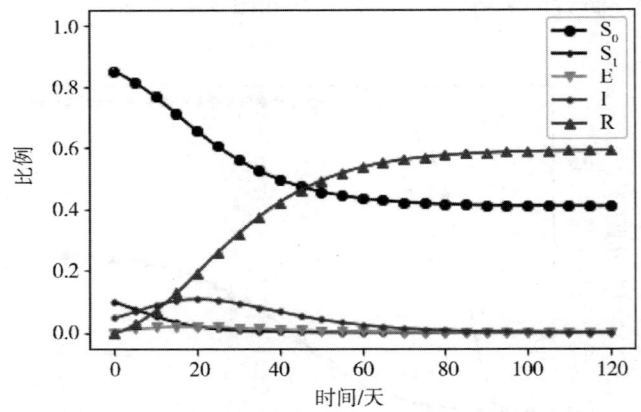

图 3.10 较低平均聚类系数对媒体融合的影响

四、融合收益对媒体融合的影响

除了政策和趋势导向外,各级媒体在媒体融合的选择决策上很大程度会受媒体融合的收益 p_1 的影响。收益 p_1 分别取 0.01、0.3、0.5、0.99 来进行仿真实验,实验结果如图 3.11 所示。

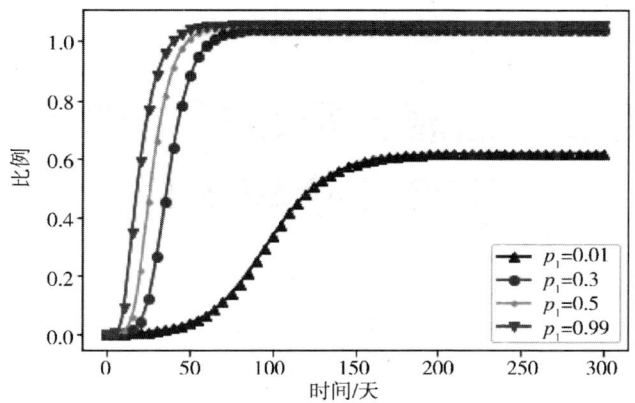

图 3.11　融合收益 p_1 对媒体融合的影响

从图 3.11 可以看出,随着媒体所带来的收益 p_1 的增加,媒体融合的速度和演化达到稳定状态时完成媒体融合的媒体主体比例在逐渐增大。而当收益 p_1 增加到一定程度后,媒体融合的效果不再发生显著变化,说明随着融合收益 p_1 的增大,媒体融合的速度加快,但融合收益 p_1 高到一定程度后,便不再对媒体融合过程产生显著影响。因此,各级政府部门在推进媒体融合过程中,可以节约一定扶持政策的成本,将节约的成本用于提高相关政策的覆盖度,保证大多数媒体主体都可以有一定的收益,这样的话可以更好地推进媒体融合。这一结论也与胡正荣所提出的模式相符,即使用纵向模式使市里、省里甚至是中央媒体联合县级媒体,通过上级机构输出技术、运营、内容等来降低区县级融媒体的建设成本,提高区县级融媒体的收益,才能让媒体融合下的融媒体生态可持续发展。

第四章　信息传播过程中的多主体博弈建模与仿真

第一节　信息传播过程中的多主体

一、多主体范围界定

新闻事件突然发生后,线上、线下网络几乎同时产生舆情,并且都对网络舆情的传播与发展产生影响。随着传统主流媒体与网络媒体的共同作用,线上、线下网络接收信息的速度极快,几乎也是同步的。当然,由于线下网络通过社会交际,即面对面交流、口耳相传等方式传播信息,线上网络则通过微信、微博等网络媒体平台进行传播,信息流在事件暴发时就开始了两头分散性传播。在信息传播过程中,主体包括信息的发布者、传播者、消费者以及监管者。

线上、线下网络在相互推动中影响着网络舆情的发展,甚至影响着社会舆论的走向。一方面,信息互动量层面的互推,即各大网络媒体纷纷参与转发,大量的文字、图片、链接等信息组织形式让受众的情绪高涨,使信息流动于网络和现实中,引发线下信息量持续上升。另一方面,趋同度层面的互推,即信息在网络与现实中交织、碰撞,线上、线下网络的意见与态度趋于一致时,线上、线下网络的联系更多,影响更深。这样的互推关系导致影响舆情发酵以及热度变化的因素相互作用、相互影响。

线上、线下网络会给对方反作用力,在传播形式和传播内容等方面促进网络舆情向真实可靠的方向发展。一方面,网络媒体自身的监管能力会进一步揭露错误的信息,明确真实可靠的信息。另一方面,线下网络的社交面越来越广,获取信息越来越方便,在一定程度上能够减少网络上的不实言论,让线上、线下网络的认知水平差异、表达水平差异及情绪强度差异减少,从而抑制网络谣言的产生,促进网络舆情良性发展。这样的反作用力导致一个因素对于其他的因素可能同时存在促进和抑制作用。

综上所述,在传播的过程中,发布者需要考虑信息的新闻价值,传播者需要考虑信息带来的收益,消费者需要考虑信息的偏好,监管者需要考虑信息所带来的舆情风险。为了更加直观地描述融媒体的多主体在信息传播过程中内部动态博弈的过程,需要简化研究分析的对象,将信息传播过程中的博弈主体分为新闻媒体主体、平台主体、用户主体以及政府部门主体。

(1)新闻媒体主体主要负责信息的发布。它们发布的信息会在平台上进行传播,受政府部门监管。

(2)平台主体主要负责信息的传播。平台在拥有媒体所发布的信息后,会根据事件信息的收益和风险在平台上进行传播。

(3)用户主体主要进行信息的消费。用户对于新闻媒体发布的信息和平台传播的信息进行消费和互动,消费和互动行为会影响新闻媒体信息的发布和平台的传播,而这些行为所产生的舆情风险也会受政府部门的监管。

(4)政府部门主体主要进行信息的监管。这一过程受到媒体发布的信息、平台传播的内容和用户的消费所产生的舆情风险的影响。

以上四类主体均为有限理性主体,在建模过程中不考虑其他主体。

二、多主体博弈动因分析

1. 技术动因

技术的发展是各媒体主体选择媒体融合的直接动因。作为融媒体发展与变革的第一推动力,技术不仅对媒体融合的过程起主导作用,同样也作用于融媒体的信息传播过程。此前传统主流媒体由于时间、空间上的隔阂以及技术上的限制，无法将文字、图片、音频、视频等多种形式的媒体内容进行有效的整合，但随着当代数字技术和互联网通信技术的发展，"互联网+"这一概念逐渐渗透至各行各业，高科技逐渐打破了媒介的介质壁垒，使得同一内容得以在多种介质、多个平台上进行生产与传播。传统主流媒体在媒体融合的过程中，常用技术作为支撑，搭建全媒体平台，结合融媒体业务流程再造，从而实现信息从一维到多维的转变，新闻生产使用"一体策划、一次采集、多种生成、多元传播、全天滚动、全球覆盖"的模式，将传统主流媒体的内容优势通过新媒体技术的展现形式加以放大。

人工智能技术、大数据技术、5G技术等也为融媒体的发展提供了相应的技术支持。相较传统主流媒体单一的表现形式与平台交互，新媒体形式可以使资源进行数字化传输，让不同的资源乃至部门无缝对接，从而实现融媒体的全方位发展，即媒体所产出的新闻产品作为消费品，可以通过技术优化的方式对信息资源进行多层次、多维度的开发，从而提高资源的利用率，避免重复劳动，降低媒体成本。

县级融媒体中心通常以购买成熟技术服务或量身定制平台系统的方式来独立投资建设融媒体中心。但国家级、省级融媒体中心无论是在自身的媒体融合过程中，还是在与跨平台合作的过程中，由于数据形式标准不统一，数据接口不一致等原因，不能够有效地打通数据共享渠道，不能实现平台共用、技术共享，这导致各媒体主体难以在统一的技术平台和架构上进行有效的协作。

2. 经济动因

经济因素是促使各媒体主体融合的根本动因。媒体市场的结构正在不断创新发展，同时用户也出现了对数字化和移动分众化的需求。第48次《中国互联网络发展状况统计报告》显示：截至2021年6月，我国网民规模达10.11亿人，较2020年12月增长2175万人，互联网普及率达71.6%。媒体市场的发展结构在不断变化，移动终端的普及成为新的经济增长点。

传统主流媒体拥有巨大的内容资源优势,采访权相对自由,可以深入社会各行业进行信息挖掘。同时,传统主流媒体拥有专业的采编团队,以及一套严格的内容审查和监督机制,可以让新闻报道具备广度和深度,保持媒体内容的真实性和客观性。但传统主流媒体的信息传播方式不能满足媒体融合时代的发展需要,也无法满足人们对信息的获取需求。而新媒体的内容更贴近用户,传播形式多变,同时可读性也较强,能够更好地抓住用户的注意力。传统主流媒体的受众大量流失,广告商将广告投放的重点从传统主流媒体向具备新媒体属性的融媒体平台转移,从而导致传统主流媒体陷入破产和倒闭的困境当中,而这样的大背景也助推了媒体融合的进程。

传统主流媒体从业人员大多具备娴熟的新闻传播业务能力,但可能缺少新媒体的技能,而新媒体从业人员一般会具有比较强的技术能力,但可能缺乏新闻传播领域的知识。各单位在进行媒体融合的过程中,人力资源的统筹和对于从业人员职业素养的监督与考评,以及如何让传统主流媒体与新媒体的人力资源实现共用,这些都是需要考虑的问题。此外,受众的消费需求和商业利益刺激也促进了传统主流媒体的媒体融合。各媒体合并需要大量的资金来建设平台和统筹人员,这也就意味着发展新媒体虽然在后期能给传媒集团带来巨大的利润和收益,但初期高昂的系统建设成本、新部门的人员管理成本等会给传统主流媒体融合带来阻力。广告收入或政府事业单位的扶持很难满足媒体融合的资金需求,单一媒体机构为了确保其核心竞争力,提升整体品牌优势,同时降低生产分发内容的成本,大都选择通过媒体融合的方式来建造稳定的资金链,为媒体融合提供资金保障,从而进行更低风险的转型。

虽然媒体拥有巨大的内容资源优势,但是平台的内容审核机制和政府的监管机制让媒体在考虑新闻价值的同时,也需要考虑内容的消费情况。虽然受众的消费和平台的商业利润能够为媒体带来一定的短期收益,但也限制了媒体品牌价值的成长及长期收益的提升。平台也会受到利益相关度的影响,即平台为了拥有更多的流量而去关注那些可能会引发讨论热点的内容,但同时也会因为一些限制影响信息的热度。

3. 政策动因

《关于推动传统媒体和新兴媒体融合发展的指导意见》为媒体融合的发展提供了直接的方向指导,该意见中指出,要加快整合新闻媒体资源,使传统主流媒体形成强大的传播力、引导力、影响力和公信力,推动传统主流媒体和新兴媒体融合发展。日趋激烈的国际舆论也对媒体融合提出了新的要求,通过媒体融合可以产出丰富多样的新闻产品,提高媒体在国际上的话语权。

在这个互联网、媒体融合高度发展的时代,国家级、省市级、县级融媒体中心作为宣传意识形态战线的排头兵,应充分发挥其作用,坚持正确的舆论导向和价值取向,把宣传任务放在首要地位,利用传统的有线数字电视网络、广播、报业等渠道积极巩固并壮大主流思想舆论阵地,推进传媒行业融合发展。媒体融合发展不仅仅是新闻单位的事,我们应把掌握的社会思想文化资源、社会治理大数据、政策制定权的制度优势转化为主流思想舆论的优势,通过建立平台资源管理、权限管理、计费管理等运维机制,为县级媒体提供资源共享、内容输出、技术输出等服务,免去县级媒体自主搭建系统的投入成本和维护成本,即开即用,为县级媒体提供一站式能力输出服务,打造区域性生态级融媒体品牌。

传统主流媒体可以通过新设部门、新搭平台、新招人员、新开渠道来组建新媒体。在这种情况下,同一媒体内部,新媒体与传统主流媒体的业务通常由不同的部门或单位来运行。而在传统主流媒体内部,部门分工往往比较明确,管理链条比较严密,这样的运作方式有利于加强管理和控制,但会降低及时应对各方需求的能力。在这一大背景下,媒体难以生产出符合政府要求的内容,融媒体平台也难以在政府的政策和监管下同时满足媒体、民众、政府的多方需求。

由此可见,政府为媒体和平台的发展提供了直接的指导,政府部门要求媒体加快整合新闻媒体资源,让媒体拥有更强的传播力、引导力和影响力,提高国际上的话语权。而媒体是信息的生产者,用户是信息的消费者,从利益角度来看,用户与媒体是一种交易关系,因此媒体公开信息的范围与程度取决于其对自身利益的考量,而平台在政府的要求下也不能够提供足够的新闻产品来满足用户对于信息的需求。政府与用户二者的关系体现为根本利益的一致性与局部利益的不一致性。

4. 社会动因

广大民众的需求是各媒体主体融合的另一重要动因。融媒体系统是开放的,民众可以利用互联网反映社情民意。这些融媒体平台迎合了用户的选择意识、在场意识和参与意识,为用户创造内容提供了条件,民众能通过各大融媒体平台,从单纯被动地接受内容变为能动地选择乃至生产内容。传统主流媒体也要通过媒体融合的方式来开发更多的新闻产品,满足不同用户的需求。

县级融媒体中心是基层网络传播的重要载体,具有贴近基层、贴近群众的优势,是做好党的新闻舆论工作的重要依托。这一层面的原因意味着不仅各个传媒集团之间会进行融合,传媒业和其他行业也会进行融合,如电信行业、IT 行业的机构也会以某种方式和传媒行业进行相互渗透与合作。传统主流媒体的权威性和舆论引导力在这一场景下也得以放大,增强了政府事业单位对社会精神文化引导的力度。多方协同工作进一步加强了媒体的影响力,深化了机构、人事、财政等方面的改革,调整优化了媒体布局,县级媒体的传播力、引导力、影响力不断提高。

在这样的背景下,融媒体中心的态度不仅关乎媒体行业自身,还在一定意义上把控了社会话语的风向,为社会秩序的建立与维护做出了贡献。但随着融媒体平台规模的扩大,想要表达观点的民众越来越多,融媒体平台对如此大量的非官方信息的过滤和筛选成本也在上升。

政府作为公共危机信息的最主要掌握者,在信息公开方面往往会陷入两难,常常在公开与不公开之间犹豫徘徊。在信息传递方面,用户对媒体缺乏信任,认为媒体是官方的代表,而官方认为媒体是用户的代表,媒体虽处于信息沟通的中间地位,却难以获得两方的充分信任与配合。

三、多主体博弈行为分析

1. 新闻媒体行为策略假设

新闻媒体(以下简称"媒体")在博弈中会出现两种行为:

(1)发布新闻:媒体了解到舆情热点后,选择发布新闻内容,加速舆情热点的传播,以达到预定的传播效果。

(2)不发布新闻:在舆情热点产生后,媒体不发表相关新闻信息,任由事件在平台上自由发酵,不影响舆情的走向。

因此假设媒体行为策略空间为 $SE=$(发布,不发布),两种策略概率分别为 q 和 $1-q$。

2. 平台行为策略假设

平台在博弈中会出现两种行为:

(1)审核内容:对于媒体所发布的内容进行审核,对于优质、良性的内容进行推荐,对于劣质、负面的内容进行降权,不进行内容上的分发。

(2)不审核内容:对媒体创作的内容不进行审核,直接分发给用户。

因此假设平台行为策略空间为 $SP=$(审核,不审核),两种策略概率分别为 z 和 $1-z$。

3. 用户行为策略假设

用户在博弈中会出现两种行为:

(1)参与传播:对于自己所关注的内容进行传播,关注媒体或者平台行为所带来的反馈。

(2)不参与传播:仅浏览自己所看到的信息,不对信息进行二次传播。

因此假设用户行为策略空间为 $SP=$(参与,不参与),两种策略概率分别为 z 和 $1-z$。

4. 政府行为策略假设

政府在博弈中会出现两种行为：

（1）管控言论：政府通过限制媒体发文、限制渠道推送、限制用户参与等方式控制舆论走向，维护新闻传播路径，降低网络舆情风险。

（2）不管控言论：政府在新闻传播的过程中不采取推荐或限制措施，通过媒体、平台、用户自身对于新闻信息的理解来调整舆情走向。

因此假设政府行为策略空间为 $SG=$（管控，不管控），两种策略概率分别为 p 和 $1-p$。

5. 其他变量假设

政府管控言论的成本为 C_1，政府通过管控言论带来正面舆情的提高为 J_1。政府在管控言论的过程中给予媒体的补贴为 T_1，给予平台审核监督的奖励为 R_1，对不良媒体机构的惩罚为 F。政府在不管控言论行为的过程中，造成公信力损失为 L_3，修复公信力所带来的成本为 C_3。平台审核监督成本为 C_2，平台不参与审核监督且政府不管控言论行为的情况下，因媒体发布不良内容而造成额外付出，消除不良影响的成本为 $\triangle S$。新闻媒体因创作优质内容所产生的无形奖励（认可度、公信力）为 R_2。新闻媒体不参与新闻的生产而产生的隐形收益为 $\triangle O$，新闻媒体因发布不良内容而被平台审核监督举报造成的有形损失为 L_1，发布不良内容造成媒体主体名誉、口碑等的无形损失为 L_2。参考新闻传播的实际情况，稳定系统中舆情环境秩序的关键在于媒体生产优质的新闻内容，平台会出于自身需要自发审核监督媒体的发布行为，设定 $R_1<T_1$。在媒体融合的大环境下，媒体创作不良内容给平台带来的损失会大于平台审核不良内容行为的成本，设定 $C_2<\triangle S$。媒体发布不良内容会严重影响媒体的公信力和口碑，设定 $R_2<L_2$。

基于以上基本假设、变量设置及多方参与主体之间的关系，可以得到媒体、平台、政府的多方博弈模型支付矩阵，如表4.1所示。

表 4.1　媒体、平台、政府的多方博弈模型支付矩阵

		政府					
		管控 p			不管控 $1-p$		
		政府收益	媒体收益	平台收益	政府收益	媒体收益	平台收益
媒体创作优质内容 q	平台审核监督 z	$J_1-T_1-C_1$	T_1+R_2	$-C_2$	$-L_3$	R_2	$-C_2$
	平台不审核监督 $1-z$	$J_1-T_1-C_1$	T_1+R_2	0	$-L_3$	R_2	0
媒体创作不良内容 $1-q$	平台审核监督 z	$J_1-R_1-C_1+F$	$\Delta O-L_1-F-L_2$	$-C_2+R_1$	$-L_3-C_3-R_1$	$\Delta O-L_1-L_2$	$-C_2-\Delta S+R_1$
	平台不审核监督 $1-z$	J_1-C_1	$\Delta O-F-L_2$	$-\Delta S$	$-L_3-C_3$	$\Delta O-L_2$	$-\Delta S$

第二节　基于系统动力学的多主体博弈建模

一、模型基本边界与假设

在建立系统动力学模型前,需要通过确立该系统模型的边界来确定当前系统中多主体的要素。为了减少建模的难度并使研究更加有意义,本章所述的模型边界剔除了一些在融媒体中对多主体作用下的信息传播过程影响较弱的要素。模型的边界和假设如下:

(1)新闻媒体、平台、政府部门、用户多主体之间交互通畅,不存在如平台瘫痪、媒体失灵等情况,并且同类主体的因素特征和行为决策是一致的,即同类主体对一个事件的态度是一致的,不考虑新闻媒体、平台以及人群的差异。

(2)在信息传播的多主体博弈建模过程中,媒体主要考虑与新闻发布相关的行为,平台主要考虑与新闻传播相关的行为,政府主要考虑与舆情引导

相关的行为,用户主要考虑与信息需求相关的行为。

(3)只将单个事件的信息传播纳入模型的模拟仿真过程,即不考虑其他衍生事件对该信息传播产生的影响,也不考虑这一信息对其他信息产生的次生影响。

(4)对于在模拟仿真过程中较难获取的数据,可以结合已有的数据和其他相关文献进行科学的推测。

二、因果回路图

通过对融媒体信息传播过程中的多主体博弈动因和行为进行分析,结合因果回路图,总结各主体对事件信息热度的作用的定性表达,反馈各主体内部的各项因素间的相互影响关系,具体如下:

1. 媒体子系统因果图

媒体全流程参与内容制作、分发、反馈,凭借其相对较高的社会影响力,媒体在信息传播全过程中起主导作用。由于其内容所表现出的态度、意见乃至情绪很容易传给用户,它在一定程度上也掌握着社会话语主导权,其内部的相互博弈与相互作用如图4.1所示。

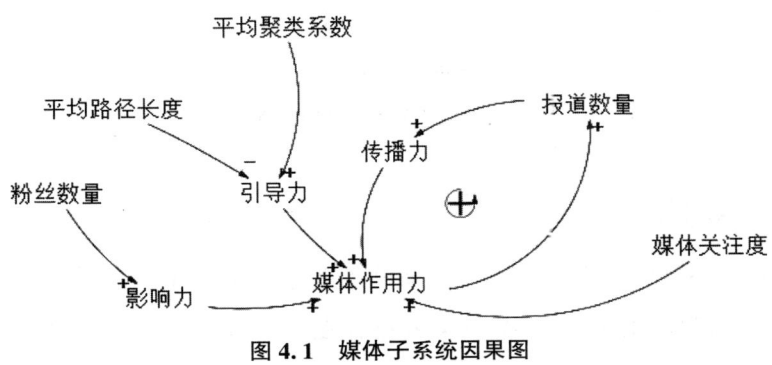

图 4.1 媒体子系统因果图

媒体对信息热度的影响力大小主要由三方面决定:一是新闻信息的报道数量;二是媒体关注度;三是媒体作用力。报道数量越多,媒体对于信息热度的驱动作用越大。而媒体作用力由影响力、传播力和引导力共同决定。媒体主体的影响力主要由粉丝数量决定,传播力主要由一个事件的报道数量决定。同时网络结构的大小,即平均聚类系数和平均路径长度的大小也会共同影响媒体的引导力,媒体的关注度和媒体的作用力共同对事件信息热度产生影响。

2. 用户子系统因果图

作为信息的接收者,用户是信息热度的直接反馈方,在信息传播的整个过程中,它与媒体、政府、平台多方都存在博弈与作用关系,其内部的相互博弈与相互作用如图4.2所示。用户对一个事件的关注度越高,用户作用力也就越强,而用户对于事件的态度越强烈,用户作用力也会越强。用户的态度一方面由用户群体的从众性来决定,另一方面由内容与用户的相关度所决定。同时,用户在平台上的互动,如用户的转发和评论行为也会在很大程度上影响信息的热度发展趋势。

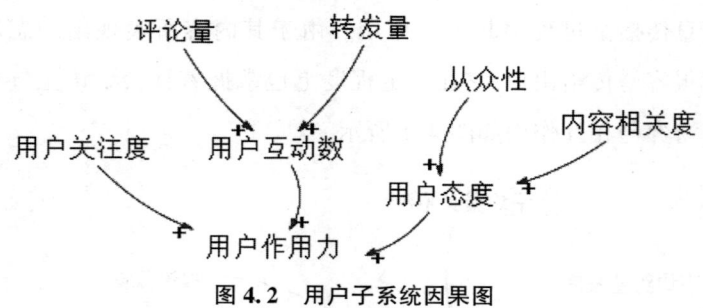

图4.2 用户子系统因果图

3. 政府子系统因果图

政府在平台发布信息后会对传播链条进行管理和监督,在这一过程中,政府重点监测可能存在的舆情风险和已存在的舆情风险,并进行相关处理,其内部的相互作用如图4.3所示。

政府对于舆情的监控和引导也受到多重因素的影响,在这个过程中,政府对信息热度的作用力大小主要与政府的公信力大小和政府的关注度有

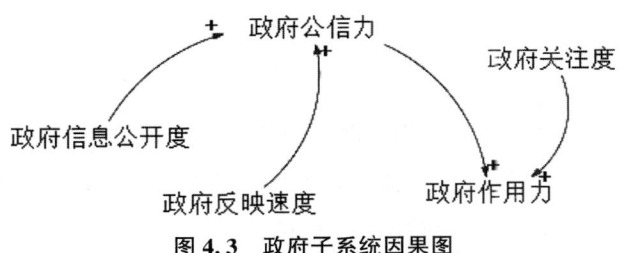

图 4.3　政府子系统因果图

关。政府的关注度越高,公信力越强,则政府对于信息热度的作用力就越大。政府的关注度与事件的热度呈正相关关系,而信息的公开程度和政府的反应速度共同决定了政府的公信力。

4. 平台子系统因果图

信息热度的作用主要由信息和平台之间的利益相关度来决定,其内部的相互博弈与相互作用如图 4.4 所示。

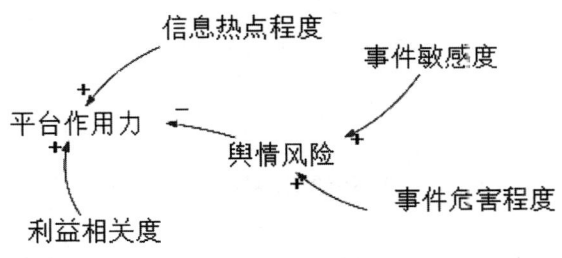

图 4.4　平台子系统因果图

平台为了更大的流量会去关注信息的热度,越容易成为热点的信息,平台给它的作用力就越大。与热度相关的指标是舆情风险,如果一个事件可能带来舆情风险,那么平台也会减少相应的作用力。舆情风险主要包括事件敏感度和事件危害程度两方面。另外,信息与平台的利益相关度越高,平台的作用力也就越大,这里的利益相关度主要是根据信息能给平台带来多大的经济收益和社会价值来评判的。

三、存量流量图

通过对媒体、平台、政府、用户四个主体的因果图进行分析，本节在因果回路图的基础上对系统进行更细致和更深入的描述来反映各主体要素之间的逻辑关系，进一步说明融媒体在信息传播过程中对事件热度的反馈与控制，存量流量图如图4.5所示。

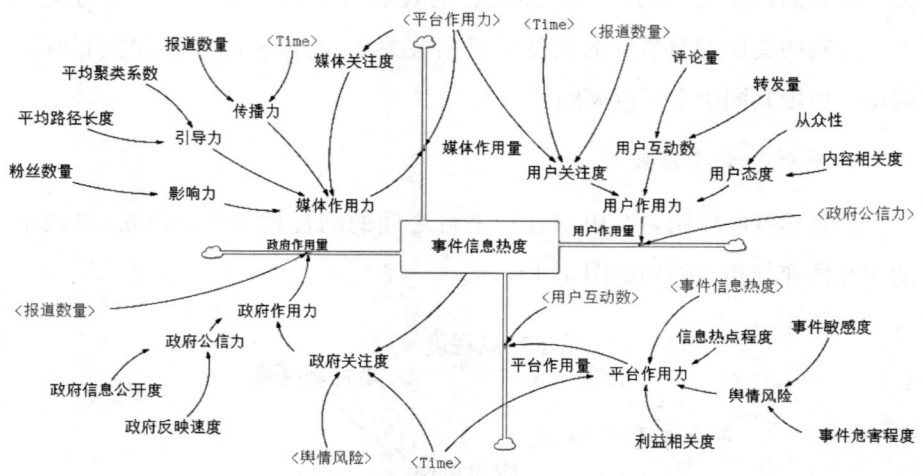

图4.5　融媒体多主体博弈存量流量图

其中，方框为存量，表示主体各变量和流量随着系统的博弈而产生的积累量，它既能够显示系统当前的状态，也能够为决策与行动提供信息量的参考。箭头表示流量，它既反映了各个存量随着各主体博弈而产生的变化情况。

该系统的核心是多主体博弈作用下事件信息热度的变化，用此来表示信息传播过程中的发展总体状态，将媒体作用量、用户作用量、政府作用量、平台作用量这四个因素综合作为流速变量，其他变量控制这些流速变量的变化，通过本存量流量图可以得出在信息传播过程中，多主体共同博弈作用下事件的发展以及事件信息热度的变化。

四、公式与参数估计

系统动力学的建模仿真需要在确定存量流量图模型后,在仿真模拟之前确定模型中的各个参数与流量公式,即需要构建变量间的方程关系,包括基本的常量参数、随着映射关系变化的表函数以及随时间变化的延迟函数。本节主要通过采用层次分析法确定流量的大小关系,具体情况如下:

1. 媒体主体参数

媒体在信息传播过程中对于行动的判断主要基于平台作用力情况和媒体自身的作用力[66],如式 4.1 所示:

$$媒体作用量 = 平台作用力 \times 媒体作用力 \qquad (4.1)$$

媒体自身对事件热度产生的影响主要是由媒体自身的影响力、引导力和传播力,以及媒体对于事件信息的关注度决定的,其中起主要作用的是媒体对于事件信息的关注度和传播力,影响力和引导力起次要作用[67],如式 4.2 所示:

$$媒体作用力 = 媒体关注度 \times 传播力 \times (影响力 + 引导力) \qquad (4.2)$$

媒体对于一个事件的关注度主要通过平台作用力的大小来体现,平台上所反映的动作越大,媒体的关注度越高[68],如式 4.3 所示:

$$媒体关注度 = 3.75 \times 平台作用力 \qquad (4.3)$$

媒体对于信息的传播力主要由一个事件的报道数量来决定,媒体的报道数量指的是舆情事件引起网民激烈的讨论后媒体对于该事件的发生、经过、结果等信息的发布和报道。而随着时间的推移,传播力也会下降,这一过程在系统动力学中用 $EXP(-Time)$ 来表示,如式 4.4 所示:

$$传播力 = 报道数量 \times e^{-Time} \qquad (4.4)$$

根据媒体的网络结构来计算引导力,取值范围为(0,1),如式 4.5 所示:

$$引导力 = \frac{平均聚类系数}{平均路径长度} \qquad (4.5)$$

根据粉丝量级评分确定影响力,取值范围为(0,1),如式4.6所示:

$$影响力 = 粉丝数量 \qquad (4.6)$$

粉丝数量、平均聚类系数、平均路径长度、报道数量这些参数,根据实际的事件和网络结构来进行计算。

2. 用户主体参数

在用户作用量中,用户的作用力起主导作用,同时政府的公信力越高,用户对于事件信息热度的作用量也就越少,如式4.7所示:

$$用户作用量 = \frac{用户作用力}{政府公信力} \qquad (4.7)$$

用户作用力主要受用户对于事件的关注度,对这个事件的态度以及最终的互动数据的影响。用户关注度指的是用户除了互动行为之外对事件的关心程度。用户互动数越多,说明关注度越高,态度越强烈,用户作用力也就越强,如式4.8所示:

$$用户作用力 = 用户互动数 \times (用户态度 + 用户关注度) \qquad (4.8)$$

用户对于一个事件的关注度,一方面受媒体报道的数量影响,另一方面受到平台的影响,同时随着时间的持续,关注度也会下降[69],如式4.9所示:

$$用户关注度 = 平台作用力 \times 报道数量 \times e^{-Time} \qquad (4.9)$$

用户的互动数由一个事件的转发量和评论量构成,系数主要通过层次分析法打分而来,如式4.10所示。评论量、转发量根据实际的事件来确定。

$$用户互动数 = 0.833 \times 转发量 + 0.167 \times 评论量 \qquad (4.10)$$

用户的态度由从众性和内容相关度构成,一个事件与用户相关性越大,越容易引起他们交流的愿望,那么从众性和内容相关度指标越高,用户态度就越强,如式4.11所示:

$$用户态度 = 从众性 + 内容相关度 \qquad (4.11)$$

内容相关度指标是指个体在公共事件中的反响差异,涉及自身利益的个体,其信息交流和传播的欲望强烈,反之则表现出漠不关心的态度,一般不主动发表自己的意见。内容相关度可用来度量这一特性,其取值范围为连续区间(0,1)。而从众性是指当个体受到群体的影响时,会怀疑并改变自己的观点、判断和行为,朝着与群体中大多数人的方向变化。从众性与个体的学历、知识、经验等因素有关,从众性小的人往往有自己的见解,受他人观点的影响较小,反之则影响较大。从众性指标取值范围为连续区间(0,1)。

3. 政府主体参数

政府对于事件信息热度的影响主要由其自身的政府作用力和媒体的报道数量来决定,报道数量越多,政府作用力越强,信息热度的增长也就越快,如式4.12所示:

$$政府作用量 = DELAY1I(报道数量 \times 政府作用力, 1, 0) \quad (4.12)$$

政府的作用力主要分为两个方面:一方面政府对事件的关注度越高,政府作用量也就越大。另一方面,如果政府拥有较强的公信力,政府的作用能力也会更大。政府的公信力是指用户对政府的态度、公告、言论的信任程度。政府的公信力越大,政府对舆论的引导和调控能力也就越强。政府的作用力存在一定的滞后,在Vensim软件中使用$DELAY1I$来表示政府的作用延迟一天,如式4.13所示:

$$政府作用力 = 政府公信力 \times 政府关注度 \quad (4.13)$$

政府的公信力主要由两个因素决定:一个是政府对于信息的公开程度,另一个是政府对于舆情事件的反应速度。政府信息公开程度是指官方部门对于舆情信息事件的态度、应对过程、处理结果的公开程度。政府的反应速度是指政府对于舆情信息事件反应的快慢,其中的系数主要通过问卷调查得出,如式4.14所示:

$$政府公信力 = 0.171 \times 政府信息公开度 + 0.829 \times 政府反应速度 \quad (4.14)$$

政府对于一个事件的关注度大小主要由这个事件在平台上的舆情风险大小来决定,同时,随着时间的推进,政府的关注度也会逐渐下降,如式

4.15所示：

$$\text{政府关注度} = \text{舆情风险} \times e^{-\text{Time}} \qquad (4.15)$$

4. 平台主体参数

平台对于一个事件信息的作用量由其自身的作用力大小来决定,同时,用户的互动数越多,平台对于事件信息热度的作用力也就越大,如式4.16所示：

$$\text{平台作用量} = \text{用户互动数} \times \text{平台作用力} \qquad (4.16)$$

平台的作用力一方面受信息带来的流量影响,这一指标会随着时间的变化逐渐变弱。另一方面受事件与平台的利益相关度影响,利益相关度越高,平台的作用力也会越大。如果事件存在一定程度的舆情风险,那么平台的作用力也会相应地减弱,如式4.17所示：

$$\text{平台作用力} = \text{信息热点程度} \times e^{-\text{Time}} + \text{利益相关度} - \text{舆情风险} \qquad (4.17)$$

平台对于一个事件的舆情风险的判断主要由两个部分组成：一个是事件本身的敏感程度,另一个是事件的危害程度。这两个指标越高,带来的舆情风险也就越高。事件敏感度是指事件所反映的问题是否有引发网络舆情风险的可能性,事件危害程度是指事件本身对社会的不良影响,如式4.18所示：

$$\text{舆情风险} = \text{事件敏感度} + \text{事件危害程度} \qquad (4.18)$$

综上,多主体博弈下的事件信息热度主要由媒体主体中的报道数量、用户主体中的互动数、政府的关注度和平台利益相关度所决定,最终的多主体博弈下事件信息热度如式4.19所示。事件信息热度受到四个主体因素的影响,运用层次分析与MATLAB软件相结合的方法确定系数后,得到的事件信息热度与现实情况拟合较好,事件信息热度初始值设为0。

$$\text{事件信息热度} = INTEG(0.085 \times \text{事件作用量} + 0.465 \times \text{媒体作用量}$$
$$+ 0.25 \times \text{用户作用量} - 0.20 \times \text{政府作用量}, 0) \qquad (4.19)$$

第三节　模型检验与评价

一、数据集构建

信息在网络传播时遵循生命周期理论,即绝大多数的事件热度会随着这样的生命周期演变,如图 4.6 所示。

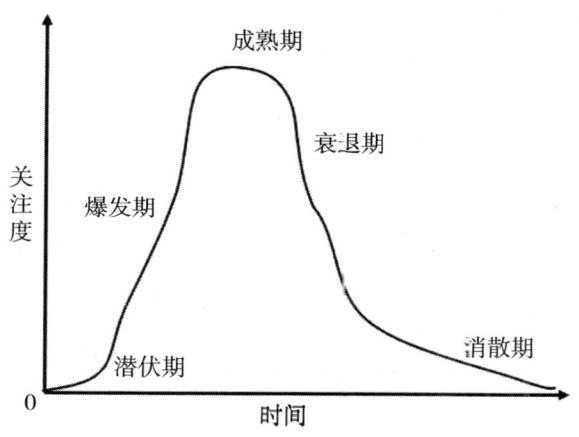

图 4.6　在线社交网络舆情生命周期

其中第一个阶段为潜伏期,即事件信息已存在,但能量不够,没有大范围传播。第二个阶段为爆发期,即开始出现较多用户,能量开始快速聚集,关注度大幅增加,形成网络舆情。第三个阶段为成熟期,即舆情已形成,关注人数相对稳定。第四个阶段为衰退期,即随着舆情事件处理结果的出现及社交网络用户新鲜感的下降,即关注人数开始减少,舆情热度开始冷却。第五个阶段为消散期,即关注人数极少,能量趋于零。

对五个不同领域的热点事件,结合新浪微博 API 接口,爬取事件发生 7 天内的热度变化情况,得出事件 A 至事件 E 的热度变化情况,如表 4.2 所示。

表 4.2　事件热度变化情况

事件编号	类别	信息名称	热度峰值
事件 A	科技	苹果 2021 年秋季发布会	20 614
事件 B	教育	2021 年全国高考开考	97 580
事件 C	社会	中国三孩生育政策出台	37 474
事件 D	商业	北京证券交易所宣布设立	9 511
事件 E	娱乐	EDG 夺得英雄联盟 S11 冠军	7 894

同时利用"新榜"和"知微事见"获取事件 A 至事件 E 的传播监测统计数据,采集动力学模型中所需要的数据,将数据通过归一化处理,以事件 A 为例,系统动力学的参数设定情况如表 4.3 所示。

表 4.3　对于事件 A 的仿真实验主要初始参数

事件编号	参数大小	说明
报道数量	31	由"知微事见"中媒体的报道数量确定
粉丝数量	0.71	由"知微事见"中的影响力评分确定
评论量	428	源自"新榜"中针对该事件的评论量的统计
转发量	21700	源自"新榜"中针对事件的转发量的统计

二、实验结果与分析

对热度数据做归一化处理后,结合从"新榜"和"知微事见"获取的仿真实验初始参数,将仿真结果以系统仿真的时间序列作为图像的横坐标,以事件信息热度值作为图像的纵坐标,通过将仿真的预测值与网站所爬取到的实际值分别经过归一化处理之后绘制成图标进行对比分析,仿真实验结果如图 4.7 所示。

从图 4.7 可以直观地看出两者的变化趋势基本一致,拟合程度较好。

为了更好地说明事件热度的预测情况,接下来使用实际值和仿真结果值的余弦相似性、相关系数以及误差峰值来定量对比模型实际的预测效果。其中,余弦相似性 $Similarity$ 采用统计方法来计算两组事件信息热度数据经

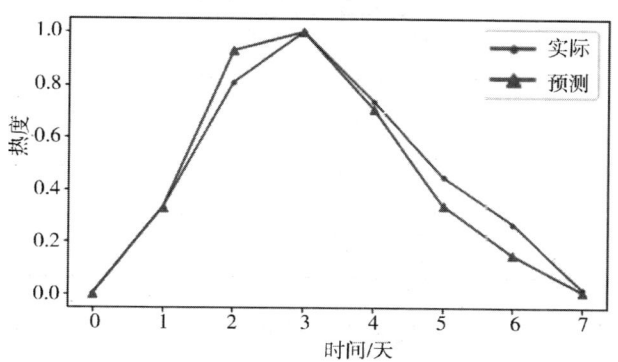

图 4.7　事件 A 热度仿真实验

过归一化之后的近似程度,如式 4.20 所示:

$$Similarity = \frac{\sum_{i=1}^{7}(y_i - y'_i)}{\sqrt{\sum_{i=1}^{7} y_i^2} \sqrt{\sum_{i=1}^{7} y'^2_i}} \quad (4.20)$$

使用相关系数 ρ 表示两组事件信息热度数据之间的线性相关程度以及最终相关联的方向,如式 4.21 所示:

$$\rho_{y,y'} = \frac{\sum_{i=1}^{7}(y_i - \overline{y})(y'_i - \overline{y'})}{\sqrt{\sum_{i=1}^{7}(y_i - \overline{y})^2} \sqrt{\sum_{i=1}^{7}(y'_i - \overline{y'})^2}} \quad (4.21)$$

使用误差峰值 $deviation$ 表示两组数据之间在局部最坏情况下的离散程度,如式 4.22 所示:

$$deviation = \max |y_i - y'_i| \quad (4.22)$$

使用 y 来表示爬虫所爬取到的实际数据,用 y' 表示通过模型仿真后的数据取值,逐点取出两组对应的数据之后,使用上述公式分别计算每组所描述的信息传播过程事件热度的检测指标,对比实验情况如表 4.4 所示。

表 4.4　其他对比实验结果数据

事件类别	信息名称	余弦相似性	相关系数	误差峰值
科技	苹果 2021 年秋季发布会	0.9410	0.9657	0.1329
教育	2021 年全国高考开考	0.9271	0.9131	0.1636
社会	中国三孩生育政策出台	0.9047	0.9121	0.1424
商业	北京证券交易所宣布设立	0.9217	0.9224	0.1421
娱乐	EDG 夺得英雄联盟 S11 冠军	0.9501	0.9488	0.1056

对其他对比实验的结果数据进行分析可以发现，信息热度这一指标的仿真结果与真实数据的吻合程度较高，余弦相似性达到了 0.90 以上，相关系数整体都大于 0.91，归一化后的误差峰值也在 ±0.2 以内，说明模型能够较好地反映多主体博弈下关键因素的变化，具有一定的准确性和有效性。

第四节　对策与建议

根据融媒体各主体在信息传播过程中博弈的动因分析和实验结果，本节对如何控制并引导事件信息舆情的健康发展提出以下思考及建议。

一、主流新闻媒体

多元化、扁平化和融合化是新媒体传播的三大特点。随着媒体传播方式的发展，新闻传播主体也从单向传播转向了更能加强受众意识的双向传播。对于媒体主体来说，想要提高传播的效果，一方面可以提高事件报道的数量和频率，维护新闻媒体的专业度；另一方面也应该注意自身账号是否具有影响力、引导力和传播力。

1. 凸显主流新闻媒体的专业权威性

媒体的专业权威性，是指新闻业有权力和能力决定传递何种资讯，以及如何解释现实。传统主流媒体报道严谨、权威性强，但是面对新媒体的挑战,存在时效性差、互动性差、宣传功能过多等问题,容易引起读者反感。因此,新闻媒体应当重视新闻时效性和日常新闻的后续报道,满足受众对连续新闻的需求。媒体应重视与受众互动,及时修正报道内容,以求新闻内容真实、全面、客观。媒体应重视生产的产品形式,紧随当下新闻生产的生态环境变化,利用新技术实现新闻高效率、个性化和社会化的生产。

2. 增强主流新闻媒体的传播力、引导力、影响力和公信力

传播力是指把新闻舆论信息扩散出去的能力,属于传播的能力建设范畴。从传播者角度看,传播力的构成要素包括传播者的人才队伍、技术水平、渠道实力、装备水平和管理能力等。从信息角度看,传播力的构成要素包括信息的数量、传播速度和抵达率等。从用户角度看,传播力的构成要素包括用户规模、结构和覆盖率等。

引导力是指传播者引领用户把握正确方向和纠正舆论偏差的能力,它是媒体传播能力的重要体现。引导力包括新闻舆论引领人、指导人的力量,以及引领和疏导舆论使之朝着预期方向运动发展的能力。从引导者角度看,引导力的构成要素包括引导者身份、引导方式和手段等。从信息角度看,引导力的构成要素包括引导类信息的视角、倾向和思想等。从被引导者角度看,引导力的构成要素包括被引导者的规模、层次和意愿等。引导力包括吸引力、说服力和带动力。

影响力是指新闻舆论触动乃至改变用户思想、行为、态度等的能力,它是媒体传播能力的效果体现。从影响者角度看,影响力的构成要素包含影响者的身份、影响方式和手段等。从信息角度看,影响力的构成要素包含权威性、价值含量和贴近性等。从被影响者角度看,影响力的构成要素包含被影响的广度、强度和深度等。

公信力是指新闻信息被公众信任的程度和结果,它是媒体被社会公众所信赖的内在力量和社会资源。从传播者角度看,公信力的构成要素包括传播者的诚实、勇敢、严谨、公正。从信息角度看,公信力的构成要素包括信息的真实性、客观性、全面性、平衡性等。从用户角度看,公信力的构成要素

包括用户对传播者及其所传信息的认同度、采信度、依赖度和忠诚度等。

二、用户

用户主体自身对一个事件的态度会同时影响媒体平台和政府的判断。

1. 强化用户的道德价值观

网络信息良莠不齐,充斥着各种虚假信息与非理性言论。不良信息会引发负面影响,会给社会稳定带来极大的冲击和挑战。网络伦理教育的缺失是造成自媒体平台和发布者行为失范的主要原因。对自媒体平台投资者、发布者加强伦理道德教育,可从网络技术、信息传播、社会伦理和法律法规等方面入手,这可帮助自媒体人树立正确的价值观。

2. 提升用户的参与意识、参与能力与社会责任

应加强用户尤其是青少年用户的媒介素养和道德自律水平。大力加强学生的意识形态安全教育,全面提高学生的网络政治安全意识。同时努力拓展网络媒介素养教育的范围,通过多样的意识形态教育,提高社会公众网络媒介素养与道德自律水平,让用户明辨信息虚实,从根源上切断虚假、低俗的网络信息的传播。提升用户的参与意识、参与能力和社会责任感,让用户的两种角色——微观层面的"协同创造者"与宏观层面的"协同治理者"能够进行有机的融合。

三、平台

平台意味着资源,资源是平台的核心价值。无论是互联网原生媒体平台还是传统主流媒体平台,首先它们都是资源聚合的场域,海量的内容资源、用户资源都汇聚其上。其次它们都是资源自由流动的空间,内容生产者和用户可以双向提取对方数据。对于平台主体来说,除了追求热点事件的推荐和推送之外,同时还应该注意事件对网络舆情的影响,只有这样才能让平台生态健康,促进整个信息传播的良性循环。

1. 加强平台"把关人"角色

互联网平台没有传统意义上的"编辑",审核人员通常是做内容上的审核工作,人工审核一般也是经过机器的审核之后再进行复审。新兴媒体平台面对海量的信息,审核工作量很大。虽然新兴媒体不像传统主流媒体那样运用"三审制",但还是要严格把关内容,一方面可以利用机器来审核,过滤不合规的内容;另一方面还需要人工审核,以免有"漏网之鱼"。若平台忽视了内容的把关工作,内容的质量或导向很可能会出现问题,甚至会造成政治性错误。内容审核能力高低决定了以内容运营为主的新兴媒体平台的竞争力。

2. 强化核心技术

第一,加强用户数据化管理。在媒介跨界融合的智能化系统内搭建"天眼"系统,以此对业务跨界产生的数据进行实时更新、分析和处理。第二,加强版权数据化管理。完善对媒介跨界融合数据的全程监控,尤其在检测新闻稿件的问题上,要跟踪稿件源头,以保护新闻的原创能力和提高反作弊能力。第三,加强考核数据化管理。把媒介跨界融合产生的数据视为考核依据,借助人工智能算法和相关模型,对新闻内容进行自动纠偏,实现信息采编和内容分发的智能化、体系化。[70]

四、政府

对于政府主体来说,政府的作用是降低事件信息热度、减少舆情风险。因此,政府主体首先需要树立正确对待新闻媒体的观念,完善对新闻媒体监管的行政体制,完善相关新闻法规。其次,政府在提高对舆情事件关注度的同时也应加强对相关舆情信息的公开度,及时、高效地采取有效措施来提高政府公信力,以控制和引导网络舆情。最后,在新媒体时代,政府需要加强对自媒体平台的监管。

1. 正确认识新闻媒体及政府监管

政府要从监管主体架构上对新闻媒体监管手段进行创新,在发挥政府主要行政监管主体作用的同时,积极发挥行业机构、社会组织及民众的监管作用。此外,政府应建立灵活多样的新闻传播内容审批标准,以适应新媒体时代媒体形式多样化的需求。

2. 及时准确发布权威信息

当舆情事件发生时,政府要在第一时间主动发布权威信息,从信息深度和广度上回应用户关心的问题,帮助用户更全面、客观地了解事实。政府通过新闻媒体实施政务公开,及时发布各种权威政务信息,加强与用户的信息互动,让用户了解政府工作,有利于政策的有效传达和实施。

3. 加强对自媒体监管

因自媒体具有普泛性、隐匿性等特性,政府对传统主流媒体所采取的监管方法不适用于自媒体。加强自媒体监管一方面可以发挥平台主体的主观能动性,另一方面,政府要与时俱进,进一步完善网络信息发布和传播的法律,加强对自媒体平台上不法内容传播行为的严厉打击和惩处。

第五节　融媒体多主体仿真系统

一、系统需求分析

在媒体深度融合发展的大背景下,融媒体平台既要以先进技术引领媒体融合发展,同时也需要政策保障体系来指导融媒体的建设和发展。由于各个融媒体平台的内容不统一,业务流程不一致,后台数据库结构不同,目前还没有一个能够反映融媒体建设和运作过程的融媒体仿真系统。针对这一问题,我们以更直观地展现融媒体建设发展和运作过程为目标,结合第三章媒体融合过程中的媒体主体演化模型与本章的信息传播过程中的多主体博弈模型,系统性地去设计融媒体多主体可视化分析系统。

融媒体的建设发展过程也就是媒体融合的过程,从业者希望能够通过融媒体仿真系统反映媒体融合的速度和最终的效果,同时从系统中了解不同条件和情境下各因素对媒体融合产生的影响。而融媒体的运作过程就是信息传播过程,用户希望分析融媒体的业务对信息传播过程中各主体要素的影响,以及不同参数对信息事件热度的影响,最终达到为信息传播过程中的行为提供决策依据的目的。这就要求系统界面简单且易于操作,即一方面用户可以自行调整各项参数来运行系统,另一方面系统应该能将模型计算出的结果形象化地展示给用户。根据系统设计目标与实际业务需求,该系统的功能性需求主要包括以下几点:

(1)实现参数的预设和自定义。预设参数是为了保证系统能够按照正常的逻辑运行,能够正常展示业务流程图和系统流程图。自定义参数是为了让用户能够自己定义变量去分析不同的变量和参数对融媒体多主体的演化和博弈过程产生的影响。

(2)实现媒体融合过程中融媒体多主体演化过程的可视化。通过业务流程图和饼图等来展示融媒体的各类媒体主体在融合过程中的状态转化情况,以及各类媒体主体占整个系统的比例。

(3)实现信息传播过程中融媒体多主体博弈过程的可视化。通过存量流量图或者系统流程图等,展示各类媒体主体因主体间博弈而产生的反馈对融媒体系统中其他存量的影响。

(4)支持在运行过程中的参数调整。用户既可以通过预设在系统中的参数来实现不同情景下的仿真,观察系统模拟仿真过程中参数变化对结果的影响,也可以在系统运行仿真过程中通过点击、滑动等方式快捷地对系统的参数进行修改与调整,直观地了解关键数据变化对融媒体系统的演化与博弈会产生什么样的影响。这同时也要求界面应该针对不同的仿真过程做出不同的标注与优化,并在界面上对这两个过程仿真的要点进行必要的使用提示和操作说明。

本系统针对用户的系统用例图如图 4.8 所示。

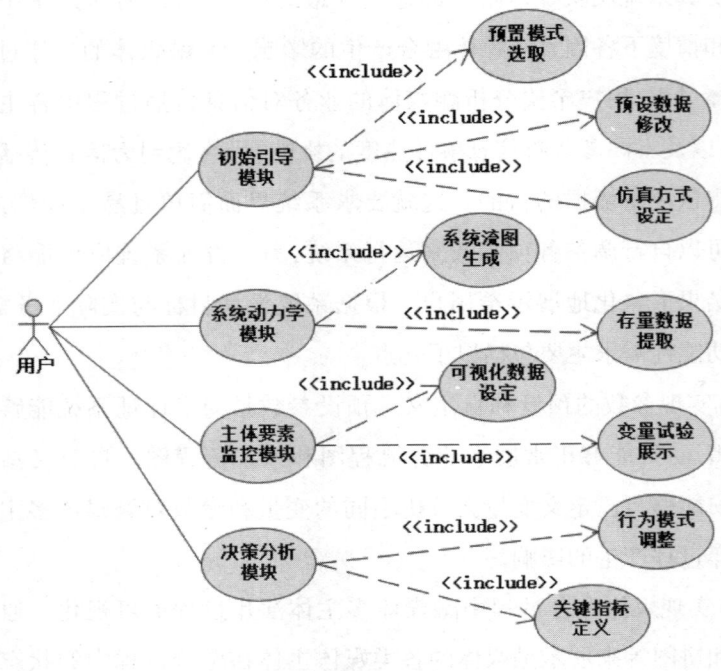

图 4.8　融媒体系统用例图

二、总体架构设计

根据上节分析的实际需求,按照传统的系统分层思想,可以将融媒体多主体可视化分析系统分为以下几个层次。

(1)数据存储层。数据存储层主要负责对融媒体仿真系统中的相关数据进行有效存储,其中包括模型本身所需要的结构化数据和记录仿真过程所需要的非结构化数据。结构化数据是指各主体本身的存量和变量数据,以数值型数据为主;非结构化数据主要是指用户在使用系统时所产生的各类行为日志数据。

(2)模型处理层。模型处理层是本系统的核心部分,在这一层需要对媒体融合过程中的媒体主体演化模型和信息传播过程中的多主体博弈模型进行整合,输入数据存储层的数据,依据提出的模型的相关方程和算法对上层提供结果上的输出。

（3）功能接口层。功能接口层需要根据系统功能的需求,找出能够满足不同功能的模块,通过调用模型处理层设计好的模型,依据相关方程和算法,以服务模块的形式对外提供相应的接口。

（4）用户交互层。用户交互层调用功能接口层所提供的结果,将用户所需要分析的相关结果通过易读、易懂的方式展示给用户。

系统实际需求和系统分层的整体流程如图 4.9 所示。用户可以通过用户交互层修改参数并执行命令,功能接口层收到上报数据后将数据处理并上报至数据存储层,数据存储层接收到数据后将仿真数据输入模型处理层,模型处理层计算后将结果输出至功能接口层,功能接口层通过相应接口为用户在系统展示层提供结果展示。考虑到系统的兼容能力和可移植性,数据模型层使用 JAVA 语言结合 AnyLogic 软件提供的系统动力学仿真 API 以及业务流程仿真 API 进行开发,这样便于集成相应的算法和操作,有利于快速部署和用户的修改、使用。数据存储层主要使用 MySQL 数据库来存储结构化数据,这样对性能的要求相对友好。

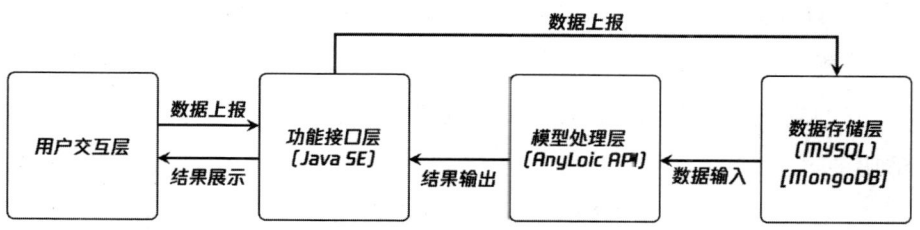

图 4.9　融媒体系统流程图

三、功能模块设计与实现

通过分析功能需求以及系统整体的架构设计,融媒体系统着重在实时分析和可视化上进行设计,保证系统能够实时、清晰地展现整个融媒体在多主体演化与博弈过程中的变化。

1. 功能模块设计

根据需求分析的结果和系统总体设计的目标,融媒体系统结构图如图 4.10 所示。

图 4.10 融媒体系统结构图

融媒体系统从核心服务上来看可以分为以下几个功能模块:

(1)用户交互模块。用户可以选择系统预置的参数来运行系统,同时也可以在该界面了解系统整体的仿真情况。可以点击显示或隐藏变量的展示,了解关键数据的实时变化情况以及融媒体系统各要素的整体发展趋势。

(2)功能接口模块。该模块负责提供接口来实现系统所需要的各种功能服务。

(3)模型处理模块。该模块负责处理来自功能接口模块的请求,并进行状态转化过程与系统动力学仿真过程的模型处理与计算。

(4)数据存储模块。该模块负责存储各类参数,接收服务接口的请求,修改来自用户行为的参数变化和操作日志数据。

2. 功能模块的实现

根据系统的总体设计和功能模块的设计,系统的开发工具环境如下:

(1)操作系统:基于 Windows 系统进行开发测试。

(2)开发语言:JAVA SE 相关技术。

(3) 开发工具:Eclipse IDE、AnyLogic 仿真实验框架。

(4) 数据库:结构化数据库 MySQL、非结构化数据库 MongoDB。

所需要搭建的系统功能模块有用户交互模块、功能接口模块、模型处理模块和数据存储模块。系统功能模块实现架构图如图 4.11 所示。

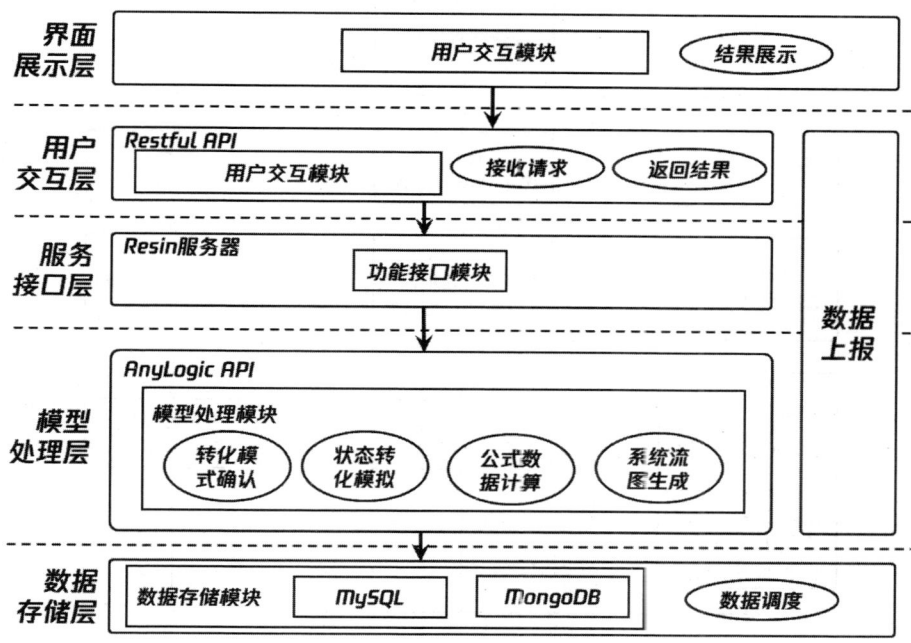

图 4.11 融媒体系统功能模块实现架构图

(1)用户交互模块。用户交互模块处于界面展示层,它是系统的顶层,展示基本的界面信息,使用柱状图、折线图、饼图、存量流量图、业务流程图等多种方式展现模拟仿真过程中的信息,前端开发页面使用 JAVA 开发完成。同时,用户交互层与用户的操作直接对接,它提供修改参数、执行命令、开始或停止模型的仿真等操作。除了基本操作外,它还展示各类快捷操作的模板,这个模块的主要作用是为了更快捷地实现用户与系统后台之间的交互。用户在界面的操作流程如图 4.12 所示。

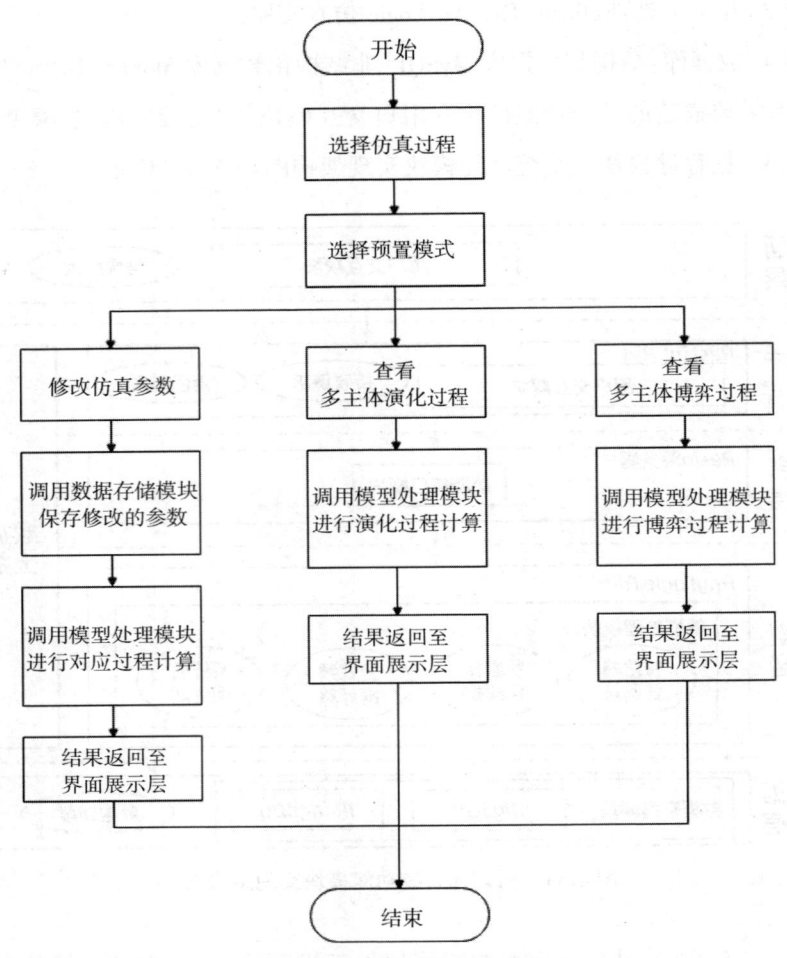

图 4.12　融媒体系统操作流程图

（2）功能接口模块。该模块处于功能接口层，主要是为数据的调度和功能的调用提供接口，当其他模块需要调用服务时，该模块通过调用对应模块来运行，主要使用 SpringMvc 框架完成。对应的系统数据处理流程如图 4.13 所示。

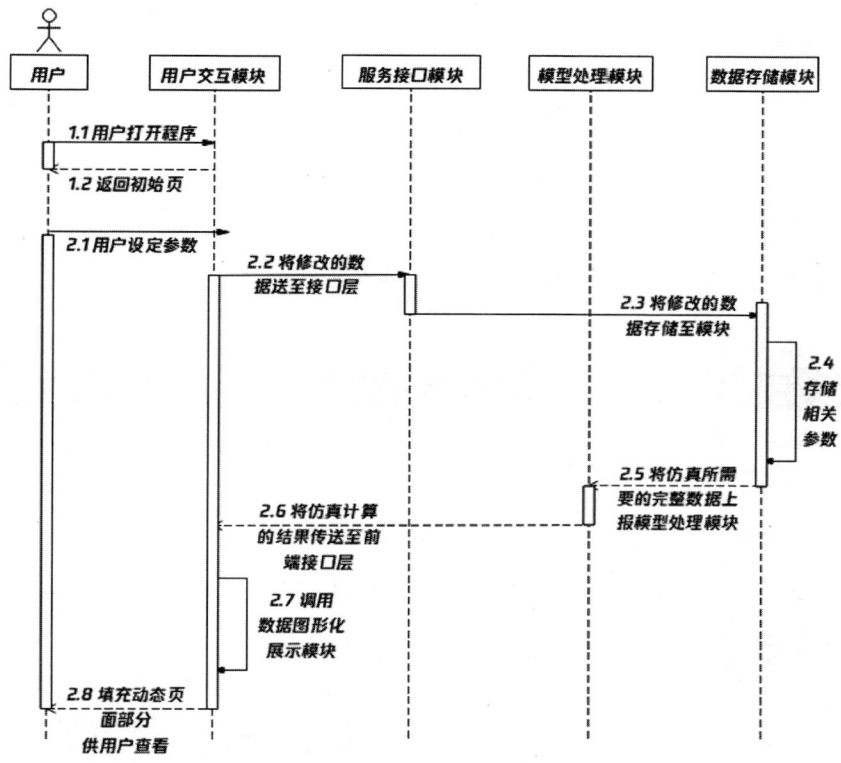

图 4.13 融媒体系统数据处理流程图

(3) 模型处理模块。该模块处于模型处理层,该层是系统的核心层,它拥有两个仿真模块:一个是描述多主体演化的状态转换仿真模块,一个是描述多主体博弈的系统动力学仿真模块。该层在收到来自功能接口层的操作请求后从数据存储层调用仿真所需要的参数,并使用对应模块对模型进行仿真计算,然后将结果返回至业务接口层。该层涉及的仿真模块主要由 AnyLogic 软件提供的 API 结合 JAVA 开发完成。

(4) 数据存储模块。数据存储层主要使用 MySQL 数据库来存储结构化数据,使用 MongoDB 数据库来存储非结构化数据。

四、系统测试与评估

进入引导页面之后,系统初始引导界面主要包括上部的导航栏,下部的操作栏,以及中间的交互界面。页面最下方的控制栏从左至右依次为:运行、暂停、恢复至原始速度、减速运行、当前速度、仿真加速、以全速运行、暂停、扩大至全屏、系统设置选项,如图4.14所示。

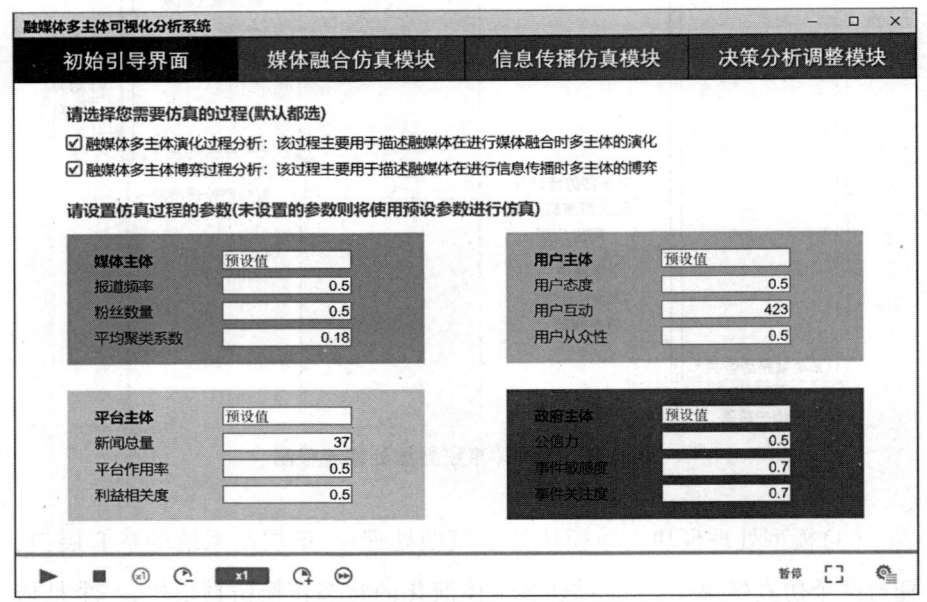

图4.14 初始引导界面

在主体界面中,可以在系统中预设好各项重要指标的值,也可以点击预设值,通过下拉菜单选择系统预先设定好的模式来设定系统各个要素的值,当选择对应的预置模式时,参数会按照预置的数值进行呈现并在点击开始后运行计算。通过选择想要仿真的过程,设置好各个部门的要素数值,点击左下角的开始按钮,融媒体系统即可开始运行。

点击媒体融合多主体演化仿真即可进入针对多主体演化过程的分析与展示功能,如图4.15所示。上方的导航栏有初始引导界面、媒体融合仿真模块、信息传播仿真模块和决策分析调整模块四个功能界面。整个展示区域会根据导航栏中所选择的模块进行相应的跳转与展示。

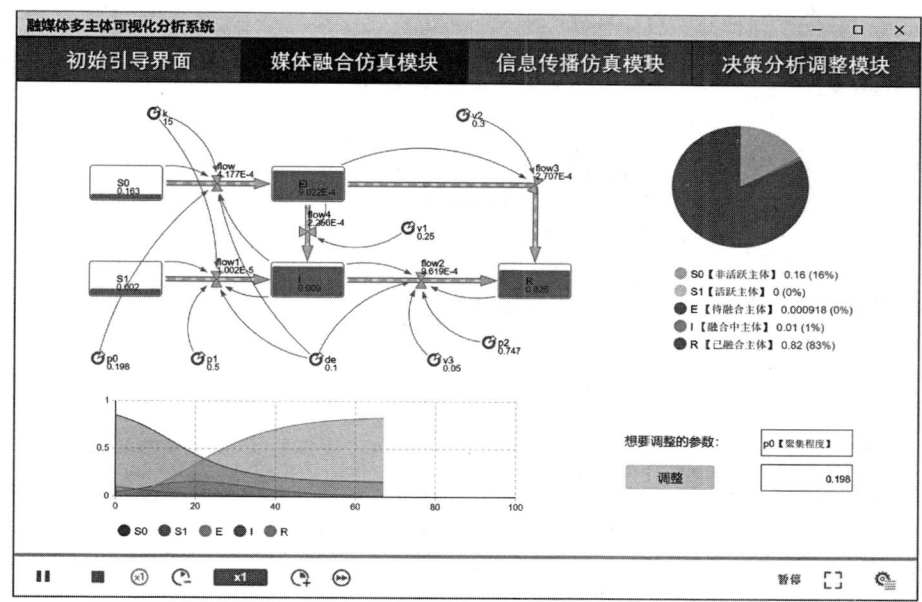

图 4.15　多主体演化仿真功能

在左上方设置了融媒体中各类媒体在不同因素作用下的演化情况。在左下方可以看到随着事件的变化,不同类型主体的变化情况的整体趋势。在右上角可以看到在这一个时刻各类媒体主体节点在整个融媒体网络中的占比情况。右下角可以选择所需要调整的参数,输入想要修改的数值后点击实时调整,即可观察新的参数值对演化过程产生的影响。

点击信息传播仿真模块即可进入存量流量图,它反映了融媒体多主体博弈下信息传播过程中各个存量间流量的变化情况,如图 4.16 所示。点击存量流量图中的任意存量角标即可查看当前存量的数值,并可展开详细变化图。

点击导航栏上的决策分析调整模块即可进入使用系统动力学的参数调整功能模块,它展示了关键指标在不同决策行为下的变化情况,如图 4.17 所示。

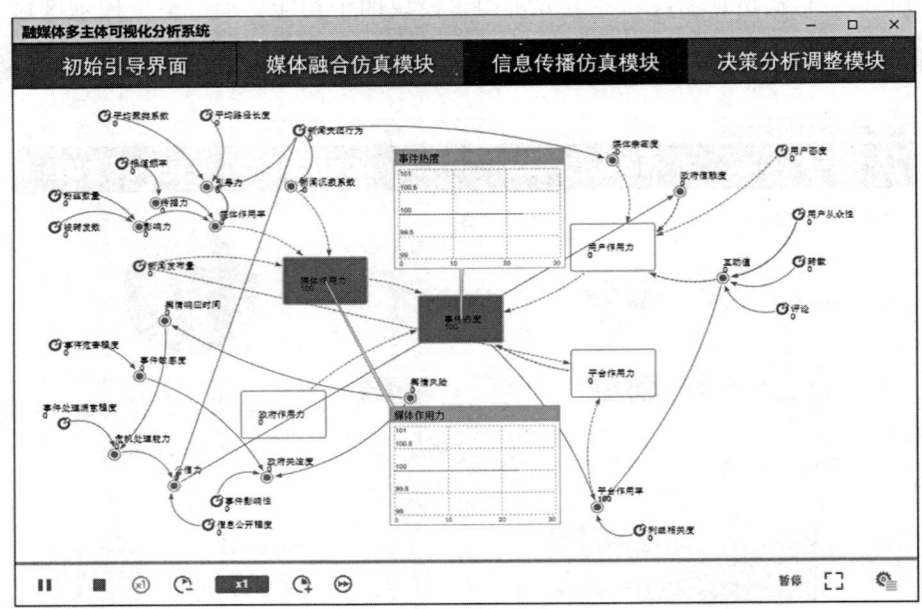

图 4.16　信息传播仿真参数调整界面

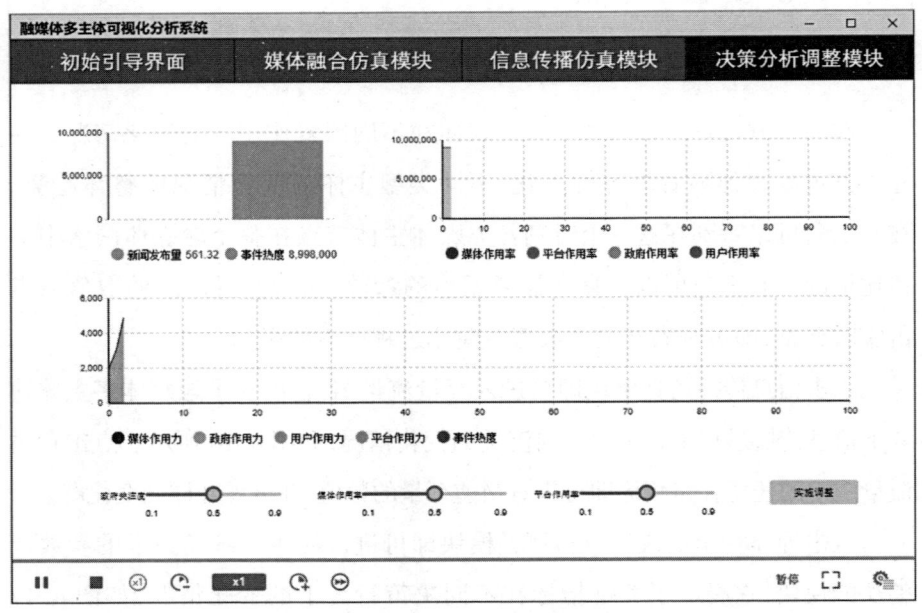

图 4.17　多主体博弈参数调整界面

第四章 信息传播过程中的多主体博弈建模与仿真

这一功能模块主要分为三个部分,左上角是关键指标的当前值,右上角是三个指标的当前情况,下方是三个需求指标的历史变化趋势。通过下方滑块可以动态调整各个指标,从而实时分析不同条件下系统的发展情况。通过该功能模块可以分析不同决策下融媒体系统多三体博弈对信息热度的影响,最终帮助用户更好地做出决策。以上功能模块的测试结果如表 4.5 所示。

表 4.5 系统各功能点测试及结果

测试模块	测试具体内容	测试结果分析
初始引导界面	1. 用户可以选择需要仿真的过程 2. 用户可以修改并且自定义参数	测试通过,如图 4.14 所示
多主体演化功能	1. 可以通过图表使多主体演化过程可视化	测试通过,如图 4.15 所示
系统流程图生成	1. 多主体博弈的存量流量图生成 2. 测试页面之间可以正常跳转 3. 页面展示内容正确	测试通过,如图 4.16 所示
多主体博弈功能	1. 选择需要进行的决策和修改的存量 2. 系统的状态和其他存量发生改变	测试通过,如图 4.17 所示
实时修改参数	1. 选择需要修改的变量流速速率 2. 系统的运行发生改变	测试通过,如图 4.17 所示

通过饼图和折线图可了解本实验关键数据的实时变化情况以及融媒体系统各要素的整体发展趋势。同时也可以在运行时手动调整融媒体系统中的参数来预测事件信息的热度,为融媒体的各个主体进行决策提供参考。JAVA 工具提供了丰富的调用接口,提高了系统的扩展性能。同时,按照不同的功能进行模块化设计,维护起来也非常方便。

第五章　新媒体环境下媒体间的议程设置

新时代网络媒体给议程设置理论带来了严重的冲击,因此有必要针对网络上媒体间的议程设置方式进行研究,探究网络媒体中议程的设置方向和效率,以最大限度发挥主流新媒体、意见领袖的引领作用。目前,对于网络上媒体间议程设置的研究方式大多为"一事一议",即只针对某一个事件的议程设置方式进行讨论,无法对类似事件进行量化研究,也没有建立适用范围更广泛的研究流程和研究平台,故研究成果和结论难以被进一步推广。同时,当前流行的传统的格兰杰因果分析方法主要针对线性关系的二元时间序列模型,而新闻媒体传播过程中产生的时间序列往往是多元的,难以确定序列间是否存在线性关系。因此,使用传统格兰杰因果分析方法得到的结果缺乏说服力,无法对议程设置方向进行有效挖掘。

针对此研究现状,本章将充分利用大数据技术和机器学习算法,基于议程设置理论和框架理论,以新型冠状病毒肺炎散发性疫情报道类事件为研究对象,探究社会事件中的议程设置方向和效果,以期为其他类型事件的探究提供研究模板,同时辅助相关部门制定与实施应对措施。

第一节　网络媒体对议程设置的影响

新媒体时代,社交平台正改变着社会群体间的交互方式。相比于传统主流媒体形式与内容的单一,自媒体交互的便捷性和内容的丰富性使其成为人们聚集交友、获取资讯、发表言论的主要平台。以微博为例,《2020年微博用户发展报告》统计显示,2020年9月微博平台上的日活跃用户达到2.24亿人。与传统主流媒体相比,以微博为代表的自媒体平台的传播优势主要是传播内容短小精悍、传播方式方便快捷、参与形式灵活多变等。这些改变突破了时间与空间的局限,让人们越来越习惯通过网络发表观点、获取信息,每个人手中都拥有了"麦克风"。一些通过内容吸引受众的自媒体,也逐渐成为网络上的新一代"意见领袖"。在此情形下,以往由报纸、广播、电台等传统主流媒体主导社会议程的媒体格局正逐渐被改变,越来越多的自媒体开始在社会议程设置、社会舆论等方面发挥引导作用。但是,当前自媒体的媒体素养良莠不齐,拥有良好媒体素养的自媒体能够主动担当社会责任,在社会事件面前坚定立场,引导网民理性思考,营造和谐有序的网络环境;反之,亦有部分缺乏媒体素养的自媒体在社会事件发生前后轻易发表不当言论,煽动网民负面情绪,引起次生网络环境灾害,更有甚者会引发"网络暴力"。由此可见,新时代网络媒体对议程设置理论的冲击力是不可小觑的,其中,议程设置的主体、内容、过程和效果面临的挑战最为严峻。

一、主体:传播者的垄断地位被打破

在传统主流媒体时代,传播方式有限,报纸、广播电台、电视等主流新闻媒体凭借专业的新闻生产流程和近乎垄断的新闻发布渠道,对客观世界发生的事件进行有效的筛选和把控,对最终到达受众方的新闻内容有着较强的监控力度,是一定范围内社会层面的唯一代言人。

然而,随着网络的发展,自媒体平台层出不穷,以往被严格垄断的新闻发布渠道被拓展至受众"家门口"。对于某些事件,往日处于信息传播链末端的受众甚至能以更快的速度知晓信息并且将信息上传至社交媒体,传统主流媒体也就失去了在信息流通过程中的把关者地位。具体而言,传统主流媒体的垄断地位被打破后,其议程设置权力主要被分散到两大话语主体——意见领袖群体和受众群体。二者各有其特点：意见领袖群体基数小，影响力大；受众群体基数大，影响力相对较小。虽然各领域意见领袖群体的专业性和权威性不及传统媒体，但由于意见领袖更加贴近受众，在某些方面，其对公众议程设置的影响力甚至会高于传统媒体。基数庞大的受众群体虽然影响力微弱，但作为信息传播链中数量占比最大的一环，当受众的声音开始聚集并愈加壮大时，这一力量甚至比传统主流媒体和意见领袖更能扭转社会舆论态势。

综上，与传统主流媒体垄断地位被打破这一局面相伴而生的，是媒体话语权和影响力的下沉与分散式聚集。因此，网络媒体时代的议程设置研究只有将这些新生的话语主体考虑在内，才能更好地与实践结合。

二、内容：议题内容的单极权威受到冲击

喻国明在武汉大学的一次报告演讲中指出，互联网作为一种"高维媒介"，具有连接和开放的特性。在节点式传播的今天，媒介传播技术与技巧随手可得，人人都有权使用自媒体平台，人人都有权进行信息传播。这也就导致了自媒体平台上传播内容的多样性。以微博为例，该平台将不同类型的传播内容划分成不同频道，目前仅频道种类就有 62 类，再加上微博热搜榜、同城榜和话题广场等综合类内容聚集页面，用户浏览数分钟获得的信息量甚至会多于翻阅一版报纸所获得的信息量。

由此可见，原本由专业媒体单方面把关的内容，变成了由用户自发选择的内容——关注度高的内容热度自然就高，关注度低的内容热度相对就低。同时，当越来越多用户的关注点聚集在某一内容时，由于传播主体的多元化，更多、更丰富的相关信息也会被更轻易地挖掘出来，吸引人们将这些议程关联起来，或把注意力转移至其他议程上，冲击了传统主流媒体引导下的单极议题内容。

三、过程：议题设置的绝对主权受到牵制

诺尔·纽曼等认为，在早期的媒体报道领域，媒介间也存在着"媒介意见领袖"，即许多信息经过传统主流媒体的报道后，其他媒体才会予以跟进和报道，这一系列反应被命名为"共鸣效果"。在这一效果的配合下，传统主流媒体始终占领议题设置的绝对主动权。但在网络新媒体崛起后，面对纷繁众多的自媒体，传统主流媒体的绝对主动权日渐式微。许多事件都是在网络媒体自发传播并引发社会关注后，才被传统主流媒体捕捉并报道。

尤其在突发事件上，由于传统主流媒体无法及时关注整个社会的所有突发事件，一旦某社交媒体或者自媒体在报道该事件的过程中，发挥了先入为主的首因效应，导致了社会舆论的偏向，之后即使再专业的媒体去纠正信息和核查信息也难以扭转舆论态势。由此可见，议程设置的绝对主动权也正在由传统主流媒体下沉分散至意见领袖与受众方。

四、效果：议题内容的影响力受到掣肘

为了吸引更多用户，许多媒体平台选择使用"精准推送""定向投喂"的算法，给不同的用户画像、打上标签，以投其所好的方式为用户提供信息内容。这一算法将带来"信息茧房"效应，即用户始终被困于基于自身兴趣所搭建的"茧房"，用户兴趣领域之外的更多内容则会被算法自动屏蔽，导致用户更有理由相信自身立场的正确性，拒绝接受其他信息。信息茧房不断被加固带来的后果就是，传统主流媒体的议题内容难以穿透由内容平台、算法和用户共同搭建起来的壁垒，传统主流媒体的声音无法有效传到受众耳中，其影响力受到严重掣肘。

同时，许多自媒体人"流量至上"的价值观也从另一方面削弱了传统主流媒体议题内容的影响力。为博得流量、积累粉丝，他们通过选择更容易引发社会关注的新闻来进行不合时宜的炒作，这一做法往往会将受众的注意

力从原本传统主流媒体设定的议程上分散开,导致传统主流媒体议题内容的影响力进一步被削弱。

第二节 新闻框架理论及其研究对象和研究方法

框架理论由戈夫曼提出,他认为,对一个人来说,真实的东西就是他或她对情景的定义,这种定义可分为条和框架。条是指活动的顺序,框架是指用来界定条的组织类型。

一、新闻框架

新闻中的框架研究可划分成:媒介(新闻)生产研究、媒介(新闻)内容研究和媒介(新闻)效果研究。然而,在框架理论的扩散与转换过程中,不同学科产生了许多相近的阐释性概念和应用,例如框架、框架理论、框架分析、框架化、框架化分析、框架化研究等,但没有形成统一的研究范式,因此学界对框架理论的定义存在着较大的争议。目前,比较权威的框架定义方式如表5.1所示。[71]

表5.1 不同的框架定义方式

提出者	观点
吉特林(Gitlin)	框架是选择、强调和排除
思特曼(Entman)	框架是选择与凸显
钟蔚文	框架是选择与重组
沃肯伯格(Volkenburg)、瑟曼特克(Semetko)和弗雷瑟(Vreese)	需要区分媒体框架与受众框架
潘忠党	框架策略分为四类:句法结构、脚本结构、主题结构和修辞结构
臧国仁	新闻框架三层次说

同时,针对不同的新闻事件类型,根据关键词、主要内容与态度的不同,在基础框架之上,学者也会根据实际情况对框架进行增加、删除和修改。例

第五章 新媒体环境下媒体间的议程设置

如刘兰兰将新冠肺炎疫情相关的微信热门报道框架进一步细化为事实框架、冲突框架、情感框架、责任框架、道德框架、应对框架和影响框架,提出疫情舆论引导要加强理性传播"力度",注重人文关怀"温度",提高舆论引导"效度"。[72]陈周硕、林桓羽将越南传统主流媒体经常使用的框架细化为事实框架、合作框架、影响框架、回应框架和展示框架,由此总结越南传统主流媒体在突发事件中使用的报道策略。[73]杨秀国、刘洪亮对传统主流媒体中与扶贫议题相关的报道内容进行框架分析,将其分为高、中、低三个层次,高层次中使用的框架被细分为领导人扶贫工作、脱贫成果展示、国际减贫视野、典型宣传、舆论监督和精准扶贫框架。[74]

二、新冠肺炎疫情新闻框架

本研究所使用的数据集均来自与新冠肺炎疫情相关的博文,考虑到微博与微信有一定的相似性,因此研究中采用刘兰兰提出的框架划分方法,将框架划分为事实框架、冲突框架、情感框架、责任框架、道德框架、应对框架和影响框架。各框架对应的指标阐释和标注方式如表 5.2 所示。

表 5.2 新冠肺炎疫情报道框架建构及指标阐释

框架名称	指标阐释	标注方式	对应标签
事实框架	疫情数据通报或疫情相关事实的客观描述,学者对病毒、疫情的科学解释或权威说法	0	Label0
冲突框架	对疫情发展或病毒认知观念上的差异,对抗疫过程中的具体行动、举措的质疑	1	Label1
情感框架	对英雄楷模奉献、牺牲精神的正面报道和对疫情带来的伤害、损失方面的共情体验	2	Label2
责任框架	对疫情责任的问责行为和对失责行为的探讨	3	Label3
道德框架	社会道德、信仰、人的欲望等层面	4	Label4
应对框架	政府机构针对疫情发展的政策、举措,学者对大众行为的提醒、引导	5	Label5
影响框架	疫情对国际社会发展、国内发展及个人生活方面的影响	6	Label6

三、研究对象

1. 事件的获取

本研究选取 2021 年 5 月 21 日至 2021 年 11 月 11 日期间国内各省市有关新型冠状病毒肺炎"德尔塔"变异毒株的微博博文(以下简称为:散发性疫情事件)作为研究对象。此时间区间内国内疫情的大致情况如下:

2021 年 5 月 21 日,广东省广州市发生第一起由德尔塔毒株引发的疫情事件。该病例于 2021 年 5 月 20 日在广东省广州市荔湾区的医疗机构发热门诊监测中排查出来,为国内第一例由德尔塔病毒毒株引发的新型冠状病毒肺炎阳性病例。此后,全国多个省份也陆续发生由德尔塔变异毒株引发的散发性疫情事件。在所选取时间区间内,除广东省外,还有云南省、江苏省、湖南省、河南省、福建省、黑龙江省、陕西省和山东省,共九个省份发生了规模较大的感染德尔塔毒株的新型冠状病毒肺炎的疫情事件。这九个省份发生疫情事件的时间区间及天数如表 5.3 所示。

表 5.3　散发性疫情发生省份及疫情周期长度

省份	疫情起止时间	总天数
广东省	2021 年 5 月 21 日—2021 年 6 月 18 日	29 天
云南省	2021 年 7 月 5 日—2021 年 7 月 16 日	12 天
江苏省	2021 年 7 月 20 日—2021 年 8 月 23 日	35 天
湖南省	2021 年 7 月 28 日—2021 年 8 月 17 日	21 天
河南省	2021 年 7 月 31 日—2021 年 8 月 23 日	24 天
福建省	2021 年 9 月 10 日—2021 年 10 月 12 日	32 天
黑龙江省	2021 年 9 月 21 日—2021 年 10 月 13 日	23 天
陕西省	2021 年 10 月 17 日—2021 年 10 月 31 日	15 天
山东省	2021 年 10 月 26 日—2021 年 11 月 11 日	17 天

由表 5.3 可见,在这九个省份中,疫情持续时间最短的为 12 天,是云南省;最长的为 35 天,是江苏省。各传统主流媒体对这些事件均有报道,事件

发生期间,在意见领袖和公众范围内引起的讨论热度也比较高。

2.选取该事件的原因

选取散发性疫情事件作为研究对象的原因主要有以下几点:

第一,近年来,与疫情有关的事件热度大部分居于高位。当部分地区发生疫情事件后,专业媒体会对此地的疫情事件进行多方位的报道,大量意见领袖、用户也会在相关话题广场中发表态度和观点,有的甚至会冲到同时期的微博话题热搜榜榜首。这些都为本研究提供了丰富的文本数据基础。

第二,由于疫情发展迅速,所以在相当长的一段时间内,网络上有关疫情的动态会持续出现。较大的时间跨度符合进行格兰杰因果检验的时间条件。

第三,抗疫举措需要公众的全力配合。在此期间,多方媒体或意见领袖均会参与公众的议程设置,具体是哪类媒体或意见领袖对公众的议程设置效果最明显,需要使用议程设置方式进行判别。

第四,媒体需要从多个角度对疫情态势进行报道,例如,从专家角度解读疫情趋势,从医学角度解释接种疫苗的必要性,从社会角度宣传抗击疫情的正面事迹……对于同一个事件,不同媒体可能会对公众产生不同的议程设置效果。例如,在疫情趋势解读方面,公众可能更愿意相信官方媒体的新闻;而在抗击疫情的共情事件方面,公众可能更愿意接受与自身距离更近的意见领袖的观点。同时,也会有一些偶发性的事件导致负面舆论的形成。因此,需要对疫情相关的新闻按照报道类型进行划分,对具体内容进行具体分析,以判明新闻内容在媒体进行公众议程设置过程中的影响效果。

四、研究方法

本研究的流程示意图如图 5.1 所示。

图 5.1 中,三大传统主流媒体和意见领袖分别以媒体 a、媒体 b 为代表。

整体研究流程分为四步:

第一步为数据采集。通过使用 Python 技术,爬取微博上社会事件相关的博文,筛选其发博日期、发博时间和发博内容,以.csv 的形式进行存储。

第二步为框架划分。通过搭建基于 BERT 模型的文本分类模型并引入公开知识库,将爬取到的不同时间片下媒体和公众所发博文划分至同一框架体系。

第三步为时间序列生成。将上一步获得的不同媒体和公众在事件中发布的各框架类别下的博文数统计整理成矩阵形式。

第四步为因果分析。通过搭建因果分析模型,将第三步得到的多元事件序列输入模型,抽取并挖掘各框架类别下不同媒体间的议程设置影响方向,并进行可视化处理,得到所需因果图。

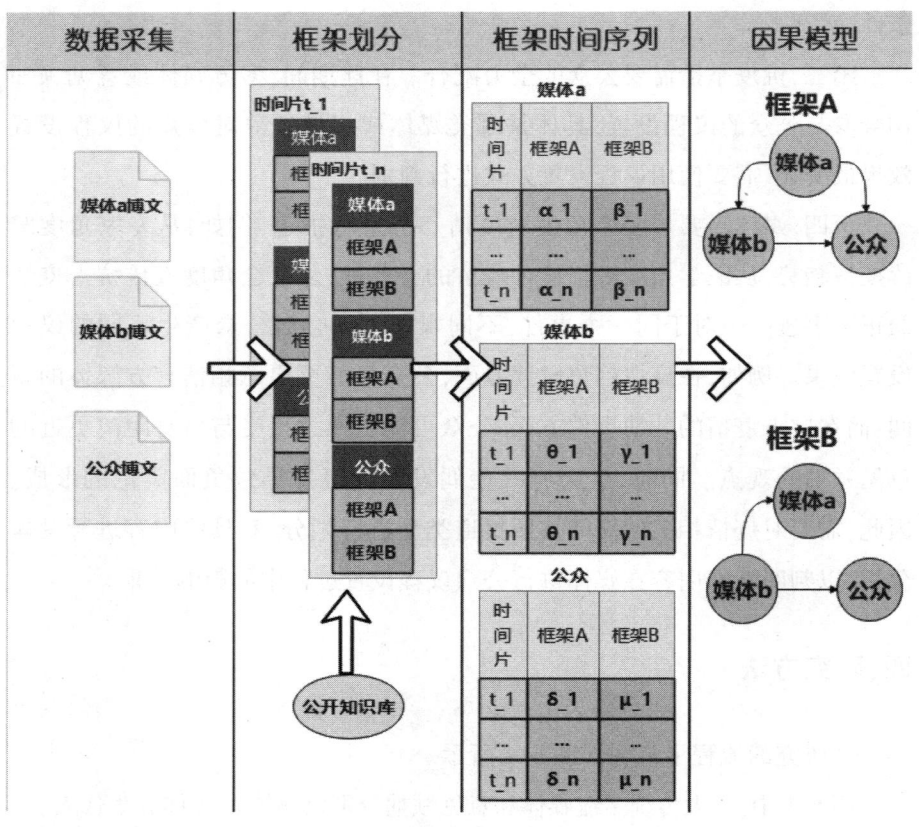

图 5.1　散发性疫情议程设置研究流程

五、散发性疫情事件的数据集的构建

1. 数据集构建

本研究将基于自建数据集展开,数据集构建过程主要有以下步骤。

(1)根据2021年中华人民共和国国家互联网信息办公室发布的《互联网新闻信息稿源单位名单》,筛选出中央媒体、省级媒体和市县级媒体三大类传统主流媒体的微博名称,并根据微博名称找到其账号所在主页的url。

(2)使用Python语言和Selenium库爬取2021年5月21日至2021年11月11日三大传统主流媒体账号中有关上述地区散发性疫情事件的博文,选取其中的发博日期、发博时间点、媒体id、话题链接和博文内容进行保存。最终爬取到有效的中央媒体博文1 629条、省级媒体博文4 440条、市县级媒体博文782条,并以.csv的格式存储于计算机中。

(3)将步骤(2)中提取到的话题链接进行去重,共得到248个不重复话题,通过使用urlencode函数,根据微博话题主页的url命名规则重构各话题对应的url。重构后,共获得248个话题的url,以.txt的形式存储于计算机中。

(4)使用Selenium库依次爬取所有话题广场的博文。由于部分话题讨论量较大,无法一一爬取每一页的博文,因此设定规则:若话题广场页数小于等于10页,则对该话题广场中的博文进行全部爬取;若话题广场页数大于10页,则随机选择话题广场中的10页博文进行爬取。

(5)爬取所选页面博文的发博日期、发博时间、博主昵称、认证情况、博文内容字段,将爬取到的全部博文以.csv的形式存储在计算机中。根据是否有"新浪V"认证,将这些博文划分为意见领袖的博文和公众的博文,其数量分别为5 134条和7 141条。

至此,数据构建的全部工作已完成,最终得到中央媒体、省级媒体、市县级媒体、意见领袖和公众的博文共19 126条。所发博文数量占比如图5.2所示。

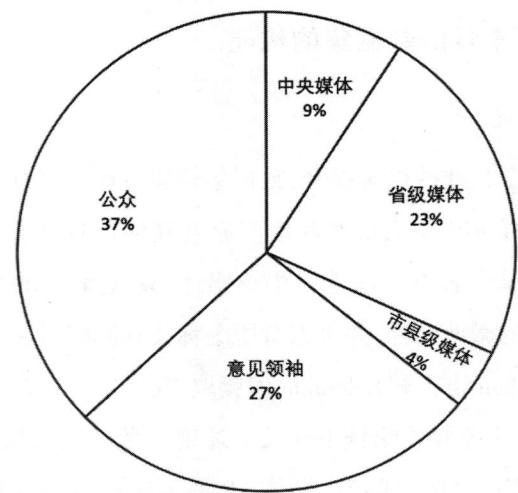

图 5.2　各话语主体与公众博文数量

由图 5.2 可知,公众的博文占比最多,比例为 37%,其次是意见领袖的博文,比例为 27%,与网络群体中普通用户比例高于少数意见领袖所占比例这一现实情况相符。在三大传统主流媒体博文占比方面,由饼状图可知,省级媒体对地区散发性疫情的新闻报道数量高于中央媒体、市县级媒体,分别超出 0.14 个百分点和 0.19 个百分点。

图 5.3 反映的是在数据集所涵盖时间周期内,各话语主体的发博量随时间变化的情况。

在图 5.3 中,横轴代表日期,纵轴代表发博量。在折线图中,可以较为明显地看出各话语主体发博量的波动有以下两点特征。

(1)五类话语主体发博量总变化趋势相同,都是随着疫情事件的发展而产生波动,其中公众发博数量波动最大,市县级媒体则趋于平稳,但也会随着其他话语主体发博数量的变化趋势产生小幅度变动。

(2)就公众与意见领袖而言,公众发博量稍多于意见领袖的发博量,且公众发博量与意见领袖发博量的波动时间与幅度最为接近。

综合以上特征,可以假设五类话语主体之间存在因果关系,进而使用格兰杰因果分析方式进行分析,推断议程设置方向。

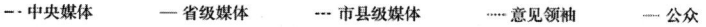
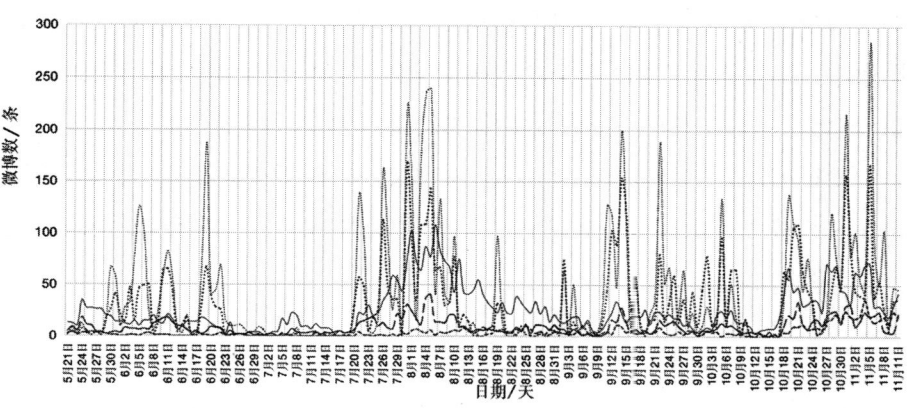

图 5.3　各话语主体的发博量随时间变化折线图

2. 疫情新闻知识图谱

本研究中使用的知识图谱通过语义网描述实体及关系,基本组成单元是"实体—关系—实体"。研究中使用"$E_1\text{-}R\text{-}E_2$"的形式构建疫情新闻知识图谱。其中,$E_1=\{E_{11},E_{12},\ldots,E_{1n}\}$,表示疫情新闻报道中经常使用的具体实体词汇,按照实体类别分为六种实体,包括医学实体、地点实体、方法实体、组织实体、人物实体和时间实体,具体含义和举例如表5.4所示。

表 5.4　实体词汇类别说明

一级实体类别	二级分类	举例
医学实体	病毒溯源方法名、病毒定义、病毒危害、发病症状、应对方法名	新型冠状病毒
地点实体	地区名、特别行政区名、省份名、自治区名、直辖市名、国家名	北京市
方法实体	防疫地点名、防疫措施名	核酸检测
组织实体	政府组织、防疫组织、群众管理组织、媒体组织、公司组织	卫健委
人物实体	人物名	无症状感染者
时间实体	时间指代词	今天

"E_1-R-E_2"中的$E_2=\{E_{21},E_{22},\ldots,E_{2n}\}$,表示$E_1$代表的具体词汇所属的二级分类;$R$统一使用"类别"这一关系词,表示$E_1$是$E_2$的一种。以知识图谱中某一知识元组"黑龙江省类别省份名"为例,该知识元组所表达的知识概念为:黑龙江省是一个地点实体,属于地点实体中的省份名。

知识图谱中的所有概念均由人工标注而来,在所有数据集中,共计提取出448组符合上述定义的知识三元组,命名为"News",并将其存储为.spo格式,构建成知识图谱。

第三节 基于K-BERT模型的散发性疫情新闻框架划分

一、BERT模型

BERT模型最早于2018年由Google实验室的德夫林(Devlin)等提出,它是一种预训练模型。[75]为实现NLP(Natural Language Processing,自然语言处理)任务,传统的BERT模型框架包含两个步骤:预训练和微调。预训练是指在大规模开放领域的语料库上,通过无监督预训练的方式抽取大量语言信息,以获得丰富的语言知识储备,得到初始化参数。微调是指在特定的下游任务,如文本分类、Q&A(Questions and Answers,问与答)任务中使用标记的数据对所有参数进行微调,以吸收特定领域的知识,提高执行指定NLP任务的准确性。BERT模型采用多层双向Transformer(变换器)网络结构进行预训练,采用MLM(Masked Language Model,掩码语言模型),并在所有网络层中把上下文信息同时考虑在内,突破了单向语言模型的局限,进而可得到深层双向的语言表示。

1. BERT模型的输入

对于BERT模型而言,任何一种NLP任务的输入格式都是相同的,输出则会随不同NLP任务的目的变换具体内容。模型的输入是句子序列,每组句子前添加一个标识符[CLS]表示开始,尾部添加一个标识符[SEP]作为结束,两个句子之间也用[SEP]间隔开。对于每组句子,BERT模型依次进行三种不同的嵌入操作——词令牌嵌入(Token Embeddings)、语句分块令牌嵌入(Segmentation Embeddings)和位置编码令牌嵌入(Position Embeddings)。

(1)在词令牌嵌入操作中,使用WordPiece(分词器)方法与30 000个令牌词汇表进行标记,对英语单词中特殊的分词形式,使用"##"标注。

(2)在语句分块令牌嵌入操作中,以两个句子中间的[SEP]为间隔,将分属于两个句子的单词分别标记为"A"和"B"。

(3)在位置编码令牌嵌入操作中,以[CLS]为起始位置标记为"0",之后的所有字符都将按照数字递增顺序赋标记值,直到最后一个标识符[SEP],最多可标记512个字符。

对于单句输入,BERT模型只使用句子A进行嵌入操作。最后,BERT模型将这三种嵌入操作获得的张量进行向量拼接,将拼接后的向量输入BERT模型,最终得到输出的隐藏向量$T_i \in R^H$,其中H是隐藏层大小。BERT模型的输入示意图如图5.4所示。

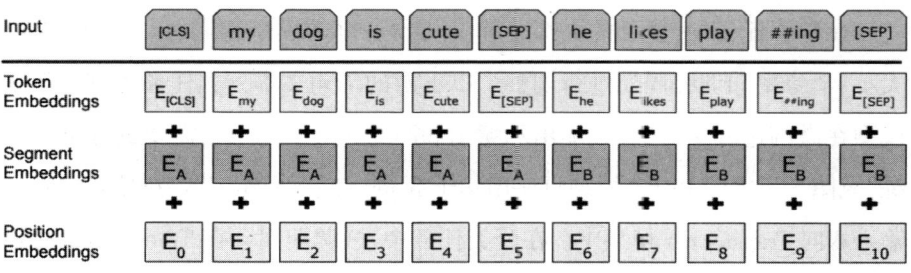

图5.4 BERT的输入表示

2. BERT模型的预训练

在预训练过程中,为提高模型在多层上下文中预测单词的性能,BERT模型采用双向Transformer网络,在大规模语料库上进行无监督训练。同时,为了获得一个深度的双向表示,模型随机使用[MASK]标识符屏蔽一定比例的输入令牌,然后预测这些被掩蔽的标记,这种方式被称作 MLM。在这一操作中,被掩蔽令牌的最终隐藏向量将会被输入 Softmax 函数中,其中,z_i 为第 i 个节点的输出值,C 为分类类别的个数。Softmax 函数的输出为其最终的预测值。

$$Softmax(z_i) = \frac{e^{z_i}}{\sum_{c=1}^{C} e^{z_c}} \tag{5.1}$$

但此操作也会带来一个问题——由于在微调任务中并不会使用 [MASK] 标识符,这造成了预训练模型和微调模型在结构上的二义性。为解决这一问题,BERT 模型选择不将所有的被掩蔽词语用[MASK]标识符替换,而是将 15% 的输入词进行随机掩蔽,其中被掩蔽掉的单词有 80% 的概率被 [MASK] 替代,10% 的概率被正确词汇替代,10% 的概率被词汇表中的随机词汇替代。最后,使用交叉熵损失对经过掩蔽处理的隐藏向量 T_i 进行预测。因此,预训练后的 BERT 模型可无须引入复杂的模型结构,只需要对不同的自然语言处理任务进行微调,学习少量的新参数,便可以通过归纳式迁移学习将模型用在源域与目标域不同的新任务中。

3. BERT 模型的微调

在微调任务中,模型的大部分和参与预训练的模型相同,仅需要对批量大小、学习率和训练周期进行调整。以下游的单句文本分类任务为例,BERT 模型在微调过程中的输入、输出示意图如图 5.5 所示。由于需要进行单句训练,故图 5.4 中的 BERT 模型只使用句子 A 进行嵌入操作,并将拼接后的张量输入双向 Transformer 模型中。在分类任务中,微调期间会在 Transformer 的隐藏输出层后添加一个分类层 $W \in R^{K \times H}$,其中 K 是分类标签的数量。分类层用于计算标签概率 P,使用 Softmax 函数计算。

BERT 模型已在多种 NLP 任务上表现出超越一般文本分类模型的性能,如文本分类、实体标注、Q&A 任务等。自其被推出后,又有很多学者对该模型进行了进一步研究,孙红等提出了融合 BERT 模型词嵌入和注意力机制的文本分类方法。[76]荒濑由纪等提出基于短语释义对 BERT 模型进行转移微

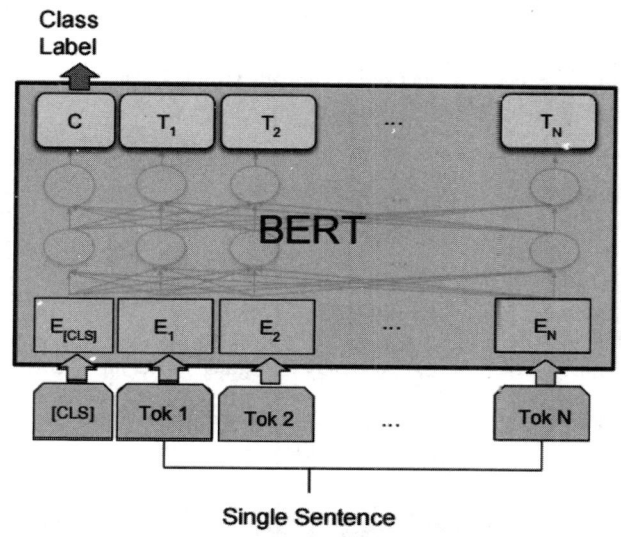

图 5.5　单句文本分类任务输入与输出

调,以帮助 BERT 模型更快收敛,同时,该方法可以使 BERT 模型在更小的语料库上执行微调任务。[77] Liu 等提出将知识图谱嵌入 BERT 模型的语义表示中,使 BERT 模型能够适应具体领域的 NLP 需求。[78]

二、K-BERT 模型

尽管 BERT 模型凭借其性能在许多自然语言处理任务中表现优越,但由于此类模型是基于大规模开放领域的语料库预训练而成的,在许多涉及特定领域专业知识的下游任务中,BERT 模型的表现不尽如人意。例如,部分文献明确提到,基于维基百科预训练而成的谷歌 BERT 模型在电子病历分析任务中就不能很好地发挥其优势。

对人类而言,当我们在阅读某一领域的专业资料时,普通人只能根据简单的上下文来理解单词,而领域专家则可以用相关的专业知识进行推断,从而更好地理解资料内容。受此认知过程启发,Liu 等提出了 K-BERT 模型——一种融合知识图谱的 BERT 改进模型。通过引入知识图谱,使 BERT 模型具备了专业领域的知识存储,进而能够以类似于领域专家的认知过程来分析专业领域文本知识。K-BERT 模型的模型结构如图 5.6 所示。

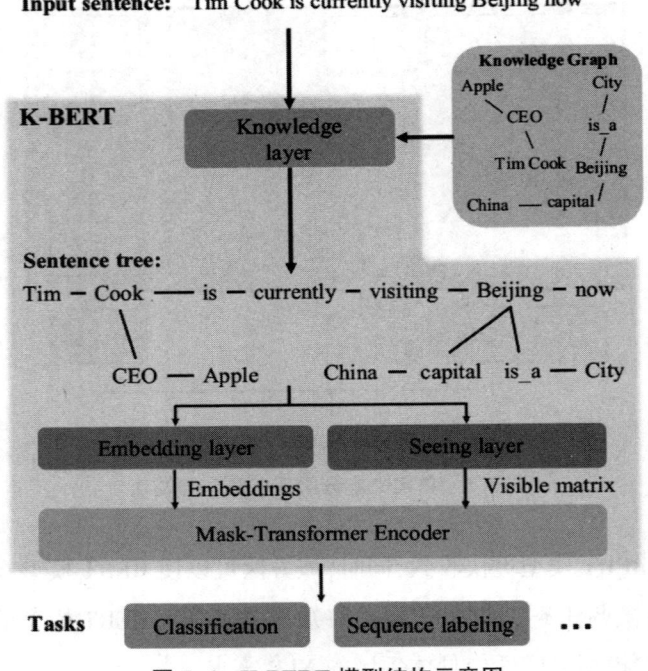

图 5.6　K-BERT 模型结构示意图

K-BERT 模型在以下方面进行了修改：

（1）增加知识层以存储知识图谱。

（2）BERT 模型直接对输入语句进行令牌嵌入，而 K-BERT 模型则对语句树进行令牌嵌入操作。语句树是嵌入了知识元组的树状句子序列。由于分枝的加入，原有词令牌嵌入的方式也有所调整，如图 5.7 所示。

K-BERT 模型的输入是一个完整的句子，经过知识层的知识注入操作后，与所注入知识共同拼接成三层语句树。接下来，K-BERT 模型将对语句树进行令牌嵌入操作。

首先是词令牌嵌入——将知识元组直接插入语句中相关词语之后，语句树被压缩成 $1 \times n$（n 为语句树中的总叶子数）的序列，并对序列中的每一个单词进行标记。其次是位置编码令牌"软"嵌入，这是为了不打乱原有句子

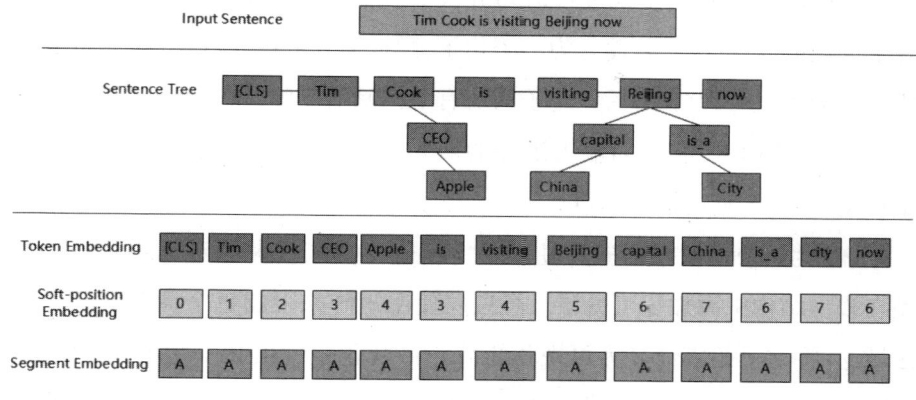

图 5.7　K-BERT 词令牌嵌入方式

的词语顺序,使其在压缩后仍然具有可读性,在给词语编号的过程中,跳过知识元组进行赋值,如图 5.8 所示。图 5.8 中词语上方的黑色标号代表使用"软"嵌入时每个单词对应的序号,词语下方的灰色标号代表使用"硬"嵌入时每个单词对应的序号。可以看出,尽管"Tim Cook is visiting Beijing now"这句话在被插入知识元组后,整个句子序列的长度变为 13,但原句中的六个单词被赋予的顺序编号依旧是数字 1—6 的次序,原句顺序并未被其他单词打断。至于被嵌入的知识元组,"软"嵌入方式将其视为由原句中的词语实体延伸出的另一个完整语句,赋予其紧跟所嵌入位置序列号的位置令牌。但这带来一个问题,即若"is"和"CEO"的位置令牌都为数字 3,如何准确识别哪一词语才是原语句中的单词,哪一词语代表着由知识元组延伸出来的分枝？K-BERT 模型里选择使用掩码自注意力机制来解决。这一机制的运行原理将在下面详细说明。

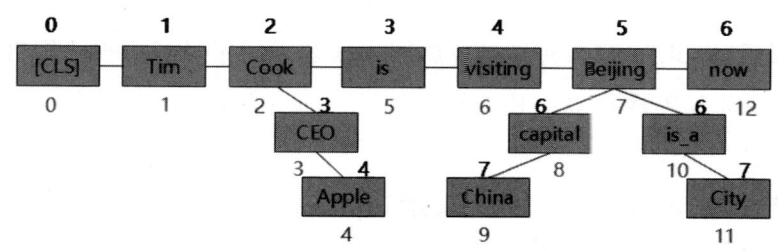

图 5.8　位置编码令牌的"硬"嵌入与"软"嵌入

最后,K-BERT模型将进行语句分块令牌嵌入。若输入为单句,则将所有单词赋值令牌"A";若输入为一个句子,则根据分割标识符,将前一句子的所有单词赋值令牌"A",后一句子的所有单词赋值令牌"B"。

至此,K-BERT模型对输入语句的嵌入操作全部完成,之后对其进行向量拼接,形成完整的输入向量。

(3)为解决位置编码嵌入过程中"软"嵌入方式带来的问题,K-BERT模型在模型结构中添加了可见层。可见层使用矩阵来限制每个词令牌的可见区域,并将这个矩阵命名为可视化矩阵。可视化矩阵由0,1组成,0代表横坐标词令牌对纵坐标词令牌不可见,即两个词语无关联;1则代表可见,即两个词语有关联。示例句子的可视化矩阵如图5.9所示。

	[CLS]	Tim	Cook	CEO	Apple	is	visiting	Beijing	capital	China	is_a	city	now
[CLS]	1	1	1	0	0	1	1	1	0	0	0	0	1
Tim	1	1	1	1	1	1	1	1	0	0	0	0	1
Cook	1	1	1	1	1	1	1	1	0	0	0	0	1
CEO	0	1	1	1	1	0	0	0	0	0	0	0	0
Apple	0	1	1	1	1	0	0	0	0	0	0	0	0
is	1	1	1	0	0	1	1	1	0	0	0	0	1
visiting	1	1	1	0	0	1	1	1	0	0	0	0	1
Beijing	1	1	1	0	0	1	1	1	1	1	1	1	1
capital	0	0	0	0	0	0	0	1	1	1	0	0	0
China	0	0	0	0	0	0	0	1	1	1	1	1	0
is_a	0	0	0	0	0	0	0	1	0	1	1	1	0
city	0	0	0	0	0	0	0	1	0	1	1	1	0
now	1	1	1	0	0	1	1	1	0	0	0	0	1

图5.9 示例句子的可视化矩阵

以句子中插入的知识元组词语"CEO"为例,只有在"Tim""Cook""CEO""Apple"列中,它的赋值为1,代表"CEO"只是对"Tim Cook"这一词语的知识解释,与句子中的其他词语无关,不会影响对其他词语的理解。

最后,K-BERT模型将经过令牌嵌入处理后的张量与可视化矩阵输入Transformer编码器中,进行模型预训练,并将预训练后的模型应用于下游具体任务的训练。

目前,除上述提到的"软"嵌入方式外,还有许多研究人员提出了知识图谱嵌入的其他思路。例如,Zhang Z等提出添加实体序列输入层和降噪实体自动编码器的改进模型 ERNIE。[79] Wang X 等提出将知识输入模型与语言模型并行训练的方式，提升 BERT 模型在大规模下游数据集上的性能。[80] Wang R 等提出使用知识适配器 K-Adapter 结构的模型，以解决 BERT 模型在复杂数据集上的知识遗忘问题。[81] 综合考虑数据集规模与计算机配置，本研究最终选择将 BERT 模型作为对照组，同时自建疫情新闻知识图谱，以基于 K-BERT 模型实现新闻框架划分任务。

三、实验结果及分析

1. 新闻框架的自动划分

本实验基于爬取到的疫情新闻数据，首先通过人工将其中的 11 631 条数据以 7∶2∶1 的比例划分为训练集、验证集和测试集，同时按照第二节中指定的框架划分标准进行框架类别标注。人工标注的数据集中，三类传统主流媒体、意见领袖和公众所发博文数量占比和不同框架下的博文数量占比分别如图 5.10 和图 5.11 所示。

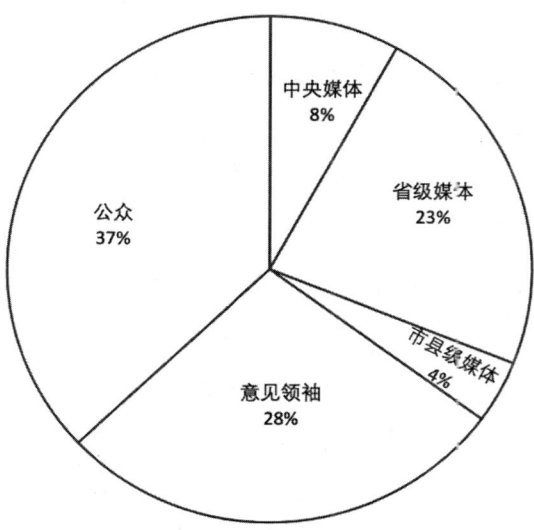

图 5.10　标注数据集中各话语主体发博数量占比

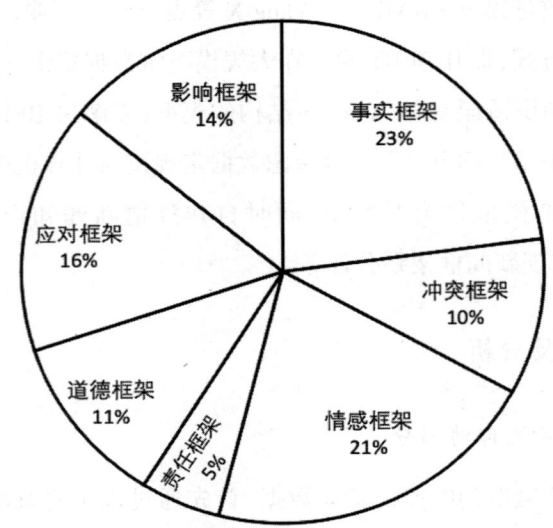

图 5.11　标注数据集中各框架博文数量占比

由图 5.10 可知，标注数据集中，公众的博文占比最多，为 37%，其次是意见领袖的博文，为 28%，与网络群体中普通用户比例高于少数意见领袖比例这一现实情况相符。在三大传统主流媒体博文占比方面，由饼状图博文占比可知，省级媒体对地区散发性疫情的新闻报道数量，高于中央媒体和市县级媒体，分别超出 15 个百分点和 19 个百分点。

同时，由图 5.11 中不同框架下博文数量的综合占比可知，散发性疫情爆发期间，微博上综合使用比例最高的框架为"事实框架"，占比为 23%，即人们对疫情本身数据、相关事实及学者对疫情和病毒的解释关注度最高；其次为"情感框架"，占比为 21%，主要为对疫情带来的伤害或抗疫楷模等正面报道的共情表述。出人意料的是，散发性疫情爆发期间，综合使用占比最低的框架是"责任框架"，仅为 5%，即人们在散发性疫情爆发期间，较少关注对疫情的问责和对失责行为的追究。经进一步跟进数据集中涉及地区的疫情相关报道后，本研究发现，大部分传统主流媒体发布追责公告和话题的时间均在当地疫情得到基本控制之后，意见领袖和公众对此类事件的讨论高峰也集中在此时间段，因此散发性疫情爆发期间的数据集未将其包含在内。

2. 基于 BERT 模型的框架划分

本研究首先使用 BERT 模型进行模型训练。经综合考虑计算资源和数据集大小后，BERT 模型的参数初步设置如表 5.5 所示。

表 5.5　BERT 模型参数

参数	取值
batch_size	128
learning_rate	5e-05
max_seq_length	64
epoch	10

经 10 个训练轮次运行后，模型在验证集上的准确率如图 5.12 所示。

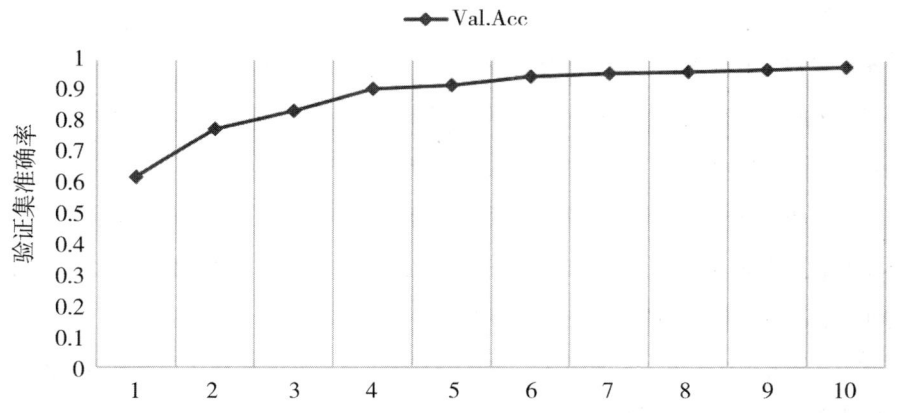

图 5.12　BERT 模型训练轮次—准确率折线图

由图 5.12 实验结果可知：当 BERT 模型的训练轮次为 4 时，训练所生成的模型开始收敛，收敛准确率约为 94.8%。同时，batch_size（批大小）的设定对模型的准确率也有着较大的影响，故实验中，在进一步保持其他参数不变的情况下，将 batch size 分别设定为 8、16、32、64 和 128，探究 batch size 对 BERT 模型运行的影响，运行结果如图 5.13 所示。

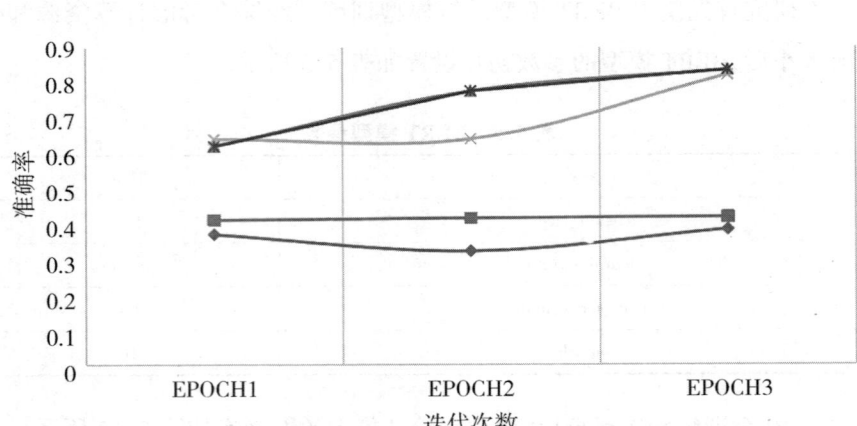

图 5.13 不同的 batch size 对 BERT 模型的影响

图 5.13 中,不同灰度的曲线代表模型在同一训练轮次内选取不同 batch size 时,验证集上的准确率变化。由实验结果可得以下结论:

(1) batch size 取值为 8 和 16 时的准确率曲线相接近,且取值为 16 时的模型准确率稍高于取值为 8 时的模型准确率。

(2) batch size 取值为 32、64 和 128 时的准确率曲线相接近,且取值为 32 时的模型准确率与取值为 128 时的模型准确率曲线高度重合,在第二、三轮次中皆高于取值为 64 时的模型准确率。

(3) batch size 取值为 32 时,在第三轮次中的准确率比 batch size 取值为 16 时高一倍,具体数值分别为 83.5% 和 41.6%。

综合以上结果,可以看出 batch size 的取值对 BERT 模型准确率的影响较大,batch size 取值为 32 和 128 时均能达到最优分类效果。因此,若综合考虑计算资源与时间因素,当 batch size 取值为 32 时,模型的综合效能最优。

3. 基于 K-BERT 的框架划分

为比较 BERT 模型和 K-BERT 模型在新闻报道领域对文本内容进行框架划分的性能优劣,两类模型中的 Epoch 轮次皆设定为 3,batch size 均设定为 32,其他取值均参照表 5.5 中对 BERT 模型进行实验时的设定。其中,由于计算资源限制,K-BERT 模型使用的知识图谱为部分 HowNet(知网)语义网(66KB)。两种模型在验证集和测试集上的准确率记录如表 5.6 所示。

表 5.6　BERT 模型与 K-BERT 模型的准确率记录表

	Epoch1		Epoch2		Epoch3	
	Val.	Test.	Val.	Test.	Val.	Test.
BERT 模型	0.7621	0.6524	0.8842	0.8017	0.9457	0.8861
K-BERT 模型	0.8624	0.8641	0.9428	0.9441	0.9751	0.9733

由实验结果可得出以下三条结论:

(1)K-BERT 模型自第一个训练轮次开始,在验证集和测试集上的准确率均优于 BERT 模型。

(2)Epoch3 中,K-BERT 模型在测试集上的准确率最终比 BERT 模型高 8.72%,证明知识嵌入对提高新闻文本分类准确率有效。

(3)三个训练轮次中,BERT 模型在测试集上的整体准确率提高了 23.37%,K-BERT 模型提高了 10.92%。K-BERT 的准确率提升速度要稍慢于 BERT 模型,但最终达到的准确率要高于 BERT 模型。

接下来,本研究将 HowNet 语义网(66KB)替换为自建的疫情新闻知识图谱 News(15KB),以比较 K-BERT 模型在使用不同知识图谱的情况下的性能表现。

对以上实验结果进行综合分析后,本研究最终选择使用结合疫情新闻知识图谱的 K-BERT 模型对新闻文本进行框架划分文本分类。本轮实验中使用的两个 K-BERT 模型除选用的知识图谱不同外,其余参数设定均与上一轮基于 HowNet 语义网的 K-BERT 模型相同。二者在运行完三个轮次后,结果对比如表 5.7 所示。

表 5.7　基于不同知识图谱的 K-BERT 比较

模型	Dev-Acc	Test-Acc
HowNet-K-BERT	0.9699	0.9699
News-K-BERT	0.9776	0.9776

由表 5.7 可知,使用图谱 News 作为知识源的 K-BERT 模型在验证集和测试集上,其准确率均比使用 HowNet 语义网作为知识源的 K-BERT 模型高出 1 个百分点。基于自建知识图谱的模型优势并不明显,那么这是否说明在 K-BERT 模型中使用自建知识图谱是多此一举的行为?为探究这一点,本研究又选择使用测试集,针对模型在七个框架标签上的分类性能进行比较,结果对比如表 5.8 所示。

表 5.8 基于不同知识图谱的标签分类性能比较

轮次	HowNet-K-BERT				News-K-BERT		
		Per.	recall	F1		Per.	recall	F1
Epoch1	Label0	0.988	0.950	0.969	Label0	1.00	0.946	0.972
	Label1	0.746	0.843	0.791	Label1	0.647	0.898	0.752
	Label2	0.807	0.893	0.848	Label2	0.852	0.866	0.859
	Label3	0.800	0.727	0.762	Label3	0.919	0.618	0.739
	Label4	0.878	0.759	0.815	Label4	0.826	0.820	0.823
	Label5	0.921	0.812	0.863	Label5	0.896	0.812	0.852
	Label6	0.805	0.889	0.845	Label6	0.811	0.843	0.827
Epoch2	Label0	0.988	0.977	0.983	Label0	0.992	0.981	0.986
	Label1	0.910	0.935	0.922	Label1	0.896	0.954	0.924
	Label2	0.970	0.897	0.932	Label2	0.959	0.913	0.935
	Label3	0.925	0.891	0.907	Label3	0.941	0.873	0.906
	Label4	0.872	0.970	0.918	Label4	0.876	0.955	0.914
	Label5	0.969	0.926	0.947	Label5	0.969	0.936	0.952
	Label6	0.899	0.987	0.941	Label6	0.938	0.980	0.958
Epoch3	Label0	0.988	0.992	0.990	Label0	0.996	0.988	0.992
	Label1	0.963	0.954	0.958	Label1	0.981	0.963	0.972
	Label2	0.980	0.953	0.966	Label2	0.976	0.968	0.972
	Label3	0.944	0.927	0.936	Label3	0.964	0.964	0.964
	Label4	0.942	0.970	0.956	Label4	0.956	0.977	0.967
	Label5	0.975	0.970	0.973	Label5	0.975	0.980	0.987
	Label6	0.956	0.987	0.971	Label6	0.974	0.987	0.981

由表 5.8 可知,使用图谱 News 作为知识源的 K-BERT 模型的性能优势主要体现在对 Label3 的分类性能上,最后一个轮次即 Epoch3 的 Precision、recall 和 F1 分别提升 2 个、3.7 个和 2.8 个百分点。Label3 在框架体系中对应的框架为"责任框架",是博文数量最少的框架。因此,基于图谱 News 的 K-BERT 模型除在综合性能上略优于基于 HowNet 语义网的 K-BERT 模型外,其主要优势体现在对小规模类别的分类性能上。同时,从资源角度考虑,由于 News 知识图谱专业性更强、知识更加凝练,因此排除了冗余知识,可以在占用更少的存储空间的条件下,在效能上与 BERT 模型相媲美。

从综合模型分类性能、占用资源大小两方面考虑,最终选择占用空间更小、性能略有提升的基于 News 知识图谱的 K-BERT 模型作为研究所用的分类模型。

通过使用基于 News 知识图谱的 K-BERT 模型,对全部数据集进行框架划分,得到全部数据集范围,各话语主体对不同框架的使用比重各不相同。结果如表 5.9 所示。

表 5.9　不同话语主体使用框架占比

	中央媒体	省级媒体	市县级媒体	意见领袖	公众
事实框架	69%	64%	59%	38%	16%
冲突框架	0%	0%	3%	5%	13%
情感框架	1%	1%	1%	12%	22%
责任框架	1%	1%	1%	3%	2%
道德框架	0%	0%	0%	8%	12%
应对框架	26%	32%	33%	26%	18%
影响框架	3%	2%	3%	8%	17%

由图表 5.9 可知,三类传统主流媒体和意见领袖使用比重最大的框架均为事实框架,其中中央媒体对事实框架的使用率最高,为 69%。三类传统主流媒体的框架侧重比例基本相同,应对框架是除事实框架外,三类传统主流媒体更倾向使用的框架,均占各自总博文量比重的 25%—35%。

占意见领袖使用频率前两位的是事实框架和应对框架,分别为 38% 和

26%,说明大多数意见领袖会跟随政府报道的疫情实时动态和政策进行观点转述和表达。虽然意见领袖博文中事实框架的占比最多,但与三类传统主流媒体比较,其占整体的比重仍然较低;相反,意见领袖博文中情感框架和道德框架的使用比重明显高于三类传统主流媒体中这两类框架的比重。

公众博文的框架比重分布与其他话语主体差别较大。使用率最高的是情感框架,为22%,其次是应对框架,为18%;使用率最低的是责任框架,为2%,这说明疫情爆发期间,公众更关注社会事件和政府的防疫举措。影响框架的使用率在公众中占比达17%,远高于其他四类话语主体的使用频率,说明公众在关注疫情发展态势的同时,也会关注疫情形势和防控政策对自己和他人生活的影响。

大部分舆情事件都是因突发事件中公众情感集中爆发引起的,框架划分的结果也表明公众高度关注疫情中的社会事件和疫情带来的影响,这说明疫情防控中的议程设置需要注重对公众的引导,以预防疫情相关的舆情爆发。

第四节 议程设置的因果分析

一、多元时间序列因果分析方法

时间序列是指现实世界中的某个观测变量按照其发生的时间先后顺序排列的一组数字序列,可分为一元时间序列和多元时间序列。一元时间序列是一维的数字序列排列。多元时间序列可以看作一次采样中不同角度的多个观测变量,它是多个一元时间序列的组合。因果分析就是对多元时间序列系统,通过数学的方法和手段,推断系统变量间的相互关系,以更好地对系统模型进行模拟和复现。

因果分析可以看作是对多元时间序列相关性分析领域的一种拓展。对于简单的多元时间序列,既可以使用如皮尔逊相关系数、斯皮尔曼等级相关系数、肯德尔秩相关系数等相关性系数计算方法分析序列间相关关系,在一些特殊条件下,也可以用混合概率典型相关分析、灰色关联分析、正交典型相关分析等方法进行相关性探究。但是,随着系统变量和复杂程度的增加,相关性分析方法难以处理变量间的非直接关系和非对称关系,在实际应用中受到较大的条件限制。

因此,研究人员开始将目光放在了因果关系分析方法上。因果关系是一个变量(因)和另一个变量(果)之间的作用关系。在分析时间序列因果关系的众多方法中,格兰杰因果关系是最常用的框架。格兰杰因果分析的基本思想为:对于两个时间序列,如果一个时间序列的历史信息能使另一个时间序列未来时刻的预测误差减少,则认为第一个时间序列对第二个时间序列具有因果影响。格兰杰因果分析的方法可分为两类:线性因果模型和非线性因果模型。本研究将基于格兰杰因果关系探究多元话语主体之间的议程设置因果方向。

1. 线性格兰杰因果分析方法

线性格兰杰因果分析方法大多假设系统遵循线性时间序列动力学,常使用自向量回归模型(Vector Autoregressive, VAR)进行建模,定义如式 5.2 和 5.3 所示:

$$Y_{t+1} = \sum_{j=0}^{m-1} \alpha_j Y_{t-j} + \varepsilon_{Y,t+1} \tag{5.2}$$

$$Y_{t+1} = \sum_{j=0}^{m-1} a_j X_{t-j} + \sum_{j=0}^{m-1} b_j Y_{t-j} + \varepsilon_{Y|X,t+1} \tag{5.3}$$

其中,α_j、a_j、b_j 为模型的系数;m 为模型的阶数;$\varepsilon_{Y,t+1}$ 和 $\varepsilon_{Y|X,t+1}$ 为模型的残差。根据回归预测结果,比较 VAR 模型残差的方差大小,判断 $X \rightarrow Y$ 是否存在格兰杰因果关系。基于原始的格兰杰因果分析方法,线性格兰杰分析方法衍生出很多改进模型,例如条件因果模型、限制条件格兰杰因果模型、截断 Lasso-Granger 因果模型、Grouped-Lasso 格兰杰因果模型等。

此类型的格兰杰因果分析方法已在许多领域得到广泛应用,但是在应用过程中,需要学者严格规定滞后阶 m 的大小,这使得线性格兰杰因果模型在许多实际的复杂系统中产生误差。如果指定的滞后阶过小,那么序列间较长滞后的格兰杰因果关系将被遗漏。如果指定的滞后阶过大,那么可能会发生过拟合现象。同时,线性格兰杰因果分析方法在很大程度上依赖参数的计算,因此越复杂的系统,在使用这种分析方法时需要用到的计算资源越多。另外,基于模型的格兰杰因果分析方法通常要求系统中的变量存在线性的依赖关系,这一点在许多实际模型当中也是很难满足的。

因此,学者开始将目光转向非线性预测理论,以期改进线性格兰杰因果模型,实现格兰杰因果模型的进一步拓展。

2. 非线性格兰杰因果分析方法

非线性格兰杰因果分析方法能够检测参数之间的非线性依赖关系。该方法有很多实现形式,如基于径向基函数的非线性预测模型、基于核方法的非线性因果模型、基于核典型相关分析的因果模型、基于 Copula 函数的非线性因果模型和基于神经网络的因果模型等。其中,基于神经网络的格兰杰因果分析方法通过引入神经网络,来表示复杂的输入、输出间的非线性相互作用,以更好地提高分析方法对非线性系统的解析能力。[82]

通过使用神经网络的预测功能,非线性的格兰杰因果模型可以在迭代中不断优化变量之间的因果关系。其基本结构如式 5.4 所示:

$$x_{ti} = g_i(x_{<t1}, \ldots, x_{<tp}) + e_{ti} \tag{5.4}$$

其中,g_i 是指定如何将过去 K 个滞后阶映射到序列 i 上的函数,$x_{<ti} = (\ldots, x_{(t-2)i}, x_{(t-1)i})$ 表示序列 i 的过去,e_t 表示平均噪声。在此情境下,若函数 g_i 不依赖于 $x_{<tj}$,则说明序列 j 和 i 之间不存在格兰杰因果关系。也就是说,若所有的 $(x_{<t1}, \ldots, x_{<tp})$ $(x'_{<tj} \neq x_{<tj})$ 满足 $g_i(x_{<t1}, \ldots, x_{<tj}, \ldots, x_{<tp}) = g_i(x_{<t1}, \ldots, x'_{<tj}, \ldots, x_{<tp})$,即 g_i 独立于 $x_{<tj}$,则时间序列 j 是时间序列 i 的非格兰杰原因。

目前最常用的是 RNN(Recurrent Neural Network,循环神经网络)结构的神经网络。基于神经网络的格兰杰因果分析模型的网络结构如图 5.14 所示。

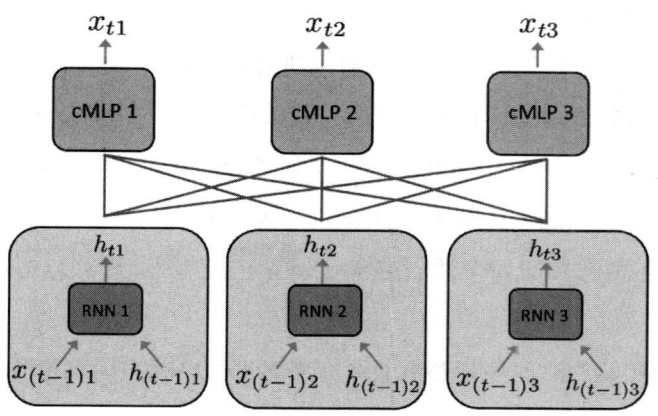

图 5.14 基于神经网络的因果模型网络结构图

由图 5.14 可见,基于神经网络的因果模型结合了多个 RNN 网络和 MLP(多层感知器)结构,分别称为"cLSTM"和"cMLP"。对于输入的时间序列,首先根据时间序列的历史信息,使用 RNN 为每个级数 j 代表的序列点学习一个隐藏表示 h_{ij},而后将该隐藏表示输入 cMLP 层以预测每个序列中 x_{ij} 的单个输出。cMLP 层中,会对输入的隐藏表示进行联合学习,允许网络共享每个 h_{ij} 中隐藏特征的信息,同时也将允许在每个序列和输出的隐藏状态间进行可解释的结构学习。基于神经网络的格兰杰因果分析方法自其被提出后,便受到广大学者的关注,目前也已被拓展应用于多个领域中。

然而,由于此前从未有人将该方法应用于传播学领域的议程设置研究中,故本研究使用上述基于神经网络的格兰杰因果分析方法,在新闻事件传播过程中,对中央媒体、省级媒体、市县级媒体、意见领袖和公众之间的议程设置方向进行分析,并与传统的线性分析方法进行对比。

二、实验结果与分析

1. 实验数据概况

格兰杰因果分析需要对时间序列进行分析,本节研究所使用的时间序列数据集构建方法如下:

（1）使用 K-BERT 模型对每个话语主体对应的微博文本数据集进行文本划分，保留数据集的日期信息，同时给所有博文所属的类别打上标签。

（2）分析各话语主体在每一天内各自的博文数量和组成热度时间序列，由于每个话语主体对应一个热度时间序列，故共获得 5 个热度时间序列。

（3）根据日期统计各话语主体在每一天内、每一框架下的博文数量，构成框架时间序列，由于每个话语主体对应 7 个框架时间序列，故共获得 35 个框架时间序列。

（4）使用热度时间序列和框架时间序列进行格兰杰因果检验。

2. 基于传统格兰杰因果分析的结果

传统格兰杰因果检验是适用于二元时间序列的，基于模型的因果检验方法，一般使用 VAR 模型对其进行建模。同时，传统格兰杰因果检验方法需要人工确定迟滞值 T，该变量指时间变量序列 X 的变化对时间变量序列 Y 产生作用的时滞长短，当迟滞值为 T 时，X 是 Y 的格兰杰原因，可以通俗地理解为 X 在 T 时间段内的变化随后会引起 Y 的相应变化。使用该方法分析格兰杰因果需要经过以下流程：

（1）变量间相关性分析。

（2）检验时间序列的平稳性。

（3）进行格兰杰因果检验。

在此实验中，由于传统格兰杰因果检验方法只能检验二元时间序列，因此在单次实验操作中仅能输入以媒介主体为单位的时间序列，无法在此基础上进行更深入的框架数据的输入，故仅将四个时间区间内各媒体发表的博文总量整理为时间序列，共得到五组时间序列组，每个序列组对应一个媒介主体，并对其进行传统格兰杰因果检验。下面，将对传统分析方法中各步骤的实验数据及其结论进行讨论。

需要指出的是，为确保研究方法的正确性，实验中的传统格兰杰因果检验方法流程主要参考钟智锦在其论文中使用的分析新增疑似病例数量、新增确诊病例数量、新增死亡病例数量、媒体注意力和公众注意力的格兰杰因果关系的步骤。[83]在钟智锦的论文中,他收集了2020年1月20日至2020年4月27日的相关数据。其中,新增疑似病例数量、确诊病例数量和死亡病例数量从中华人民共和国国家卫生健康委员会网站获得,媒体注意力从中国新闻数据库中通过检索关键词获得,公众注意力在百度搜索指数网站中通过检索关键词获得,时间序列跨度均为99天。通过使用该流程进行格兰杰因果分析,钟智锦得出结论如表5.10所示,证明了该研究流程的有效性。

表5.10 参考文献中所得的实验结果

格兰杰原因	格兰杰结果	最短滞后期	F统计值	P值
媒体注意力	新增确诊病例数	5	2.97	<.05
新增死亡病例数	公众注意力	13	2.25	<.001
新增确诊病例数	公众注意力	11	2.20	<.001
新增疑似病例数	公众注意力	1	17.07	<.001
公众注意力	新增死亡病例数	5	4.68	<.001
公众注意力	新增确诊病例数	5	5.48	<.001
公众注意力	新增疑似病例数	7	2.65	<.05
公众注意力	媒体注意力	2	3.62	<.05

注:原假设拒绝标准为$P<.05$

(1)相关性分析。参照罗素·纽曼等的研究流程,在进行格兰杰因果检验之前,先对变量的原始数据进行了相关性分析。通过分析所得的相关系数,以期更好地了解变量之间同期共变的联系,并作为格兰杰因果关系成立的必要条件,验证格兰杰因果关系的有效性,相关性分析结果如表5.11所示。

表5.11 变量相关性分析结果

	中央媒体	省级媒体	市县级媒体	意见领袖	公众
中央媒体	1.000	0.678	0.630	0.697	0.630
省级媒体	0.678	1.000	0.481	0.483	0.481
市县级媒体	0.630	0.481	1.000	0.877	1.000
意见领袖	0.697	0.483	0.877	1.000	0.877
公众	0.630	0.481	1.000	0.877	1.000

由表 5.11 变量相关性分析可知,在相关事件中,各话语主体与事件的关注度呈现正相关关系。因此,可以在此基础上,两两一组做出以下格兰杰因果假设。

在话题热度方面:

假设 1:中央媒体不是省级媒体的格兰杰原因。

假设 2:省级媒体不是中央媒体的格兰杰原因。

假设 3:中央媒体不是意见领袖的格兰杰原因。

假设 4:意见领袖不是中央媒体的格兰杰原因。

假设 5:中央媒体不是公众的格兰杰原因。

假设 6:公众不是中央媒体的格兰杰原因。

假设 7:省级媒体不是意见领袖的格兰杰原因。

假设 8:意见领袖不是省级媒体的格兰杰原因。

假设 9:省级媒体不是公众的格兰杰原因。

假设 10:公众不是省级媒体的格兰杰原因。

假设 11:意见领袖不是公众的格兰杰原因。

假设 12:公众不是意见领袖的格兰杰原因。

假设 13:中央媒体不是市县级媒体的格兰杰原因。

假设 14:市县级媒体不是中央媒体的格兰杰原因。

假设 15:省级媒体不是市县级媒体的格兰杰原因。

假设 16:市县级媒体不是省级媒体的格兰杰原因。

假设 17:意见领袖不是市县级媒体的格兰杰原因。

假设 18:市县级媒体不是意见领袖的格兰杰原因。

假设 19:市县级媒体不是公众的格兰杰原因。

假设 20:公众不是市县级媒体的格兰杰原因。

(2)平稳性检验。使用格兰杰因果检验方法,需要确保所验时间序列均为平稳序列,对各变量进行平稳性检验的结果如表 5.12 所示,其中除省级媒体数列进行了一阶差分外,其他话语主体均使用原序列。

表 5.12　变量平稳性检验

变量	ADF 统计值	1%临界值	5%临界值	10%临界值	p-values	结论
中央媒体	-5.780	-3.468	-0.878	-2.576	0.0000	平稳
省级媒体（一阶差分）	-17.095	-3.468	-2.878	-2.576	0.0000	平稳
市县级媒体	-8.560	-3.468	-2.878	-2.576	0.0000	平稳
意见领袖	-7.491	-3.468	-2.878	-2.576	0.0000	平稳
公众	-8.560	-3.468	-2.878	-2.576	0.0000	平稳

由平稳性检验可知，中央媒体、省级媒体（一阶差分）、市县级媒体、意见领袖和公众的 P 值为 0，均小于判断标准值 0.005，故可认为这些时间变量序列均为平稳序列，可以进行格兰杰因果检验。

（3）格兰杰因果检验。分别取 10 个整数滞后阶 L（单位：天）进行格兰杰因果检验，其中，$L \in [1,10]$。同时，记录最早使假设 P 值小于 0.05 的滞后阶大小，如表 5.13 所示。

表 5.13　格兰杰因果检验结果

假设	格兰杰原因		格兰杰结果	最短滞后期	F 统计值	P 值
假设 1	中央媒体	→	省级媒体	7	2.745	0.010
假设 2	省级媒体	→	中央媒体	4	7.685	0.000
假设 3	中央媒体	→	意见领袖	1	13.100	0.000
假设 4	意见领袖	→	中央媒体	—	—	—
假设 5	中央媒体	→	公众	1	9.810	0.002
假设 6	公众	→	中央媒体	1	4.846	0.029
假设 7	省级媒体	→	意见领袖	3	3.129	0.027
假设 8	意见领袖	→	省级媒体	—	—	—
假设 9	省级媒体	→	公众	3	3.372	0.020
假设 10	公众	→	省级媒体	—	—	—
假设 11	意见领袖	→	公众	—	—	—
假设 12	公众	→	意见领袖	—	—	—
假设 13	中央媒体	→	市县级媒体	1	9.810	0.002
假设 14	市县级媒体	→	中央媒体	1	4.846	0.029

续表

假设	格兰杰原因		格兰杰结果	最短滞后期	F 统计值	P 值
假设 15	省级媒体	→	市县级媒体	3	3.372	0.020
假设 16	市县级媒体	→	省级媒体	—	—	—
假设 17	意见领袖	→	市县级媒体	—	—	—
假设 18	市县级媒体	→	意见领袖	—	—	—
假设 19	市县级媒体	→	公众	—	—	—
假设 20	公众	→	市县级媒体	—	—	—

注：原假设拒绝标准为 $P<0.05$

由表 5.13 可知：

(1)滞后阶为 1 时，假设 3、5、6、13、14 被拒绝，即其否命题"中央媒体是意见领袖的格兰杰原因""中央媒体是公众的格兰杰原因""公众是中央媒体的格兰杰原因""中央媒体是市县级媒体的格兰杰原因""市县级媒体是中央媒体的格兰杰原因"均成立，换言之，当滞后期为 1 天时，中央媒体对疫情事件的关注度可以直接影响意见领袖、公众和市县级媒体。公众作为议程设置理论中规模最大的"受体"，也会对中央媒体产生热度上的议程设置作用，证明了"反向议程设置"的存在。

(2)滞后阶为 3 时，假设 7、9、15 被拒绝，即其否命题"省级媒体是意见领袖的格兰杰原因""省级媒体是公众的格兰杰原因""省级媒体是市县级媒体的格兰杰原因"均成立，换言之，可以认为当滞后期为 3 天时，省级媒体对疫情事件的关注度可同时影响意见领袖、公众和市县级媒体。

(3)滞后阶为 4 时，假设 2 被拒绝，即其否命题"省级媒体是中央媒体的格兰杰原因"成立，可认为当滞后期为 4 天时，省级媒体对疫情事件的关注度可影响中央媒体的关注度。

(4)滞后阶为 7 时，假设 1 被拒绝，即其否命题"中央媒体是省级媒体的格兰杰原因"成立，可认为当滞后期为 7 天时，中央媒体对疫情事件的关注度可影响省级媒体的关注度。

(5)除上述假设外，在所取滞后期区间，其余假设均无法被拒绝，故无法确定这些假设之间是否存在格兰杰因果关系。

结合上述结果,由于不同的滞后期结论不同,需要通过人工改变滞后期推断话语主体间的因果关系,工作量大且难以整理实验结果。同时,由于实际使用的时间序列并非线性序列,故使用传统的格兰杰因果检验方法得到的数据,无法有效判断全部话语主体之间的格兰杰因果关系,这一点对于确定实验结论是不利的。同时,使用传统方法仅能证明议程设置关系的存在,而无法证明议程设置关系的强度,这一点会为后续的实践操作带来困难。

因此,一方面,传统的格兰杰因果分析方法涉及庞大的计算量和繁复的操作步骤,另一方面,其也无法应对非线性系统中多变量带来的挑战,且无法计算因果关系强度,故若仅使用该方法研究议程设置理论,并不能对未来议程设置工作中的内容发布选择提出有价值的建议。综上所述,本研究将继续基于神经网络的格兰杰因果分析方法进行媒介主体间的议程设置方向判断。

3. 基于神经网络的格兰杰因果分析结果

在基于神经网络的格兰杰因果分析模型中,实验以框架为单位,将4个时间区间内各媒介主体使用的不同框架下的博文数量按照时间顺序整理成时间序列,共得到7组独立的时间序列组,每个序列组对应一个框架,同时每个序列组内包含5组时间序列,每个时间序列对应一个媒介主体,并对其进行基于神经网络的因果分析,实验流程图如图5.15所示。

图5.15中,以二元时间序列为例,解释了基于神经网络的因果分析模型流程,其中二元时间序列(X,Y)可以拓展为多元时间序列($x_1,x_2,\ldots,x_n$)。模型的输入为时间序列X和Y,并基于神经网络对序列X进行两种方式的预测:一是仅基于X本身的过去对X的未来趋势进行预测,得到误差a;二是结合X和Y的过去数据,一起预测X的未来趋势,得到误差b。接下来,通过比较误差a和b,判断X和Y的格兰杰因果关系。若$a>b$,则说明加上Y序列后有利于模型对X的预测,则可认为Y与X存在格兰杰因果关系,Y是X的格兰杰原因;反之,则说明加上Y序列后无法帮助准确预测X序列,则可认为Y与X之间不存在格兰杰因果关系。

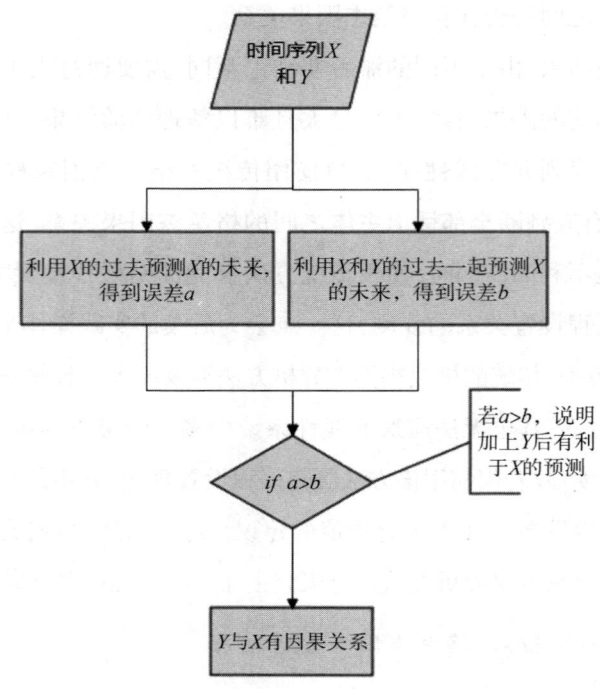

图 5.15　因果分析流程图

如图 5.15 所示，实验对所有时间序列两两交叉进行了格兰杰因果分析，得到一个 40×40 的稀疏矩阵，将其进行归一化操作后得到最终的格兰杰因果矩阵 $C^{40×40}$，数值 $C_{ij} \in [0,1]$，若 $C_{ij}=0$，则框架 i 不是框架 j 的格兰杰原因；若 $C_{ij}>0$，则框架 i 是框架 j 的格兰杰原因，且数值大小与框架 i 对框架 j 的影响力度强弱成正比。

接下来，研究将基于矩阵 C 抽取部分子矩阵进行重点分析。首先，对比传统格兰杰因果分析方法结果，抽取矩阵中有关话语主体热度的矩阵元素进行归一化分析，格兰杰因果矩阵数值如表 5.14 所示。

表 5.14　热度格兰杰因果矩阵

	中央媒体	省级媒体	市县级媒体	意见领袖	公众
中央媒体	1	0.080	0	0.013	0.014
省级媒体	0.003	1	0.001	0.120	0.095

续表

	中央媒体	省级媒体	市县级媒体	意见领袖	公众
市县级媒体	0	0.043	1	0.003	0.036
意见领袖	0.756	0.284	0.494	1	0.324
公众	1	0.461	0.704	0.645	1

如表5.14所示，由对角元素的格兰杰影响大小比较可知，在客体议程设置中，传统主流媒体间的议程设置方向主要表现为：中央媒体对省级媒体的客体议程设置强度为0.08，省级媒体对中央媒体的客体议程设置强度为0.003，故在客体议程设置中，中央媒体对省级媒体的议程设置功能强于省级媒体对中央媒体的议程设置功能。中央媒体与市县级媒体之间不存在直接的议程设置功能。市县级媒体对省级媒体的议程设置强度为0.043，省级媒体对市县级媒体的议程设置强度为0.001，故在客体议程设置中，市县级媒体对省级媒体的议程设置功能强于省级媒体对市县级媒体的议程设置功能。

同时，意见领袖与公众强大的反向议程设置能力也在矩阵中得以证明，二者均对其他全部的话语主体存在反向议程设置功能，且作用于中央媒体的反向议程设置功能最强。与传统格兰杰因果分析结果相比，基于神经网络的格兰杰因果分析方法不仅能计算公众对除中央媒体之外的其他媒体的议程设置的强度大小，而且能计算所有媒体与公众间的因果关系，且不同位置的数值代表不同话语主体间的影响强度。

综上所述，与传统格兰杰因果分析方法得到的结果相比，表5.14所示的结果与议程设置理论更加贴合，验证了客体议程方面反向议程设置的功能。同时所获数据更加丰富，且可以确认不同话语主体之间的影响强度，从而可以根据不同强度的影响关系执行更具有针对性、个性化的方案措施。

同时，在框架层面，可通过计算每个话语主体不同框架所对应行、列的非零元素数量，得到该话语主体框架的出度和入度，出度越高，代表该框架影响的范围面越广；入度越高，代表影响该框架的因素种类越多，各自排序后得到各话语主体的框架出度、入度排序，其中出度、入度数最多的前5个框架分别如表5.15所示。

表 5.15 框架出度、入度数量排序

出度排序		入度排序	
框架名称	出度	框架名称	入度
公众—情感框架	15	意见领袖—事实框架	7
意见领袖—事实框架	13	省级媒体—应对框架	6
省级媒体—应对框架	11	意见领袖—应对框架	6
意见领袖—应对框架	10	公众—事实框架	6
公众—应对框架	10	公众—应对框架	5

由表 5.15 可知,在研究所使用的主体框架划分体系内,影响范围最广的是公众的情感框架。通过筛选相关行、列,可得到表 5.16 所示的子因果矩阵,其对应的因果图如图 5.16 所示。下述所有因果图中,圆圈代表话语主体所使用框架,形式为"主体—框架",如"公众—应对框架";箭头方向表示格兰杰因果影响方向,影响强度值如表 5.16 所示。

表 5.16 公众情感因果矩阵

格兰杰原因		格兰杰结果	影响强度
公众—情感框架	→	中央媒体—事实框架	0.005
公众—情感框架	→	省级媒体—事实框架	0.145
公众—情感框架	→	省级媒体—应对框架	0.606
公众—情感框架	→	市县级媒体—事实框架	0.003
公众—情感框架	→	市县级媒体—应对框架	0.001
公众—情感框架	→	意见领袖—事实框架	0.687
公众—情感框架	→	意见领袖—情感框架	0.002
公众—情感框架	→	意见领袖—道德框架	0.005
公众—情感框架	→	意见领袖—应对框架	0.451
公众—情感框架	→	意见领袖—影响框架	0.007
公众—情感框架	→	公众—事实框架	0.017
公众—情感框架	→	公众—冲突框架	0.420
公众—情感框架	→	公众—道德框架	0.113

续表

格兰杰原因		格兰杰结果	影响强度
公众—情感框架	→	公众—应对框架	0.006
公众—情感框架	→	公众—影响框架	0.013
省级媒体—事实框架	→	公众—情感框架	0.004
省级媒体—应对框架	→	公众—情感框架	0.006
意见领袖—事实框架	→	公众—情感框架	0.006
意见领袖—应对框架	→	公众—情感框架	0.305
公众—应对框架	→	公众—情感框架	0.493

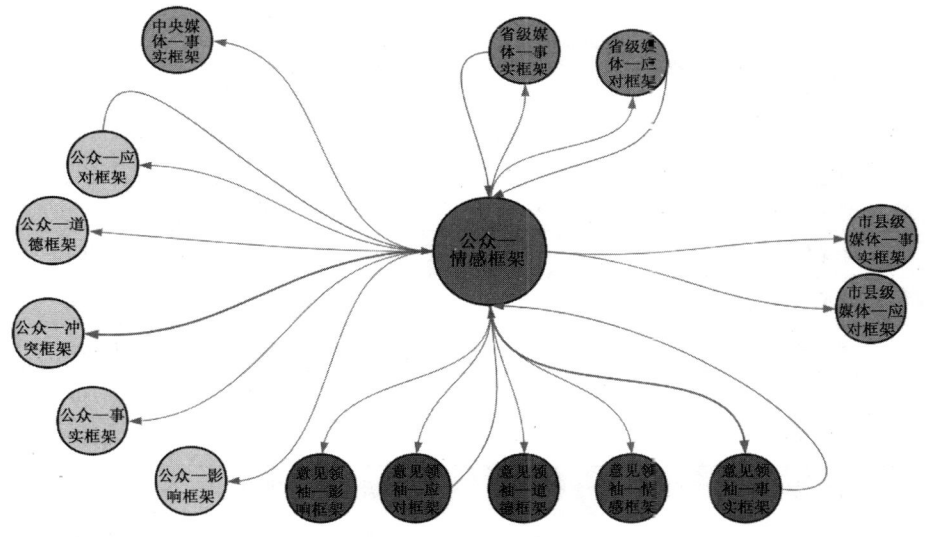

图 5.16 公众情感框架因果图

结合图 5.16 和表 5.16 可知,中央媒体、省级媒体、市县级媒体、意见领袖及公众的部分或全部框架的格兰杰原因是公众对情感框架的使用影响范围广。其中,对意见领袖事实框架的使用影响强度最大,为 0.687。反之,意见领袖—事实框架对公众—情感框架的影响强度仅为 0.006。可以认为,公众在网络上的情绪会引发意见领袖对疫情事件的关注,部分意见领袖会大量转发相关的数据和事实,以使公众更充分地了解情况。反过来再以较小的强度影响公众对情感框架的使用,达到预防舆情事件发生的效果。

从入度指标看,被影响范围最广的是意见领袖对事实框架的使用,通过筛选相关行、列,可得到表 5.17 所示的子因果矩阵,其对应的因果图如图 5.17 所示。

表 5.17 意见领袖—事实框架因果矩阵

格兰杰原因		格兰杰结果	影响强度
意见领袖—事实框架	→	中央媒体—事实框架	0.003
意见领袖—事实框架	→	中央媒体—应对框架	0.001
意见领袖—事实框架	→	省级媒体—事实框架	0.144
意见领袖—事实框架	→	省级媒体—应对框架	0.401
意见领袖—事实框架	→	意见领袖—情感框架	0.004
意见领袖—事实框架	→	意见领袖—道德框架	0.181
意见领袖—事实框架	→	意见领袖—应对框架	0.931
意见领袖—事实框架	→	公众—事实框架	0.274
意见领袖—事实框架	→	公众—冲突框架	0.160
意见领袖—事实框架	→	公众—情感框架	0.023
意见领袖—事实框架	→	公众—道德框架	0.006
意见领袖—事实框架	→	公众—应对框架	0.009
意见领袖—事实框架	→	公众—影响框架	0.007
省级媒体—事实框架	→	意见领袖—事实框架	0.060
省级媒体—应对框架	→	意见领袖—事实框架	0.005
意见领袖—应对框架	→	意见领袖—事实框架	0.072
公众—事实框架	→	意见领袖—事实框架	0.102
公众—冲突框架	→	意见领袖—事实框架	0.381
公众—情感框架	→	意见领袖—事实框架	0.687
公众—应对框架	→	意见领袖—事实框架	0.510
公众—影响框架	→	意见领袖—事实框架	0.157

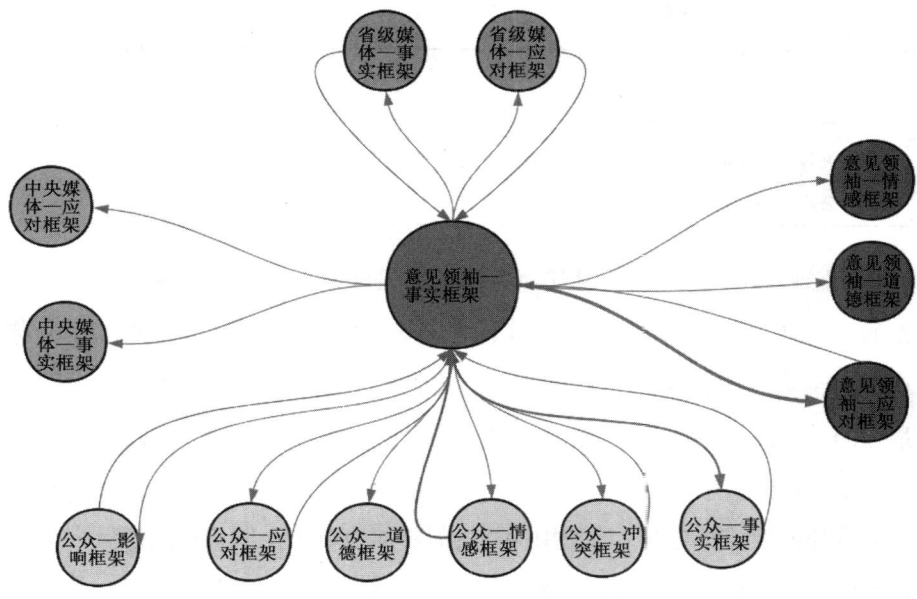

图 5.17 意见领袖—事实框架因果图

结合图 5.17 和表 5.17 可知,意见领袖对事实框架的使用受到其他八个方面的影响。在所有因素中,意见领袖—事实框架受到来自公众各框架使用的平均影响强度最强,最大为公众—情感框架的使用,为 0.687,与之前结论相符。同时,意见领袖—事实框架的使用对其自身应对框架使用的影响强度为 0.931。如今微博上的意见领袖在转发相关事实博文的同时,也会附带上自己的评论和思路对策,这一现象可以证明此数值的合理性。

通过对矩阵 C 的行、列数值分别进行加和平均操作,可得到各主体不同框架的平均影响强度和平均被影响强度。其中平均强度最高的前 5 个框架和强度数值如表 5.18 所示。

表 5.18 框架影响强度和被影响强度排序

影响强度排序		被影响强度排序	
框架名称	影响强度	框架名称	被影响强度
公众—情感框架	0.071	意见领袖—应对框架	0.088
意见领袖—事实框架	0.070	省级媒体—应对框架	0.066

续表

影响强度排序		被影响强度排序	
公众—应对框架	0.056	意见领袖—事实框架	0.065
意见领袖—应对框架	0.053	公众—道德框架	0.025
公众—影响框架	0.029	公众—冲突框架	0.022

从影响强度指标来看，对其他主体影响强度最大的是意见领袖对事实框架的使用，其因果关系表和关系图如上述图、表所示。结合出入度指标可发现，公众—情感框架不仅是影响范围最广的，而且平均强度是所有主体框架中最强的，能够以较强的格兰杰因果强度成为中央媒体、省级媒体、意见领袖及其他框架的格兰杰原因。由此可见，公众对情感框架的使用可直接影响其自身除责任框架外所有框架的使用，因此，需要加强对公众舆论场情感倾向的关注力度，从而及时预警，进行干预，预防突发事件中舆论情况的爆发。同时，结合该框架的影响范围来看，公众对情感框架的使用较易受到来自省级媒体和意见领袖对事实框架和应对框架的使用的影响，因此可通过让省级媒体和意见领袖发布事实和应对框架的内容，达到引导公众情感的目的。

同时，从影响强度指标看，受其他主体影响强度最大的是意见领袖对应对框架的使用，其因果关系表和关系图如表 5.19、图 5.18 所示。

表 5.19　意见领袖—应对框架因果矩阵

格兰杰原因		格兰杰结果	影响强度
意见领袖—应对框架	→	中央媒体—事实框架	0.002
意见领袖—应对框架	→	中央媒体—应对框架	0.001
意见领袖—应对框架	→	省级媒体—应对框架	0.002
意见领袖—应对框架	→	意见领袖—事实框架	0.073
意见领袖—应对框架	→	意见领袖—冲突框架	0.001
意见领袖—应对框架	→	公众—事实框架	0.003
意见领袖—应对框架	→	公众—情感框架	0.007
意见领袖—应对框架	→	公众—道德框架	0.305
意见领袖—应对框架	→	公众—应对框架	0.003

续表

格兰杰原因		格兰杰结果	影响强度
意见领袖—应对框架	→	公众—影响框架	0.370
省级媒体—事实框架	→	意见领袖—应对框架	0.003
省级媒体—应对框架	→	意见领袖—应对框架	0.003
意见领袖—事实框架	→	意见领袖—应对框架	0.931
公众—冲突框架	→	意见领袖—应对框架	0.081
公众—情感框架	→	意见领袖—应对框架	0.451
公众—应对框架	→	意见领袖—应对框架	0.592
公众—影响框架	→	意见领袖—应对框架	0.003

结合图、表可知，意见领袖对应对框架的使用受到其他六个方面的影响。意见领袖自身对事实框架的使用因果影响强度最大，为 0.931。根据数据集实际状况，可推断大部分意见领袖会随着疫情实时情况的变化，对防疫中政府的相关举措展开评论和提出建议，故其对事实框架的使用会成为应对框架使用规模的主要格兰杰原因。

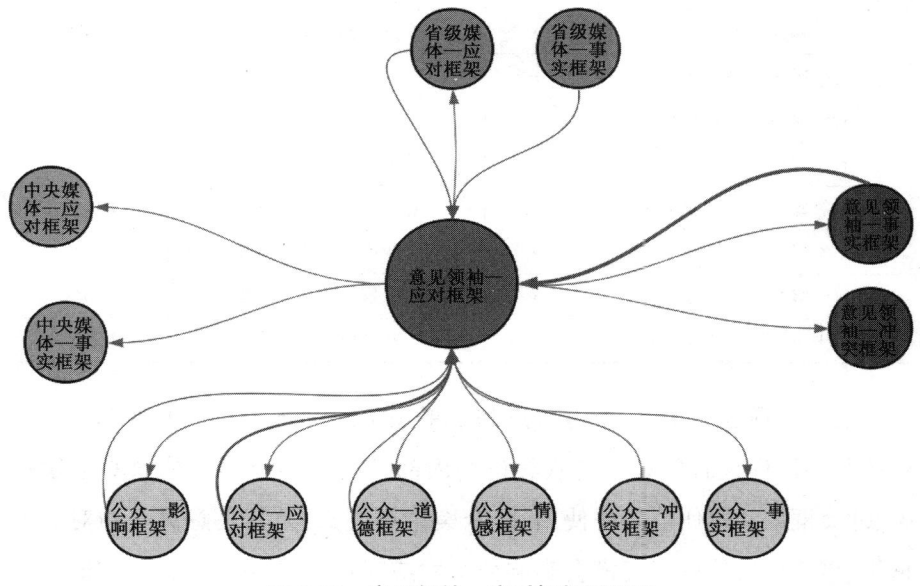

图 5.18　意见领袖—应对框架因果图

议程设置效果分析将针对议程设置的目标主体——公众主体进行因果分析。由于涉及矩阵、因果主体数量较大，故仅选择对公众各框架议程设置效果最明显，即格兰杰因果系数最大的热度因素和其他框架进行综合分析。同时，由于大部分影响公众框架使用的直接原因是其自身或意见领袖，无传统主流媒体的直接参与，故进一步将这些格兰杰原因作为格兰杰结果，向传统主流媒体一级的议程设置追溯，探究传统主流媒体对公众议程的影响方式。矩阵中所使用的强度影响数值是由热度与框架的综合因果矩阵归一化得来的。

表 5.20 公众议程设置因果矩阵

格兰杰原因		格兰杰结果	影响强度
意见领袖—事实框架	→	公众—事实框架	0.117
公众—情感框架	→	公众—冲突框架	0.141
意见领袖—事实框架	→	公众—情感框架	0.005
公众—冲突框架	→	公众—责任框架	0.241
公众—应对框架	→	公众—道德框架	0.112
省级媒体—事实框架	→	公众—应对框架	0.012
意见领袖—应对框架	→	公众—影响框架	0.154
省级媒体—事实框架	→	意见领袖—事实框架	0.009
省级媒体—事实框架	→	公众—情感框架	0.001
省级媒体—应对框架	→	公众—情感框架	0.001
省级媒体—事实框架	→	意见领袖—应对框架	0.001
省级媒体—应对框架	→	意见领袖—应对框架	0.001
省级媒体—热度	→	省级媒体—应对框架	0.185
省级媒体—热度	→	省级媒体—事实框架	0.041
中央媒体—热度	→	省级媒体—热度	0.173

通过梳理表 5.20 中所有节点和因果关系，可得到图 5.19，即疫情事件中的公众议程设置路径。公众舆论场内部其他框架会影响公众对道德框架、冲突框架和责任框架的使用，公众舆论场外部，尤其是意见领袖对应对框架、事实框架的使用规模会影响公众对应对框架、影响框架、事实框架和情感框架的使用。中央媒体的各框架均无法直接成为公众框架的格兰杰原

因,但中央媒体可通过提高报道热度,影响省级媒体对事件的关注度,提升媒体对事件事实框架和政府应对框架的报道比重,进而影响意见领袖和公众的框架使用,达到间接设置公众议程的目的。

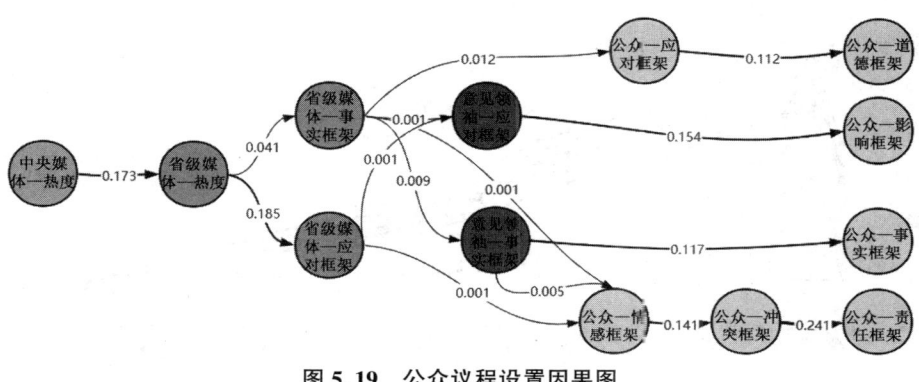

图 5.19　公众议程设置因果图

第五节　独立疫情事件不同发展阶段的框架使用特征

对整体数据集进行框架特征和议程设置方向的讨论后,实验又针对独立发生的疫情事件进行了个案比较研究,并按照情感评分的斜率对各个独立疫情事件议程设置效果的好坏进行排序,归纳能够达到理想议程设置效果的框架使用特征,为未来事件的辅助决策提供参照模型。

一、独立疫情事件的讨论热度

疫情事件的综合热度数据可在"知微事见"网站获取,八个独立疫情事件的讨论热度曲线图如图 5.20 所示。

由图 5.20 可知,散发性疫情事件可根据热度划分为三个阶段:从第一个确诊病例发现之日起 1—6 天内为扩散期,疫情讨论热度上升;6—13 天为波动期,讨论热度维持在较平稳区间;13 天后为消散期,随着疫情得到控制,热度逐渐褪去。同时,经济发达、人口密集地区讨论热度更高,热度波动更剧

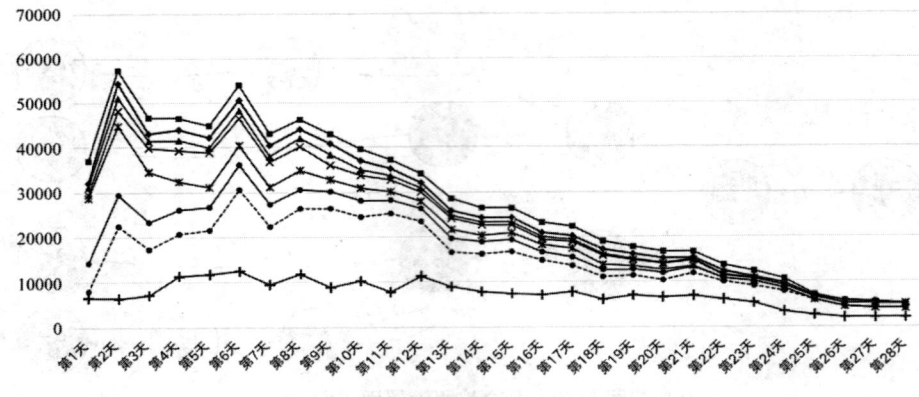

图 5.20 独立疫情事件讨论热度曲线图

烈,如广东省、江苏省;反之讨论热度更低,波动更平稳,如黑龙江省、甘肃省。图中曲线特征比较特殊的事件是发生在江苏省的疫情事件,该事件的曲线从扩散期到波动期呈先下降后上升的趋势。查阅当时的新闻文本资料后,我们发现这一波动是江苏省南京机场的境外输入病例引起的,该报道发出后,公众对江苏省的疫情关注度便骤然上升。

二、独立疫情事件中的公众情感评分

实验使用 jieba 库中的情感评分函数对各独立事件不同阶段的公众情感评分的平均值进行了计算,如图 5.21 所示。

由图 5.21 可知,大部分疫情事件从扩散期到消散期,其公众情感评分的整体趋势应该是上升的,即斜率应为正;而在江苏省的疫情事件中,评分的整体反而表现为下降的趋势,即斜率为负。由于各事件在三个时期的公众情感评分不尽相同,且斜率也有正有负,故下一步,将选择计算斜率作为判断不同事件议程设置效果优劣的因素。各事件的斜率如表 5.21 所示。

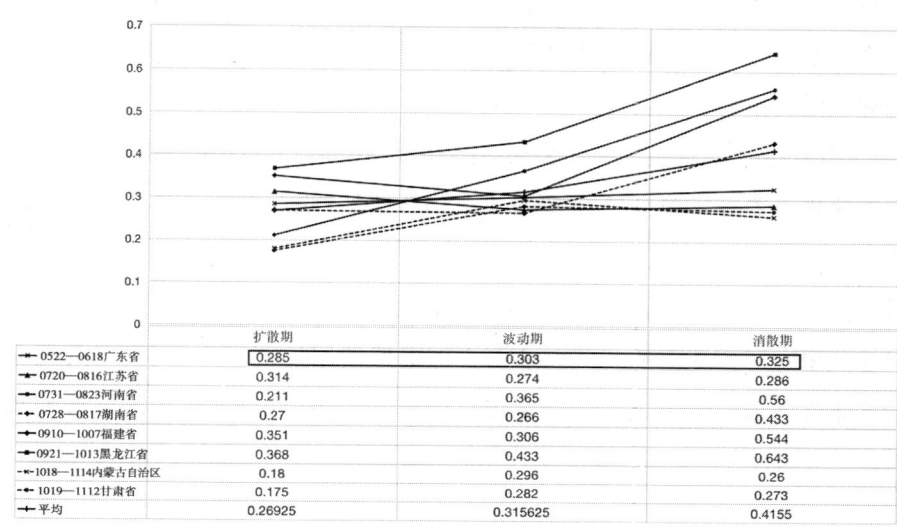

图 5.21 独立疫情事件不同时期的公众情感评分图

表 5.21 独立疫情事件的公众情感评分斜率

事件	斜率
0731—0823 河南省	0.116
0921—1013 黑龙江省	0.092
0910—1007 福建省	0.064
0728—0817 湖南省	0.054
1019—1112 甘肃省	0.033
1018—1114 内蒙古自治区	0.027
0522—0618 广东省	0.013
0720—0816 江苏省	-0.009

根据不同时期的公众情感评分的平均分可看出,三个阶段的情感评分的总体趋势应是逐步或波动上升的,即某地区疫情得到有效控制后的公众情感评分应高于疫情初发时期的情感评分,整体而言,事件的公众情感评分斜率应为正。表中的特殊情况仍对应于江苏省疫情事件发生期间——公众

消散期的情感评分低于扩散期的情感评分,从图5.20可发现公众情感评分下降时期对应热度陡然上升时期,其原因仍可认为是有关江苏省南京机场管理纰漏的报道。

所以,因江苏省机场事件公众情感评分曲线的斜率为负,可将该事件判定为议程设置不成功事件,对该事件三个周期内的五大话语主体框架使用比例进行分析,并与其他事件的框架使用比例进行比较,以确定议程设置失败时的框架使用倾向。同时,将斜率较大的事件判定为议程设置成功事件,对这些事件三个周期内的五大话语主体框架使用比例进行分析,并与斜率较小事件的框架使用比例进行比较,以确定可使议程设置成功的框架使用策略。

三、独立疫情事件中的框架使用情况

根据独立疫情事件的发展阶段和斜率排序,本节将各疫情事件划分为扩散期、波动期和消散期三个时期,分别研究各时期中央媒体、省级媒体、市县级媒体、意见领袖和公众使用框架的特征。

1. 扩散期话语主体框架使用特征

在各事件的扩散期,中央媒体使用框架的占比情况如表5.22所示。

表5.22 扩散期的中央媒体使用框架占比

事件	事实框架	冲突框架	情感框架	责任框架	道德框架	应对框架	影响框架
0731—0823 河南省	60.66%	0.00%	0.00%	4.10%	0.00%	33.60%	1.64%
0921—1013 黑龙江省	60.66%	0.00%	0.00%	0.00%	0.00%	39.34%	0.00%
0910—1007 福建省	58.73%	0.00%	0.00%	0.00%	0.00%	39.68%	1.59%
0728—0817 湖南省	64.79%	0.00%	0.00%	0.00%	0.00%	30.99%	4.22%

续表

事件	事实框架	冲突框架	情感框架	责任框架	道德框架	应对框架	影响框架
1019—1112 甘肃省	76.00%	0.00%	0.00%	2.00%	0.00%	22.00%	0.00%
1018—1114 内蒙古自治区	75.00%	0.00%	0.00%	2.50%	0.00%	22.50%	0.00%
0522—0618 广东省	75.00%	0.00%	0.00%	0.00%	0.00%	22.92%	2.08%
0720—0816 江苏省	71.43%	0.00%	0.00%	0.00%	1.43%	20.00%	7.14%

由表 5.22 可归纳出以下几点：

（1）在扩散期公众情感评分较高的事件中，中央媒体对事实框架的使用占比均为 60.00% 左右。在公众情感评分较低的事件中，中央媒体对事实框架的使用占比均在 70.00% 以上。

（2）在河南省的疫情事件中，中央媒体对事实框架和应对框架的使用占比约为 2∶1，其他公众情感评分较高的事件也是如此。

（3）在江苏省的疫情事件中，中央媒体对事实框架的使用比例过高，为 71.43%，而较少使用应对框架，占比仅为 20.00%。其他情感评分较低的事件中，事实框架与应对框架占比也大致如此。

在不同事件扩散期，省级媒体使用框架的占比情况如表 5.23 所示。

表 5.23　扩散期的省级媒体使用框架占比

事件	事实框架	冲突框架	情感框架	责任框架	道德框架	应对框架	影响框架
0731—0823 河南省	51.37%	0.00%	0.00%	1.75%	0.00%	46.63%	0.25%
0921—1013 黑龙江省	51.68%	1.87%	2.80%	0.00%	0.00%	43.65%	0.00%
0910—1007 福建省	59.90%	0.00%	0.00%	0.00%	0.00%	39.13%	0.97%
0728—0817 湖南省	57.19%	0.00%	0.00%	1.80%	0.00%	41.01%	0.00%

续表

事件	事实框架	冲突框架	情感框架	责任框架	道德框架	应对框架	影响框架
1019—1112 甘肃省	71.15%	0.00%	0.00%	0.00%	0.00%	28.85%	0.00%
1018—1114 内蒙古自治区	64.96%	0.00%	0.00%	0.00%	0.00%	35.04%	0.00%
0522—0618 广东省	76.29%	0.00%	0.00%	0.00%	0.00%	19.59%	4.12%
0720—0816 江苏省	73.20%	0.00%	1.03%	0.00%	0.00%	23.71%	2.06%

由表 5.23 可归纳出以下几点：

(1) 在河南省的疫情事件中，省级媒体事实框架和应对框架的使用比例约为 1:1，且加大了责任框架的使用比例。

(2) 在其他公众情感评分较高的事件中，事实框架和应对框架的占比也接近 1:1，事实框架比应对框架的使用占比高出至少 10.00%。

(3) 在江苏省的疫情事件中，事实框架与应对框架之比约为 7:2，在其他评分较低的疫情事件中，事实框架的使用占比也远高于应对框架。

在各事件扩散期，市县级媒体使用框架的占比情况如表 5.24 所示。

表 5.24 扩散期的市县级媒体使用框架占比

事件	事实框架	冲突框架	情感框架	责任框架	道德框架	应对框架	影响框架
0731—0823 河南省	59.09%	0.00%	0.00%	0.00%	0.00%	36.36%	4.55%
0921—1013 黑龙江省	66.19%	0.00%	0.00%	0.00%	0.00%	24.29%	9.52%
0910—1007 福建省	64.52%	0.00%	0.00%	0.00%	0.00%	29.03%	6.45%
0728—0817 湖南省	50.00%	0.00%	0.00%	0.00%	0.00%	41.67%	8.33%
1019—1112 甘肃省	33.33%	0.00%	0.00%	0.00%	0.00%	66.67%	0.00%

续表

事件	事实框架	冲突框架	情感框架	责任框架	道德框架	应对框架	影响框架
1018—1114 内蒙古自治区	22.22%	0.00%	0.00%	0.00%	0.00%	77.78%	0.00%
0522—0618 广东省	24.62%	0.00%	7.69%	0.00%	0.00%	67.69%	0.00%
0720—0816 江苏省	33.33%	0.00%	0.00%	0.00%	0.00%	66.67%	0.00%

由表 5.24 可归纳出以下几点：

(1) 在河南省的疫情事件中，市县级媒体事实框架和应对框架的比例大于 3:2，且加大了影响框架的使用比例。

(2) 在其他公众情感评分较高的事件中，事实框架的使用比例均超应对框架至少 10.00%，且均加入了影响框架的使用。

(3) 以江苏省的疫情事件为例，在情感评分较低的事件中市县级媒体对事实框架和应对框架的使用占比约为 1:2，应对框架多于事实框架，且未使用影响框架。

在各事件扩散期，意见领袖使用框架的占比情况如表 5.25 所示。

表 5.25 扩散期的意见领袖使用框架占比

事件	事实框架	冲突框架	情感框架	责任框架	道德框架	应对框架	影响框架
0731—0823 河南省	29.16%	5.76%	12.09%	2.58%	3.26%	36.30%	10.75%
0921—1013 黑龙江省	22.55%	7.35%	17.16%	1.47%	9.32%	32.84%	9.31%
0910—1007 福建省	28.78%	2.98%	12.16%	0.74%	8.20%	38.21%	8.93%
0728—0817 湖南省	29.42%	3.80%	11.99%	1.75%	3.80%	41.64%	7.60%
1019—1112 甘肃省	46.56%	5.29%	10.32%	1.59%	5.82%	26.46%	3.96%

续表

事件	事实框架	冲突框架	情感框架	责任框架	道德框架	应对框架	影响框架
1018—1114 内蒙古自治区	49.70%	4.55%	8.30%	1.77%	4.53%	27.25%	3.90%
0522—0618 广东省	60.00%	0.00%	0.00%	5.00%	0.00%	20.00%	15.00%
0720—0816 江苏省	44.94%	9.49%	12.66%	1.27%	13.28%	16.46%	1.90%

由表 5.25 可归纳出以下几点：

（1）在公众情感评分较高的事件中，意见领袖对事实框架的使用比例均较低，低于应对框架 10.00%，且明显加大对情感框架的使用频率。在黑龙江省的疫情事件中，其情感框架的使用比例接近 20.00%，影响框架约为 10.00%。

（2）在公众情感评分较低的事件中，意见领袖对事实框架的使用比例高于应对框架，也使用情感框架，但以江苏省的疫情事件为例，其冲突框架的使用比例为 9.49%，在所有案例中为最高。

在各事件扩散期，公众使用框架的占比情况如表 5.26 所示。

表 5.26　扩散期的公众使用框架占比

事件	事实框架	冲突框架	情感框架	责任框架	道德框架	应对框架	影响框架
0731—0823 河南省	17.08%	4.85%	25.00%	3.96%	5.32%	23.49%	20.30%
0921—1013 黑龙江省	17.61%	5.21%	25.77%	0.28%	6.76%	25.35%	19.02%
0910—1007 福建省	17.83%	5.23%	24.22%	0.19%	11.05%	21.71%	19.77%
0728—0817 湖南省	19.30%	5.24%	25.11%	4.94%	5.36%	24.38%	15.67%
1019—1112 甘肃省	24.46%	19.91%	16.45%	2.38%	11.90%	14.29%	10.61%
1018—1114 内蒙古自治区	26.97%	24.17%	15.01%	2.80%	8.91%	18.58%	3.56%

第五章 新媒体环境下媒体间的议程设置

续表

事件	事实框架	冲突框架	情感框架	责任框架	道德框架	应对框架	影响框架
0522—0618 广东省	41.67%	8.33%	4.17%	0.00%	8.33%	25.00%	12.50%
0720—0816 江苏省	14.02%	12.55%	19.18%	0.37%	22.51%	18.82%	12.55%

由表 5.26 可归纳出以下几点：

（1）在公众情感评分较高的事件中，公众对冲突框架的使用比例约为 5.00%，对情感框架的使用占比约为 25.00%。在黑龙江省的疫情事件中，其情感框架的使用比例最高，为 25.77%，应对框架和影响框架占比也较高，分别超过 20.00% 和 15.00%。

（2）在公众情感评分较低的事件中，公众对冲突框架的使用比例超过 10.00%，对情感框架的使用占比均低于 20.00%。

2. 波动期话语主体框架使用特征

在各事件波动期，中央媒体使用框架的占比情况如表 5.27 所示。

表 5.27 波动期的中央媒体使用框架占比

事件	事实框架	冲突框架	情感框架	责任框架	道德框架	应对框架	影响框架
0731—0823 河南省	63.64%	0.70%	0.00%	2.10%	0.70%	28.66%	4.20%
0921—1013 黑龙江省	62.09%	0.00%	0.00%	2.33%	0.00%	33.25%	2.33%
0910—1007 福建省	68.85%	0.00%	0.00%	1.64%	0.00%	29.51%	0.00%
0728—0817 湖南省	59.17%	0.59%	0.00%	4.15%	0.59%	34.32%	1.18%
1019—1112 甘肃省	82.50%	0.00%	5.00%	0.00%	0.00%	12.50%	0.00%
1018—1114 内蒙古自治区	77.05%	0.00%	3.28%	1.64%	0.00%	18.03%	0.00%

续表

事件	事实框架	冲突框架	情感框架	责任框架	道德框架	应对框架	影响框架
0522—0618 广东省	65.79%	0.00%	0.00%	0.00%	0.00%	28.95%	5.26%
0720—0816 江苏省	72.55%	0.00%	0.00%	0.00%	0.00%	24.51%	2.94%

由表 5.27 可归纳出以下几点：

(1) 在公众情感评分较高的事件中，事实框架与应对框架之比均近似 2∶1，且均使用少量责任框架和影响框架，比例不超过 5.00%。

(2) 在公众情感评分较低的事件中，事实框架与应对框架之比均大于 2∶1，有的事件中比例严重失衡，为 4∶1。

在各事件波动期，省级媒体使用框架的占比情况如表 5.28 所示。

表 5.28　波动期的省级媒体使用框架占比

事件	事实框架	冲突框架	情感框架	责任框架	道德框架	应对框架	影响框架
0731—0823 河南省	60.34%	0.53%	0.88%	1.23%	0.18%	35.61%	1.23%
0921—1013 黑龙江省	66.67%	0.00%	1.33%	1.33%	0.00%	26.67%	4.00%
0910—1007 福建省	62.15%	0.00%	3.80%	0.00%	0.00%	34.05%	0.00%
0728—0817 湖南省	54.45%	0.15%	0.31%	1.38%	0.15%	43.25%	0.31%
1019—1112 甘肃省	76.47%	0.00%	3.92%	0.98%	0.00%	18.63%	0.00%
1018—1114 内蒙古自治区	72.15%	0.00%	1.90%	1.27%	0.63%	24.05%	0.00%
0522—0618 广东省	65.79%	0.66%	0.00%	0.00%	0.00%	30.26%	3.29%
0720—0816 江苏省	71.20%	0.46%	0.46%	1.39%	0.00%	26.26%	0.23%

由表 5.28 可归纳出以下几点：

（1）在公众情感斜率较高的事件中，事实框架与应对框架仍是省级媒体主要使用的框架，使用比例均约为 3∶2；同时，事件中均会使用少量其他框架，在斜率最大的河南省疫情事件中，使用了所有框架，其部分比例均为 1.00% 左右。

（2）在公众情感斜率较低的事件中，也都存在事实框架与应对框架使用比例失衡的问题，事实框架的使用占比超应对框架一倍以上。

在各事件波动期，市县级媒体使用框架的占比情况如表 5.29 所示。

表 5.29　波动期的市县级媒体使用框架占比

事件	事实框架	冲突框架	情感框架	责任框架	道德框架	应对框架	影响框架
0731—0823 河南省	47.84%	2.70%	0.00%	0.00%	0.00%	49.46%	0.00%
0921—1013 黑龙江省	47.10%	0.00%	0.00%	0.00%	0.00%	46.45%	6.45%
0910—1007 福建省	46.32%	0.00%	0.00%	0.00%	0.00%	40.53%	13.15%
0728—0817 湖南省	48.48%	0.00%	0.00%	0.00%	0.00%	51.52%	0.00%
1019—1112 甘肃省	78.57%	0.00%	0.00%	7.14%	0.00%	14.29%	0.00%
1018—1114 内蒙古自治区	73.33%	0.00%	0.00%	6.67%	0.00%	20.00%	0.00%
0522—0618 广东省	71.43%	0.00%	0.00%	0.00%	0.00%	28.57%	0.00%
0720—0816 江苏省	70.00%	0.00%	0.00%	0.00%	0.00%	22.86%	7.14%

由表 5.29 可归纳出以下几点：

（1）在公众情感斜率较高的事件中，事实框架与应对框架是市县级媒体主要使用的框架，使用比例约为 1∶1；同时，在斜率最大的河南省疫情事件中，增加了对冲突框架的使用，在其他两个斜率仅低于河南省疫情事件的案例中,则增加了对影响框架的使用。

(2)在公众情感斜率较低的事件中,主要问题表现为事实框架与应对框架的失衡,大部分斜率较低的事件,事实框架使用比例超应对框架使用比例3倍以上。

在各事件波动期,意见领袖使用框架的占比情况如表5.30所示。

表5.30 波动期的意见领袖使用框架占比

事件	事实框架	冲突框架	情感框架	责任框架	道德框架	应对框架	影响框架
0731—0823 河南省	47.53%	2.91%	11.21%	1.35%	7.85%	23.32%	5.83%
0921—1013 黑龙江省	46.55%	1.61%	14.02%	7.67%	8.03%	16.06%	6.06%
0910—1007 福建省	42.75%	2.88%	13.44%	1.25%	7.18%	26.25%	6.25%
0728—0817 湖南省	43.09%	2.58%	9.34%	2.38%	4.92%	29.20%	8.49%
1019—1112 甘肃省	39.07%	6.01%	13.11%	1.64%	7.10%	23.77%	9.30%
1018—1114 内蒙古自治区	37.80%	5.51%	11.81%	1.57%	6.70%	26.77%	9.84%
0522—0618 广东省	46.34%	5.70%	8.94%	0.00%	8.94%	26.83%	3.25%
0720—0816 江苏省	39.57%	16.30%	10.98%	2.84%	3.41%	20.27%	6.63%

由表5.30可归纳出以下几点:

(1)在公众情感斜率较高的事件中,意见领袖对事实框架与应对框架的使用比例均约为5:2,同时,会加大对情感框架的使用,比例均超过10.00%。

(2)在公众情感斜率较低的事件中,主要问题表现为冲突框架的使用比例明显大于斜率较高案例,最高占比为16.30%,对应的是江苏省疫情期间有关机场报道的时间段。

在各事件波动期,公众使用框架的占比情况如表5.31所示。

表 5.31　波动期的公众使用框架占比

事件	事实框架	冲突框架	情感框架	责任框架	道德框架	应对框架	影响框架
0731—0823 河南省	19.73%	6.94%	23.07%	4.33%	13.10%	18.73%	14.10%
0921—1013 黑龙江省	20.56%	7.78%	17.22%	4.44%	10.56%	12.78%	26.66%
0910—1007 福建省	15.42%	7.85%	20.75%	3.47%	10.56%	22.60%	19.35%
0728—0817 湖南省	19.61%	6.26%	20.90%	2.07%	12.46%	19.46%	19.24%
1019—1112 甘肃省	13.01%	12.43%	26.21%	1.55%	6.99%	17.09%	22.72%
1018—1114 内蒙古自治区	14.93%	9.07%	26.67%	1.60%	8.80%	16.27%	22.66%
0522—0618 广东省	13.45%	11.70%	20.47%	0.00%	15.20%	26.32%	12.86%
0720—0816 江苏省	20.00%	23.24%	22.03%	6.62%	4.60%	11.08%	12.43%

由表 5.31 可归纳出以下几点：

（1）在公众情感斜率较高的事件中，公众对各框架的使用比例比较均匀，但冲突框架占比明显较低，均不超过 8.00%。以河南省为例，疫情发生的波动期，占比最高的为情感框架，为 23.07%；其次为事实框架，为 19.73%。

（2）与意见领袖使用框架情况相似，在公众情感斜率较低的事件中，主要问题为冲突框架的使用比例明显大于斜率较高事件，最高占比为 23.24%，对应的是江苏省的疫情事件。

3. 消散期话语主体框架使用特征

在各事件消散期，中央媒体使用框架的占比情况如表 5.32 所示。

表 5.32　消散期的中央媒体使用框架占比

事件	事实框架	冲突框架	情感框架	责任框架	道德框架	应对框架	影响框架
0731—0823 河南省	65.08%	0.00%	1.59%	0.00%	1.59%	20.63%	11.11%

续表

事件	事实框架	冲突框架	情感框架	责任框架	道德框架	应对框架	影响框架
0921—1013 黑龙江省	75.00%	0.00%	1.39%	0.00%	0.00%	23.61%	0.00%
0910—1007 福建省	67.74%	0.00%	0.00%	0.81%	0.00%	30.65%	0.80%
0728—0817 湖南省	64.79%	0.00%	0.00%	0.00%	0.00%	21.13%	14.08%
1019—1112 甘肃省	88.57%	0.00%	0.00%	0.00%	0.00%	11.43%	0.00%
1018—1114 内蒙古自治区	96.43%	0.00%	0.00%	0.00%	0.00%	3.57%	0.00%
0522—0618 广东省	66.20%	0.00%	0.00%	2.11%	0.70%	28.17%	2.82%
0720—0816 江苏省	60.94%	0.43%	0.00%	3.00%	0.43%	30.05%	5.15%

由表5.32可归纳出以下几点：

(1) 在公众情感斜率较高的事件中，中央媒体对事实框架与应用框架的平均使用比例占比约为3∶1，且影响框架使用比例不超过15.00%，对情感框架、道德框架的使用比例均不超过2.00%。

(2) 在公众情感斜率较低的事件中，中央媒体对事实框架和应对框架的使用占比明显偏离3∶1。

在各事件消散期，省级媒体使用框架的占比情况如表5.33所示。

表5.33 消散期的省级媒体使用框架占比

事件	事实框架	冲突框架	情感框架	责任框架	道德框架	应对框架	影响框架
0731—0823 河南省	64.49%	0.26%	1.57%	0.52%	0.26%	31.07%	1.83%
0921—1013 黑龙江省	76.16%	0.00%	0.00%	0.00%	0.00%	23.84%	0.00%
0910—1007 福建省	64.89%	0.89%	1.33%	0.44%	0.00%	31.12%	1.34%

续表

事件	事实框架	冲突框架	情感框架	责任框架	道德框架	应对框架	影响框架
0728—0817 湖南省	64.53%	0.53%	1.87%	0.80%	0.27%	29.07%	2.93%
1019—1112 甘肃省	73.15%	0.00%	1.37%	0.00%	0.00%	25.48%	0.00%
1018—1114 内蒙古自治区	80.46%	0.00%	1.15%	0.00%	1.15%	16.09%	1.15%
0522—0618 广东省	74.89%	0.00%	0.45%	2.69%	0.00%	20.18%	1.79%
0720—0816 江苏省	57.60%	0.31%	0.92%	1.23%	0.10%	38.50%	1.34%

由表 5.33 可归纳出以下几点：

（1）在公众情感斜率较高的事件中，省级媒体对事实框架与应用框架的平均使用占比约为 2∶1，在大部分事件中，对其他框架也均有使用，但占比不超过 2.00%。

（2）在公众情感斜率较低的事件中，省级媒体对事实框架和应对框架的使用比例不平衡，在广东省的案例中，事实框架使用占比超应对框架 3 倍以上。

在各事件消散期，市县级媒体使用框架的占比情况如表 5.34 所示。

表 5.34 消散期的市县级媒体使用框架占比

事件	事实框架	冲突框架	情感框架	责任框架	道德框架	应对框架	影响框架
0731—0823 河南省	62.12%	0.00%	0.00%	4.55%	0.00%	22.73%	10.60%
0921—1013 黑龙江省	66.19%	0.00%	0.00%	0.00%	0.00%	23.81%	10.00%
0910—1007 福建省	64.00%	0.00%	0.00%	0.00%	0.00%	22.00%	14.00%
0728—0817 湖南省	65.83%	2.08%	0.00%	2.08%	0.00%	21.68%	8.33%
1019—1112 甘肃省	83.33%	0.00%	0.00%	0.00%	0.00%	16.67%	0.00%
1018—1114 内蒙古自治区	81.82%	0.00%	0.00%	0.00%	0.00%	18.18%	0.00%

续表

事件	事实框架	冲突框架	情感框架	责任框架	道德框架	应对框架	影响框架
0522—0618 广东省	80.00%	0.00%	0.00%	0.00%	0.00%	20.00%	0.00%
0720—0816 江苏省	45.95%	1.35%	0.00%	1.35%	0.00%	45.95%	5.40%

由表5.34可归纳出以下几点：

(1)在公众情感斜率较高的事件中,市县级媒体对事实框架与应用框架的平均使用占比约为3∶1,且明显加大对影响框架的使用比例,平均约为10.00%。

(2)在公众情感斜率较低的事件中,市县级媒体对事实框架和应对框架的使用比例不平衡,大部分比例为4∶1,在江苏省的案例中,二者比例为1∶1。

在各事件消散期,意见领袖使用框架的占比情况如表5.35所示。

表5.35 消散期的意见领袖使用框架占比

事件	事实框架	冲突框架	情感框架	责任框架	道德框架	应对框架	影响框架
0731—0823 河南省	38.20%	2.99%	8.99%	2.25%	14.99%	12.36%	20.22%
0921—1013 黑龙江省	35.63%	2.17%	7.94%	1.44%	20.22%	17.18%	15.42%
0910—1007 福建省	32.78%	2.95%	7.37%	8.84%	14.36%	22.10%	11.60%
0728—0817 湖南省	36.03%	3.97%	7.46%	0.00%	17.94%	22.70%	11.90%
1019—1112 甘肃省	40.45%	6.77%	16.32%	1.22%	5.90%	21.01%	8.33%
1018—1114 内蒙古自治区	39.84%	6.68%	16.37%	1.23%	6.68%	21.28%	7.92%
0522—0618 广东省	38.26%	5.00%	14.57%	1.52%	6.96%	24.57%	9.12%
0720—0816 江苏省	42.08%	4.35%	10.65%	1.96%	5.47%	26.37%	9.12%

由表 5.35 可归纳出以下几点：

（1）在公众情感斜率较高的事件中，意见领袖对事实框架与应用框架的平均使用占比约为 2∶1，均有使用其他框架，其中特征较为明显的是冲突框架，均不超过 4.00%。情感框架占比不超过 10.00%，道德框架占比平均约为 15.00%。

（2）在公众情感斜率较低的事件中，意见领袖使用冲突框架比例偏高，均超 5.00%；情感框架使用比例均超 10.00%。

在各事件消散期，公众使用框架的占比情况如表 5.36 所示。

表 5.36　消散期的公众使用框架占比

事件	事实框架	冲突框架	情感框架	责任框架	道德框架	应对框架	影响框架
0731—0823 河南省	20.90%	5.38%	22.45%	2.56%	15.38%	12.18%	21.15%
0921—1013 黑龙江省	18.11%	3.70%	13.58%	1.23%	23.05%	24.28%	16.05%
0910—1007 福建省	16.83%	6.38%	14.12%	1.93%	16.44%	20.12%	24.18%
0728—0817 湖南省	18.44%	12.06%	13.21%	1.42%	14.18%	20.06%	20.63%
1019—1112 甘肃省	14.61%	14.27%	23.44%	3.74%	13.70%	13.25%	16.99%
1018—1114 内蒙古自治区	15.37%	14.21%	23.50%	3.13%	13.14%	13.58%	17.07%
0522—0618 广东省	16.35%	9.84%	23.16%	1.16%	10.27%	25.62%	13.60%
0720—0816 江苏省	17.73%	13.08%	20.66%	1.99%	9.86%	18.58%	18.10%

由表 5.36 可归纳出以下几点：

（1）在公众情感斜率较高的事件中，框架使用比例比较均衡，共同特征可以概括为：冲突框架占比不超过 7.00%，事实框架占比约为 20.00%，应对框架占比约为 10.00%，道德框架占比约为 15.00%。

(2) 在公众情感斜率较低的事件中,突出特征为冲突框架占比均偏高,大部分超过 10.00%,最高达到 14.27%。

综合比较并归纳各独立疫情事件在扩散期、波动期以及消散期的不同话语主体的框架使用特征,计算公众情感评分斜率排在前四位的事件在各框架上的平均值,可得出有助于疫情期间议程设置的框架占比特征,如表 5.37 所示。

表 5.37 有助于疫情期间议程设置的框架占比特征表

时期	框架名称	话语主体				
		中央媒体	省级媒体	市县级媒体	意见领袖	公众
扩散期	事实框架	61.22%	55.03%	59.95%	27.48%	17.96%
	冲突框架	0.00%	0.47%	0.00%	4.98%	5.13%
	情感框架	0.00%	0.70%	0.00%	13.35%	25.03%
	责任框架	1.02%	0.90%	0.00%	1.65%	2.34%
	道德框架	0.00%	0.00%	0.00%	6.14%	7.12%
	应对框架	35.90%	42.60%	32.84%	37.25%	23.73%
	影响框架	1.86%	0.30%	7.21%	9.15%	18.69%
波动期	事实框架	63.45%	60.90%	47.44%	44.98%	18.83%
	冲突框架	0.32%	0.17%	0.68%	2.50%	7.21%
	情感框架	0.00%	1.58%	0.00%	12.00%	20.49%
	责任框架	2.55%	0.98%	0.00%	3.16%	3.58%
	道德框架	0.32%	0.09%	0.00%	6.99%	11.67%
	应对框架	31.44%	34.90%	46.98%	23.71%	18.40%
	影响框架	1.92%	1.38%	4.90%	6.66%	19.82%
消散期	事实框架	68.15%	67.52%	64.53%	35.67%	18.57%
	冲突框架	0.00%	0.42%	0.52%	3.02%	6.88%
	情感框架	0.75%	1.19%	0.00%	7.94%	15.84%
	责任框架	0.20%	0.44%	1.66%	3.13%	1.78%
	道德框架	0.40%	0.13%	0.00%	16.88%	17.26%
	应对框架	24.00%	24.21%	22.55%	18.58%	21.67%
	影响框架	6.50%	6.09%	10.74%	14.78%	18.00%

四、疫情期间新闻报道的对策与建议

综合以上实验结果,可得出以下几点对于媒体在公共卫生领域事件中进行公众议程设置的建议。

(1)市县级媒体的议程设置功能需要进一步发挥。在客体议程设置层面,传统主流媒体中的中央媒体对省级媒体的客体议程设置强度为0.08,对市县级媒体的客体议程设置强度为0,且市县级媒体的整体影响力度最小,对其他媒体与公众的平均影响强度仅为0.021。因此,一方面,需要加强中央媒体对市县级媒体的议题引导功能,保持市县级媒体与中央媒体的议题一致性。另一方面,需要充分发挥市县级媒体的基层引导作用,加强其对意见领袖和公众客体议程设置的能力。

(2)新闻监管部门需加强对意见领袖议程的引导。在客体议程设置层面,意见领袖对公众的议程设置强度为0.324,三大传统主流媒体对公众的议程设置平均强度为0.048。由此可见,意见领袖对公众的影响远大于传统主流媒体。因此新闻监管部门需要加大对意见领袖的监管引导力度,使其充分发挥影响力,通过正向言论带动公众关注、了解、支持议题。

(3)传统主流媒体应加强对公众道德框架、冲突框架和责任框架相关博文的关注。在属性议程设置层面,公众对道德框架、冲突框架和责任框架的使用主要受公众舆论场内部其他框架的影响,分别为道德框架受应对框架的影响,强度为0.112;冲突框架受情感框架的影响,强度为0.141;责任框架受冲突框架的影响,强度为0.241。这些框架都是引发舆情风险爆点概率较高的框架,当这些框架在公众舆论场内部占比升高时,传统主流媒体可通过设置公众应对框架、情感框架议程,间接对这三类框架进行调节。

(4)传统主流媒体可通过设置其他媒体议程,加强对公众议程的设置功能。在属性议程设置层面,公众应对框架、影响框架、事实框架和情感框架的议程主要由来自公众舆论场外部的因素设置,且大部分来自意见领袖的应对框架和事实框架,分别为应对框架受省级媒体事实框架的影响,强度为

0.012；影响框架受意见领袖应对框架的影响，强度为 0.154；事实框架和情感框架均受意见领袖事实框架的影响，强度分别为 0.117 和 0.005。故传统主流媒体可通过"中央媒体→省级媒体→意见领袖"这一链条，设置意见领袖有关事实框架、应对框架的议程，达到设置公众议程的作用。

第六章 社交媒体影响力评估分析

互联网时代,我国已有大规模的移动互联网用户,在线社交工具已深入人们的日常生活和工作,人们已习惯在生活和工作中使用在线社交工具交流、分享信息和知识。各种在线社交网络平台也应运而生,如国内的微博、微信和抖音以及国外的 Meta(原名 Facebook)、X(原名 Twitter)和 YouTube 等。据有关机构统计,截至 2021 年 12 月底,我国的网民数量达到了 10.32 亿人,与 2020 年相比,增长了 4296 万人,互联网普及率达到了 73.0%。其中,手机用户占总体用户的 90% 以上。

随着网络中的信息表达方式越来越多样化,在线社交网络平台成为传统主流媒体信息发布的主要渠道之一。社交平台用户可以随时对信息进行发布和转发,社交网络中的信息对社会产生的影响是当前的热点问题。目前,在线社交网络中的用户鱼龙混杂,任何用户都可以在网络上自由发表观点,也可以转发其他用户的信息。从之前的"口口相传"到如今的"指尖跳跃",每个人发布的信息都会在网络上被无限放大。信息放大具有双面性,如果是积极正向的信息,在社交网络中值得被传播;如果是负面消极的信息,则应抑制该信息在网络中的传播,以免给公众带来不良的影响。一般来说,名人发布信息要比普通用户发布信息传播得更快、范围更广,因为他们本身拥有庞大的粉丝群体,具有较高的影响力。高影响力用户发布信息可以加快信息在网络中的传播速度,扩大传播范围。同样,如果高影响力用户接收负面信息后,不再向外传播,可以起到抑制该信息传播的作用。

用户能够随时随地对信息进行发布与转发,由此产生了社交网络信息的传播,这是一个个体或组织之间进行信息交流进而发生观念或态度变化的过程。社交网络中的每个用户可以被看成一个"媒体人",他们发布和转发信息会对其他用户群体的思想和行为产生一定的影响。例如,现在许多明星基于自己庞大的粉丝基础,纷纷加入电子商务行业,通过自身的明星效应开启"直播带货"。另外,网络上许多拥有流量的自媒体用户,转向其他领域发展也相对更顺利。

通过社交网络分析可以对社交媒体中的信息传播进行建模,即用一个具有图结构的复杂网络表示社交媒体中用户之间的互动关系,其中节点表示社交媒体中的用户,节点之间的连边则表示用户之间的关注关系或其他互动行为。在此基础上,社交媒体信息传播过程可视为信息沿着用户之间的关系扩散,而用户的评论、回复或点赞等交互行为,也会对这种扩散行为造成影响。因此,对社交媒体中的信息传播特征进行建模,能够准确说明信息在社交媒体中的传播规律,进而根据信息传播特征,推断形成该特征的用户关系及互动行为,为识别社交媒体中的高影响力用户打下基础。高影响力用户通常能够起到意见领袖的作用,他们的行为、观点能对其他用户产生较强的影响。在信息传播过程中,会有更多的用户愿意对高影响力用户发布的信息进行再传播。企业、机构或政府等可以让高影响力的社交媒体用户发布信息,实现商业营销和控制舆论等目的。

第一节 媒体影响力

一、媒体影响力概述

随着互联网的兴起,一些传统主流媒体开始建立自己的门户网站,他们将线下的资源同步到线上,将信息资源堆积到自己的网站上以吸引用户,获得流量。如今出现的新媒体,使媒体从单一领域发展到多个领域,它基于传统主流媒体发展,但与传统主流媒体存在本质的不同。因移动手机终端用户急剧增加,人们对快捷、有趣的碎片化信息的需求也增加了,网络媒体门槛较低,许多自媒体用户应运而生。

随着媒体用户的增加,各大媒体之间的竞争也愈加激烈,它们都努力提升自身竞争力,不断创新以吸引当下的受众群体,因此媒体影响力建设是媒体提升竞争力的一项重要内容。媒体影响力是一个抽象的概念,指媒体通过发布或传播信息影响人们的行为,它是一个无形的概念,不依赖于某个单一评价标准,而是在政治、经济、文化等影响下得出的一个整体结论。目前,媒体影响力还没有标准定义,喻国明认为,传媒的影响力就是传媒作为资讯传播渠道把其手中的社会认知、社会判断、社会决策及相关的社会行为,打上属于自己的"渠道烙印"。有学者认为,媒体影响力有狭义和广义之分。狭义的媒体影响力主要是指媒体影响目标市场消费导向或目标人群消费行为的能力。广义的媒体影响力是指媒体在一定范围内在政治、经济和文化上等对主流社会人群的思想或行为的影响能力。

如今一些平台的媒体影响力排行榜比较分散,没有形成一个成熟完整的评价体系。为了使媒体影响力的衡量更加合理、科学、全面,现在迫切需要一套完整的量化指标,将各界的影响因素转化为数字,进而对媒体影响力进行定量分析。在全媒体网络环境下,不同的媒体类型具有不同的评价指标,受众和媒体都产生了新的行为特征。刘威等认为,反映媒体影响力的因素较多,主要由媒体关注关系、用户行为能力以及传播主题等构成。[84]张俊豪等通过考量媒体自身的活跃度与用户之间的关联性,将影响用户自身活跃度和影响用户之间联系度的相关因素量化并赋予权值。[85]师亚凯等通过对用户的微博内容进行兴趣建模,计算用户间的兴趣相似度,将发布内容与用户行为结合起来开展研究。[86]陈珺等采用大数据技术获取信息,根据内容传播指标和受众互动指标综合得到影响力评价指标。[87]冯锐等根据用户之间的互动关系行为研究信息在网络中的传播规律,构建社交关系网络,然后根据网络中节点的传播范围得到媒体节点的影响力。[88]

良好的影响力能实现潜移默化的效果。传统主流媒体的市场影响力是基础，它是政府对外宣传的主要途径，媒体有责任和义务向大众传达政府的政策方针。传统主流媒体的影响力评价体系主要围绕传播力、引导力、影响力、公信力和竞争力等方面进行评估，同时也是检验媒体工作水平的标尺。具体评价指标如表6.1所示。

表6.1 传统主流媒体的影响力评价体系

评价方面	具体指标
传播力	媒体用户总量、信息阅读量、播放量
引导力	坚持正确舆论导向、主题宣传的组织和传播效果、回应社会热点、监督报道
影响力	原创报道、评论量、点赞量、转发量、分享量
公信力	公众信任度、公众满意度、出现失范的情况、第三方评价
竞争力	市场竞争力、技术竞争力、组织竞争力

表6.1中所示为传统主流媒体影响力评价体系的基础框架，具体的评价指标可以针对不同实际情况有所更改，形成符合某个领域的评价体系，这样有助于我们更加客观地、准确地评价媒体影响力。随着技术和环境因素的变化，科学有效的指标评价体系需要在实践中不断修正，与时俱进，开拓创新。

二、媒体影响力变化的内在属性分析

由于社交网络具有无标度特性，而最典型的BA模型不符合现实大多数无标度网络特征。因此，为了精确刻画真实网络，学者对BA模型进行了各种改进，如BB模型、老化模型和衰退模型等。BB模型的典型应用例子，如引文网络，一篇论文的引用次数主要是由它自身的新颖性和重要性以及发表时间所决定的，而论文的新颖性也会随着其他相关论文的发表而逐渐衰减。老化模型如演员网络，演员的职业生涯是有限的，在这样的网络中，节点是不会突然消失的，而是在一个缓慢的老化过程中慢慢消失的。衰退模型如电报网络,电报是在19世纪30年代发展起来的,在发展初期,电报网络是一个增长网络,但随着科技的发展,出现了传真、电话、手机等产品,电报慢慢退出了大众视野。

这些网络结构变化反映了节点影响力的变化,它由多种因素共同决定,而目前观察到的外部因素如点击率、发行量、转发量等指标不能完全决定社交网络的变化情况,媒体节点的内部因素同样重要。在《东方卫视影响力评估研究》一文中,学者以"东方卫视"为研究对象,发现其在创建不到一年的时间里实现了收视率迅猛增长,达到了省级卫视的第二名。[89] 东方卫视影响力变化的主要原因是内部调整,不同于其他卫视的运作模式,它采用了全新的营销和管理机制,这使其影响力迅速提升。这种外部看不见的管理策略,便是媒体变化的内在属性,它对影响力的变化具有重要作用。

同样,媒体用户获得关注的能力并不完全取决于其创建的时间,媒体发文的质量、背后的运营团队、公司的组织管理制度等内在因素也影响其获得关注的能力。有些媒体虽然出现得较晚,却能在短时间内获得大量关注,而一些媒体尽管出现得很早,却未能引起大众的关注。这是因为前者具有某种能使其脱颖而出的内在属性,这种内在属性在复杂网络中被称为适应性。

三、基于复杂网络的微博媒体影响力分析方法

微博的自身特点为信息传播带来了良好的环境,它的开放性打破了传播研究中的"封闭式"假设。微博不仅具有社交网络的功能,更具有社会媒体的功能。微博中影响力个体分布广泛,处于网络的各个位置,且涉及多个话题。媒体影响力是微博媒体用户的重要性体现,媒体影响力越大,其受关注程度越高,对网络的影响力也越大。媒体影响力的关键含义是"顺从",即该媒体的行为会引发其他媒体用户效仿。在复杂网络领域,通常可通过衡量与一个节点直接相连的节点数目来评价该节点的影响力。因此,微博媒体影响力分析可以通过以下几个步骤来实现。

(1)利用数据采集技术获取微博用户信息,然后将获取的元数据经过数

据处理后构建微博媒体关系演化数据集。

（2）从微博媒体关系演化数据集中提取网络的节点和边，利用 NetworkX 工具构建微博媒体关系演化网络模型。其中，根据 NetworkX.DiGraph 方法创建有向图，然后基于微博媒体关系演化数据集向图中添加节点和边，构建微博媒体关系演化网络模型。

（3）基于 NetworkX 分析微博媒体关系演化网络模型的拓扑结构特征，获取网络中媒体节点度，进而确定媒体节点在网络中的影响力。

第二节　微博媒体关系演化网络模型构建与分析

一、微博媒体关系演化数据集

演化网络的数据集随时间的推移不断增加，目前现成的社交网络数据集大部分是静态数据，不满足演化网络的条件，因此本研究利用数据采集技术获取每月活跃的微博媒体用户信息，构建微博媒体关系演化数据集。

据统计，微博当前用户为 5.73 亿人，日活跃用户 2.49 亿人，规模巨大。因此，采集所有微博用户数据进行影响力评估的实验分析是不现实的。但是，社交媒体上具有共同类型属性的用户联系相对紧密，信息传播呈现社区化。因此，可以通过分析微博的某类活跃用户及其粉丝用户的属性和关注关系，构建复杂网络模型。具体而言，本研究采集了 2021 年 4 月至 2022 年 1 月的体育类用户数据，包括 10 多万个微博媒体用户以及 160 多万条社交关系，其中每个月采集的数据约有 7 万个微博媒体用户和 16 万条媒体社交关系，从而构建了微博媒体关系的演化数据集。

1. 数据采集方法

微博媒体数据采集的具体实现方法如图 6.1 所示。

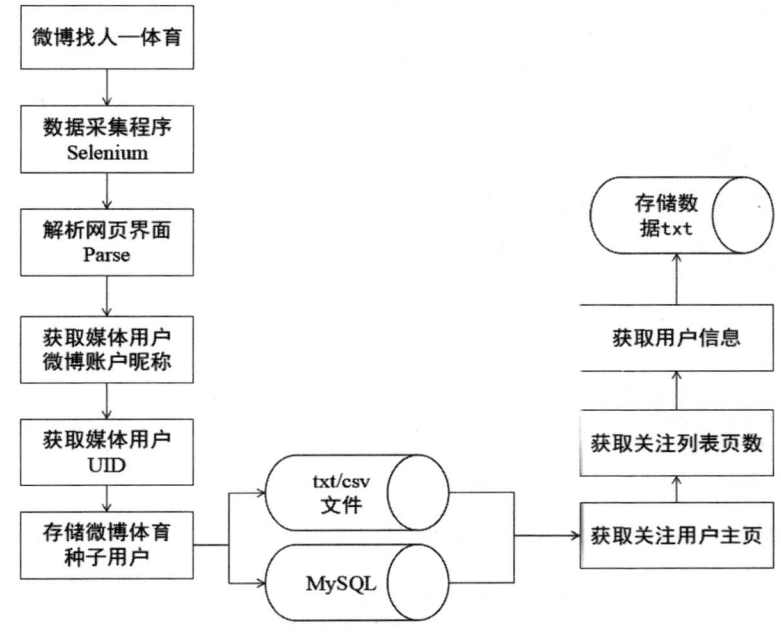

图 6.1 数据采集程序实现流程图

首先,数据采集的初始种子节点是微博网站中的"微博找人—体育"界面的微博用户,由于该界面采用滚动下拉框渐增的方式显示用户,直接使用 Requests 工具访问服务器,得到的是界面默认显示的用户,无法获取该界面的所有用户。因此使用 Selenium Web 自动化测试工具模拟用户不断地向下滑动滚轮浏览"微博体育"界面,直到显示完该界面的所有用户为止。其次,使用 Requests 工具对该界面的服务器发起访问请求,对服务器响应请求后返回的数据进行解析,获取该界面用户的微博昵称,通过用户的微博昵称获取该媒体用户的 UID。最后,将获取到的用户微博昵称和 UID 存储到MySQL 数据库或 txt 文件,以这些用户作为网络的初始节点获取其关注列表及相关信息,然后将获取到的数据存储到 txt 文件。

数据采集程序完成后,使用 PyInstaller 工具将程序打包成可执行的数据采集工具,程序中所有可修改参数放到 config.json 配置文件,避免每次采集数据时修改程序代码,提高数据的采集效率。开发以外的人员也可以使用该数据采集工具程序,以提高程序的适用性。另外,该工具不仅可以采集微博体育用户信息,而且可以获取微博其他领域的用户信息,如财经信息、娱乐信息等。

下面介绍微博媒体数据采集工具的使用方法。

首先,获取微博活跃媒体用户的信息,将采集的数据存储到 txt 文件中。每次采集前需修改配置文件中的相关字段值,配置文件如图 6.2 所示。

```
{
    "user_id_list": "sport_star_03.txt",
    "cookie": "WEIBOCN_FROM=1110006030; loginScene=102003;
SUB=_2A25MrLL5DeRhGeNJ4lYW9SzMyDqIHXVsbt6xrDV6PUJbkdCOL
XSRF-TOKEN=6fc60e; MLOGIN=1; M_WEIBOCN_PARAMS=luicode=1(
    "savefile": "save.txt",
    "datasets":"starname_02.txt",
    "base_url" :"https://m.weibo.cn/p/2317120003_05_1022"
}
```

图 6.2　数据采集配置文件参数图

其中,user_id_list 表示每次采集存储活跃用户信息的文件;cookie 表示爬取网页的 cookie,目的是防止网页的反爬限制;savefile 是已经爬取的种子用户,因为在采集数据的过程中可能出现断网等各种情况,savefile 可以在程序中断后重连继续爬取,并防止数据重复爬取;datasets 表示存储媒体种子节点及其关注列表信息的文件;base_url 表示爬取网页的入口 url,如果爬取微博其他领域的用户信息,只需修改该字段值即可。

其次,执行程序 activeUser.exe,利用 Selenium 工具动态获取活跃用户信息并保存到 user_id_list 字段的文件中。

最后,执行程序 main.exe,根据保存的活跃用户 UID 获取其关注用户信息,并将获取的数据保存到 datasets 字段的 txt 文件中。采集的微博用户信息如表 6.2 所示。

表 6.2 数据存储字段含义

字段名	字段含义
followed	被关注者 ID
followed_name	被关注者微博昵称
follow_num	被关注者关注数
fan_num	被关注者粉丝数
count	被关注者发博数
follower	关注者 ID
follower_name	关注者微博昵称
month	月份

2. 微博媒体关系演化数据集构建

利用微博媒体数据采集工具获取的数据,将其按照时间进行分类,同一时间获取的数据形成 DMR(微博媒体关系数据集),不同时间形成的 DMR 构成了 E-DMR(微博媒体关系演化数据集)。E-DMR 模型是用于构建 E-NMR 模型(微博媒体关系演化网络模型)的。网络的本质是图结构,因此采用图数据库存储数据,它是以图论为基础,从数据中抽象出节点和边,通过这些节点和边构成一张网络。目前主流的图形数据库有 Neo4j 数据库、ArangoDB 数据库、Titan 数据库等,下文选择 Neo4j 图数据库存储 E-DMR 数据集。

Neo4j 图数据库不但可以存储顶点和边,而且可以存储属性,顶点和边都可以有任意多属性。属性是以键值对的形式存在,其中 key 为字符串类型,value 为任意基本数据类型。同时,Neo4j 图数据库通过 Lucence 工具实现索引。Neo4j 图数据库非常适合用来存储图形类数据模型,因为它的查询速度是线性的,与关系型数据库相比查询速度具有较大优势。Neo4j 图数据库的查询语言 Cypher(CQL)是一个描述性图形查询语言,它和常用的 SQL 语法有很多重叠的地方,并且不必编写图形结构的遍历代码,就可以对图形数据进行高效查询。

使用 Neo4j 图数据库进行存储既可以支持网络全局的可视化预览与节点关联发现,也可以支持查询单个节点与其他节点之间的关联关系。构建的图形数据在 Neo4j 图数据库中的存储情况如图 6.3 所示。

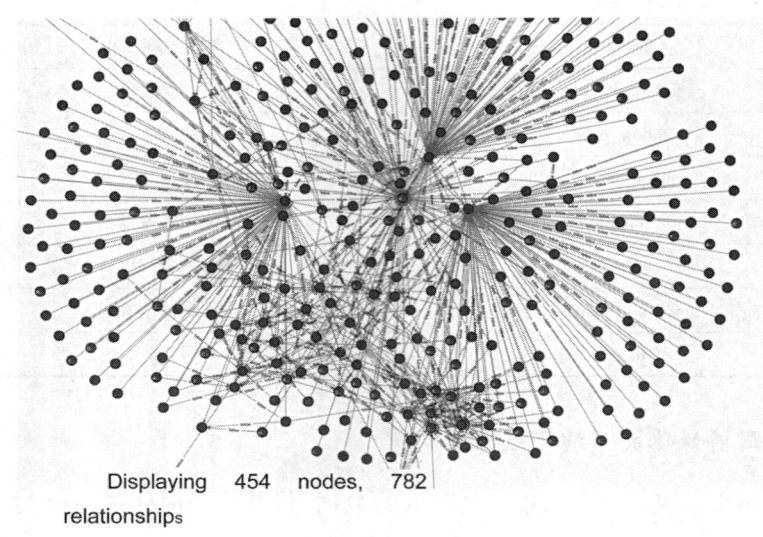

图 6.3　Neo4j 图数据库的存储数据集

图 6.4 展示了在 Neo4j 图数据库中查询的单个节点与其他节点之间的关系,以"Candy—番茄黛比"为例,列出了其邻居节点与该节点之间的关系。

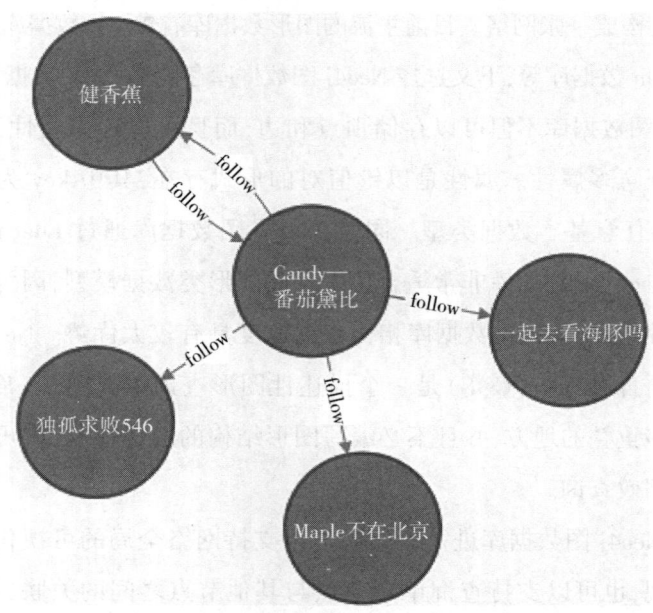

图 6.4　Neo4j 图数据库的单个节点展开

二、基于 NetworkX 的 NMR 网络模型构建与分析

基于复杂网络理论,选取上一小节的 E-DMR 模型中的一个 DMR 构建 NMR 模型,其中,将微博媒体用户看作网络中的节点,媒体用户之间的关注关系看作网络中的连边。利用 NetworkX 工具构建并分析 NMR 模型,研究网络的一阶结构特性度分布、聚类系数、平均路径长度、介数、网络的二阶结构特性度相关性和介数相关性,然后根据这些相关统计指标得出网络的结构特征。

1. 无标度性质分析

无标度源自统计物理学的分支——相变理论。它缺少内在标度,是由于网络中同时存在度相差很大的节点导致的。无标度网络的发散性是无标度网络中许多有趣性质的根源,包括网络在节点随机失效时呈现的健壮性等。复杂网络主要利用网络中的度分布对无标度性质进行验证,判断其是否服从幂律分布,节点的度直观反映了节点在网络中的重要地位。

在现实生活中,许多外界因素会影响真实网络的结构性质,从而影响度分布的形状。对于实证网络的性质,一般采用幂律分布或指数分布仿真网络结构,通过仿真结果判断网络是否满足模型性质。

图 6.5 展示了双对数坐标下的微博媒体关系网络度分布图,图中分布的尾部清晰可见,但在度值较大的区域有一个平缓区,这是线性分箱的结果。随着度值的增加,其度分布尾部表现出快速衰减的趋势,网络中节点的最大度和最小度相差两个数量级,且大部分节点的度值都很小,只有少数的大度枢纽节点。由此可以看出微博媒体关系网络的度分布基本满足幂律分布特征。

为验证 NMR 模型的无标度特性,使用幂律分布拟合网络的概率密度分布和累计概率密度分布,从图 6.6 可以看出,拟合分布与实际分布重合度很高,计算拟合后的幂律分布度指数 γ 为 3.09。已知理想的无标度网络度指数为 3,而现实中大部分无标度网络的度指数为 2~3,由此可知实证网络 NMR 模型具有无标度特性。

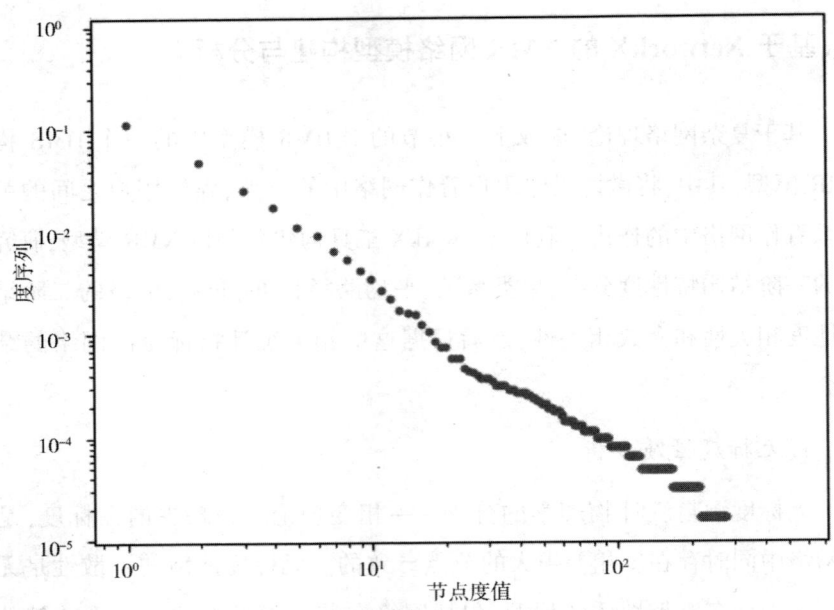

图 6.5 微博媒体关系网络度分布图

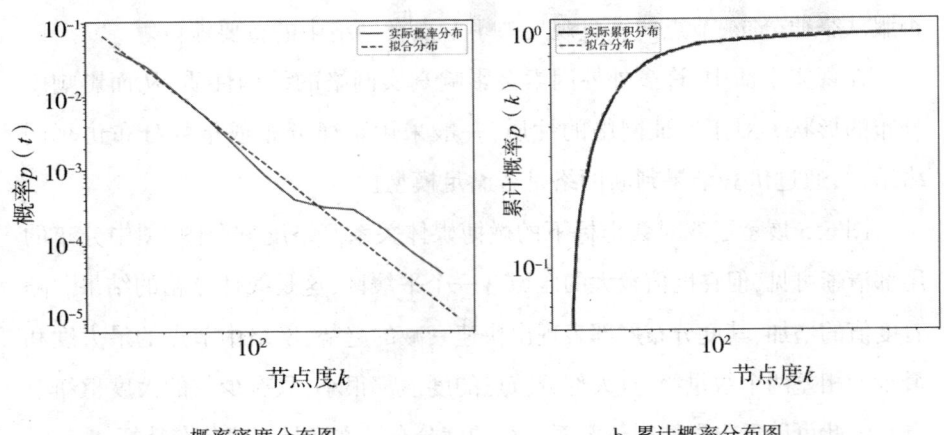

a. 概率密度分布图　　　　　　b. 累计概率分布图

图 6.6 NMR 网络拟合

图 6.7 展示了 NMR 模型度值排前十名的媒体用户,其中度值最大的媒体用户是"央视体育",其次是"微博篮球"和"NBA"等。在实际生活中,这些大度值媒体受到了许多体育爱好者的关注,在体育界拥有较高的影响力。如"央视

体育"是中央电视台体育频道的官方微博,自"媒体融合"概念提出以来,以中央电视台为代表的传统主流媒体纷纷转型,为自己植入互联网时代的用户思维基因,将媒体的功能与用户的需求连接起来,与用户建立一体化的深入联系,生产用户喜欢的内容,为用户提供服务,引领用户的生活方式。

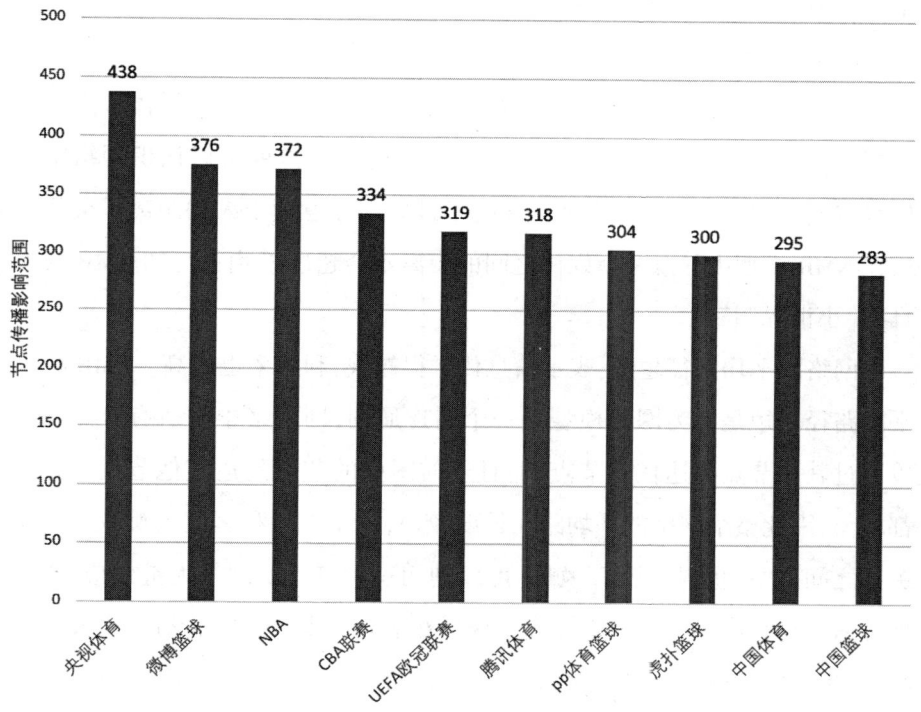

图6.7 微博媒体关系网络度值前十名

2. 结构特性分析

(1)平均聚类系数

根据平均聚类系数的定义得出 NMR 模型的聚类系数为 0.05,该值反映了网络的集聚性效果很差。因为网络中的媒体节点大多数是自媒体用户,而自媒体之间主要是以竞争关系为主。

自媒体不同于传统主流媒体,它以个体形式存在,没有传统主流媒体持续获取新闻源的能力。新华社发布的"黑公关"研究报告显示,部分民营企业已经成为自媒体"黑公关"的重灾区。由于部分民营企业之间常因竞争而引发"口水战",这使它们始终占据舆论的热点。部分自媒体表达的观点大多是"一边倒",缺乏客观评价,造成大众对部分自媒体信任缺失、认同度下降。传统主流媒体尽管在流量热度方面不如自媒体活跃,但是其多年来积累了忠实的受众,这是部分自媒体远远比不上的。

(2)平均路径长度

NMR模型的平均路径长度为3.82,表示网络中任意两个媒体节点之间不超过三个媒体用户,即一个节点最多通过三个节点就可以认识网络中的任意节点。小世界六度分离理论证明了世界上任意两个人的距离不会超过5,在NMR模型中任意两个媒体之间的距离不会超过3,由此可知NMR模型具有"小世界"特性。

网络的平均路径越短,表示信息传送得越快,利用率也越高。NMR模型平均路径较短是因为网络模型是一个弱连通图,即网络中的所有节点都可以通过其他节点到达任意节点,而且连通图中的节点到达其他节点的距离都较小,因此整个网络的平均路径长度较短,这也在某种程度上反映出媒体关系之间的"小世界"特征。媒体可以利用这种特性实现熟人链效应,更好地传播信息。因为一个自媒体或公众号在运营初期,没有粉丝量,也没有影响力,很难在社交网络中传播信息。但通过熟人链,媒体可以在信息发布时,通过合作媒体转发信息,并配上相关评语,从而让信息在网络中得到更大程度的曝光。

(3)介数

介数反映了媒体节点在NMR模型中的地位,体现了媒体在网络中的重要性。节点的介数表示经过该节点的关键路径数。节点的介数值越大,说明在信息传播过程中通过该节点的信息就越多,在该节点进行信息传播的速度就较慢,因为很多信息都聚集在该节点,该节点向外传播信息的速度会变慢。研究得出,NMR模型中最大的节点介数为4 564 991,平均介数为2 627。

图6.8展示了NMR模型节点介数分布图,从图中可以看出,随着节点度

的逐渐增加,节点介数值急剧增大,这表明大度节点在网络结构中的重要性远大于小度节点,且随着度的增加,节点重要性的增长速度越来越快,说明网络中的小部分枢纽媒体节点对整个网络起重要作用,进一步验证了 NMR 模型的无标度网络特征。

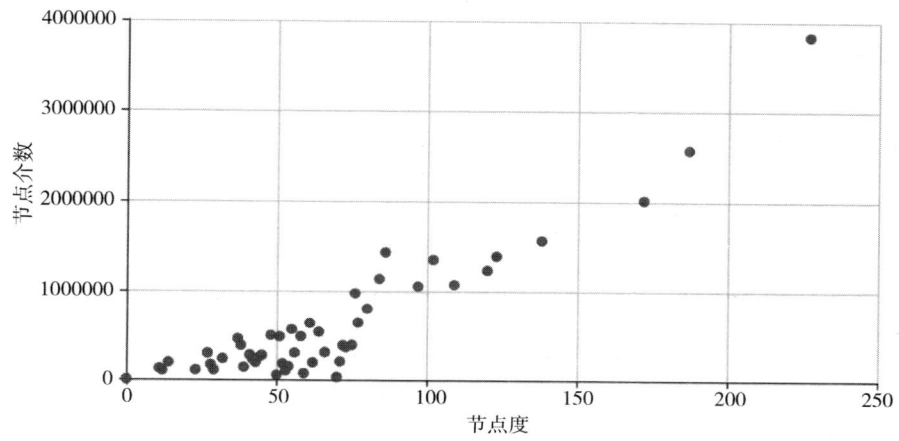

图 6.8 介数分布图

图 6.9 列出了 E-NMR 模型在数据集采集期间构建的不同 NMR 模型结构性质,有幂指数、平均聚类系数、平均路径长度等基本统计指标。从图中可以看出,随着时间的演化,网络的整体拓扑结构变化很小,说明网络中大部分的节点在数据采集期间比较稳定,且本章研究分析的 NMR 模型性质反映了 E-NMR 模型中所有 NMR 模型的结构特性。

3. 网络关联性分析

本小节研究分析微博媒体关系网络的关联性,通过网络的关联性质得到网络的偏好连接和结构特征。

(1)度相关性

NMR 模型中节点的度相关性如图 6.10 所示,从图中可以看出,随着度值的增加,平均邻居节点的度值也呈上升趋势,表明度值大的节点倾向与度值大的节点相连,网络中节点连接呈度正相关,也称为同配性,即节点的度值越高,其邻居的平均度也越高。

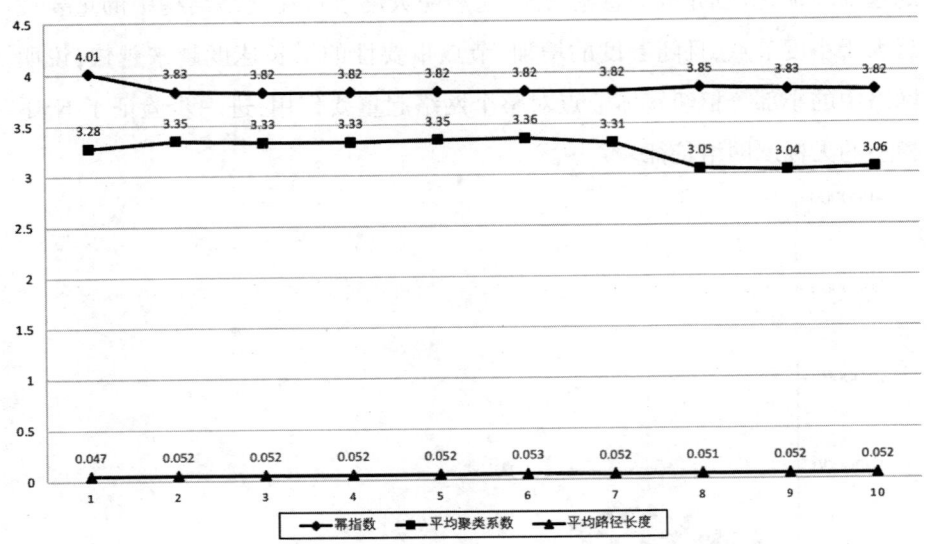

图 6.9　网络结构性质统计分析

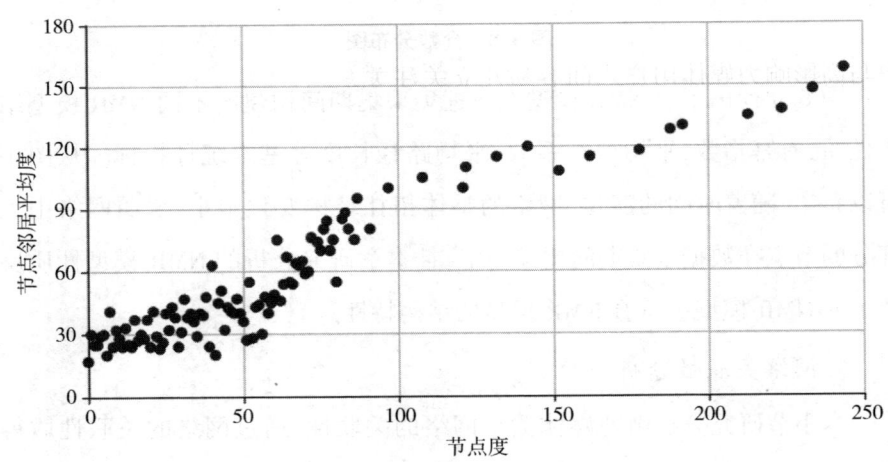

图 6.10　节点度与邻居平均度关系图

(2) 介数相关性

NMR 模型的介数相关性如图 6.11 所示,整体来看,网络中邻居平均介数与介数的分布未有明显的倾向性,介数较小的节点邻居平均介数具有较大的波动性;介数较大的节点其邻点平均介数与介数的分布呈现一定的上升趋势,这表明网络中的节点更倾向与介数较大的节点连接,且介数大的节点占比很小,倾向不是很明显。

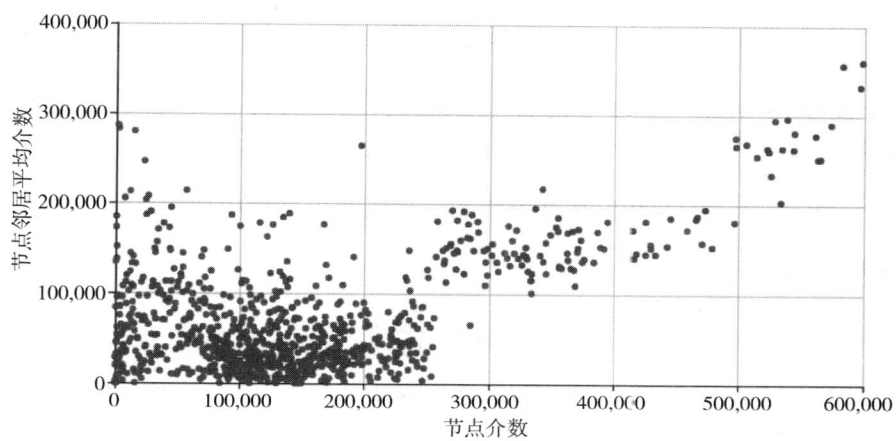

图 6.11　介数邻居平均介数的分布图

从上述分析可知,网络高影响力媒体节点占比很小,且高影响力媒体用户与高影响力媒体用户之间容易建立关注关系,这反映了网络节点偏好连接的同配性特征。

第三节　基于微博媒体关系演化网络的影响力预测分析

一、基于 BB 模型的适应性测量方法

根据 BB 模型定义可知,新节点连接到网络中某个节点的概率,是根据该节点的度和适应性共同决定的。直观判断适应性容易出错,因此提出利用复杂网络量化节点适应性,赋予节点适应性统一标准。节点适应性反映了网络整体对于某个节点相对于其他节点的重要性的群体判断。根据 BB 模型量化框架,掌握网络中所有节点度随时间的演化情况,可以计算出节点适应性。

使用连续介质理论预测每个节点的度随时间的演化,节点 i 的度的变化速度记为:

$$\frac{\partial k_i}{\partial t} = m \frac{\eta_i k_i}{\sum_j \eta_j k_j} \tag{6.1}$$

其中,m 表示一个新节点加入网络后带来的 m 条链接;k_j 表示节点 j 的度。

假设 k_i 的时间演化服从幂指数,$\beta(\eta_i)$ 依赖于其适应性的幂律分布,则满足下式:

$$k(t, t_i, \eta_i) = m \left(\frac{t}{t_i} \right)^{\beta(\eta_i)} \tag{6.2}$$

其中,$k(t, t_i, \eta_i)$ 表示在 t_i 时刻加入网络的节点 i 在 t 时刻的度;$\beta(\eta_i)$ 表示网络中节点 i 的幂指数。

将式 6.2 代入式 6.1,发现度的动态变化过程中的幂指数满足下式:

$$\beta(\eta) = \frac{\eta}{C} \tag{6.3}$$

$$C = \int \rho(\eta) \frac{\eta}{1 - \beta(\eta)} d\eta \tag{6.4}$$

根据式 6.3 可知,幂指数正比于节点的适应性 η,网络中的节点具有各自的幂指数。因此,适应性较高的节点,度的增长速度较快。

对式 6.2 两边取对数,得到节点度的增长速度与节点适应性之间的关系,如式 6.5 所示:

$$\ln k(t, t_i, \eta_i) = \beta(\eta_i) \ln t + B_i \tag{6.5}$$

其中,$B_i = \ln \left(\frac{m}{t_i^{\beta(\eta_i)}} \right)$ 是一个与时间无关的参数,因此,$\ln k(t, t_i, \eta_i)$ 的斜率是关于幂指数 $\beta(\eta_i)$ 的线性函数,且 $\beta(\eta_i)$ 线性依赖于 η_i。

根据该方法,可以得出网络中所有节点的适应性 η,通过节点适应性可以预测节点影响力。

下面以"微博篮球"媒体用户为例介绍该方法的具体实现过程。

首先,利用 NetworkX 工具的 in_degree 方法获得网络中每个节点的入度。根据网络中节点度随时间的变化情况,利用式 6.5 得到节点度的增长或衰减速度与节点适应性之间的关系,即节点 i 的度随时间的变化率 $\beta(\eta_i)$。因此,已知节点 i 的度随时间的变化情况,便可求出 $\beta(\eta_i)$ 的值。图 6.12 是在双对数坐标下的"微博篮球"媒体节点度随时间的变化关系,其中横坐标表示数据采集间隔的时间,纵坐标表示在该月份对应的节点度值。通过线性回归函数,拟合得到直线的斜率为 0.342,即 $\beta(\eta_i)$ 值为 0.342。

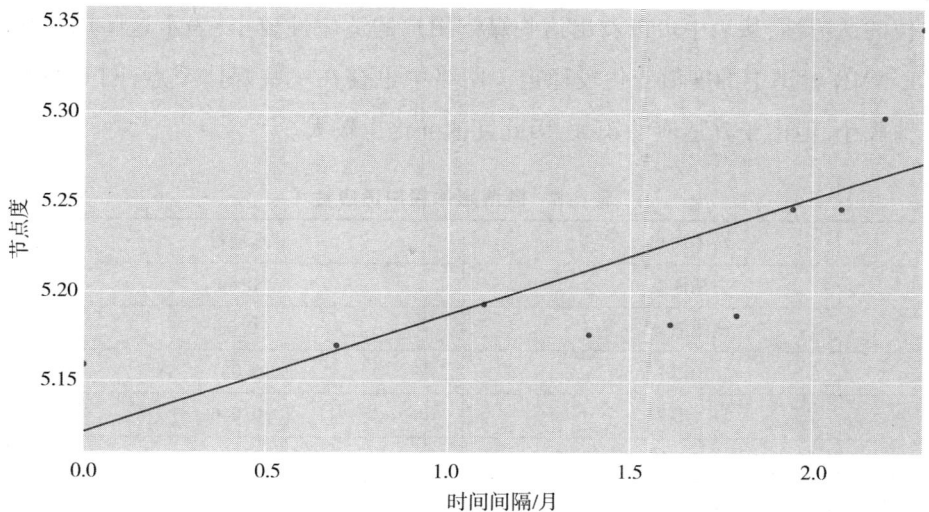

图 6.12 "微博篮球"节点度变化图

其次,计算常数 C。在网络的演化过程中,网络的规模可能增大也可能减小,因此假设适应性 η 服从 $[-1,1]$ 上的均匀分布,根据式 6.5 得到式 6.6:

$$e^{-\frac{4}{C}} = 1 - \frac{2}{C+1} \tag{6.6}$$

根据式 6.6,解出常数 C 的近似解为 1.044,得出网络中每个节点的幂指数为 $\beta(\eta_i) = \eta_i/1.044$。

最后,将前面得到的节点度的变化率代入式 6.5,即可得到"微博篮球"媒体节点的适应性为 0.326。

根据上述方法,可以得出网络中所有媒体节点的适应性。

二、基于节点适应性的媒体动态演化分析

假设 E-NMR 模型媒体节点适应性分布服从 $[-1,1]$ 上的均匀分布,其中,节点适应性大于 0 表示媒体节点度随时间呈上升趋势,反之则表示媒体节点度随时间呈下降趋势。适应性反映了媒体节点与网络中其他媒体节点之间连边的波动情况,表 6.3 展示了第三个 NMR 模型中媒体节点度值前十位的适应性,从表中可以看出这些媒体用户的适应性较小,表示这些用户在 E-NMR 模型中的度值变化较稳定。网络中也存在一些媒体节点,刚开始度值较小,但由于其适应性较大,因此度值变化也较大。

表 6.3 微博媒体用户适应性

媒体用户	适应性
央视体育	0.04
微博篮球	0.03
NBA	0.037
CBA 联赛	0.046
UEFA 欧冠联赛	0.061
腾讯体育	0.053
PP 体育篮球	-0.002
虎扑篮球	0.053
中国体育	0.085
中国篮球	0.059

媒体节点"徐莉佳",该节点的适应性为 0.122。该媒体用户是中国女子帆船运动员,她曾在 2012 年伦敦奥运会上获得金牌,这是中国甚至亚洲在帆船史上的首枚奥运金牌。2021 年 4 月该用户在 E-NMR 模型中受其他媒体节点的关注数为 105,而由于 2021 年 8 月东京奥运会的举办引起了世界上很多人的关注,尤其是中国运动员在女子帆船项目上获得了一金一铜的傲人成绩,因此许多帆船运动员受到了大家的关注,到 2021 年 9 月该媒体用户在 E-NMR 模型中的受关注数为 142。

但网络中也存在一些适应性值异常的节点,如"我勒个亲吖""东京2020年奥运会""RussellWestbrookCN""高亭宇_TG""孤岛守护者""PP 德甲"等,这些节点的适应性值超过了 3。而适应性异常低的媒体用户包括"StarXia 澳洲篮球""诶呀徐富""全红婵"等,这些媒体节点的适应性值小于 -1。节点适应性高的原因是开始时该节点在网络中的度值很小,随着时间的推移,该节点的度值在短时间内激增,导致节点的适应性过高。映射到 E-NMR 模型中是由于开始时这些媒体用户活跃度不高,因此未将这些用户作为初始种子节点,经过一段时间后,该用户活跃度变高,成为网络中的种子节点,度值变大。而适应性低的媒体用户由于前期活跃度高,在网络中的度值较大,随着时间的推移,媒体用户活跃度降低,节点度值变小,导致节点适应性过低。

NMR 模型中媒体节点适应性的测量结果如图 6.13 所示,E-NMR 模型中共有 100 251 个媒体用户,大部分媒体节点的度值变化很小甚至不变,这些媒体节点的适应性在 0 附近,适应性较大的节点,其度值的变化也较大。从图中可以看出,大部分媒体节点的适应性服从[$-1,1$]的均匀分布,而异常

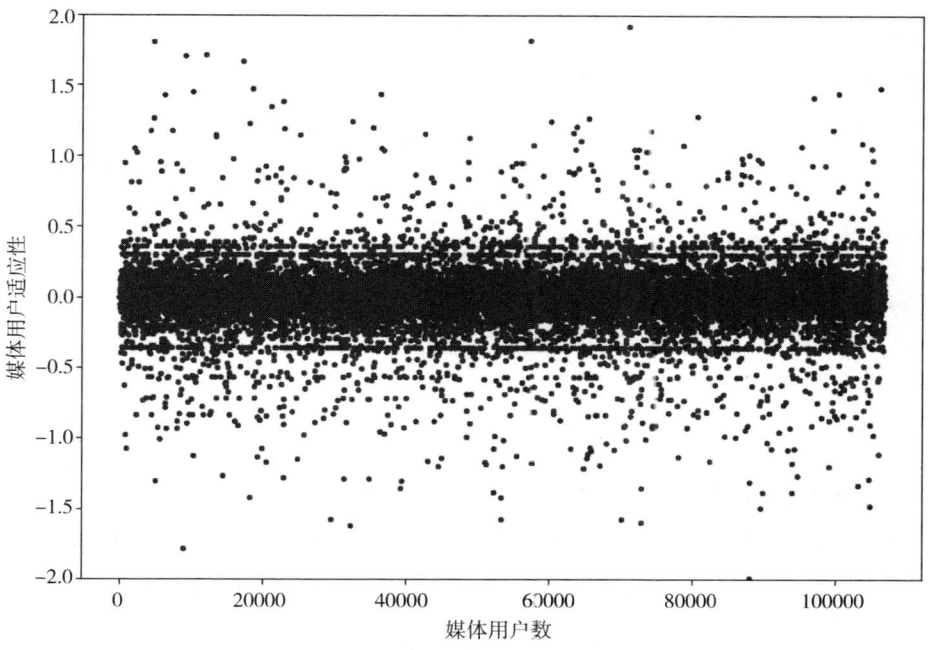

图 6.13 微博媒体关注演化网络节点适应性分布图

适应性节点的用户数仅为115,可以忽略不计,证明了媒体节点适应性服从 $[-1,1]$ 上的均匀分布假设成立。

三、基于媒体适应性的影响力预测

随着媒体市场不断扩大,媒体之间的竞争也愈加激烈,因此通过预测媒体影响力评估媒体的重要性就显得尤为必要,本小节基于媒体节点适应性预测媒体影响力。媒体影响力的大小反映了不同媒体在内容质量、用户类型、经营团队以及媒体自身属性方面的差异,通常一个媒体发布一条信息后,被其他媒体关注的概率如式6.7所示:

$$\Pi_i \sim \eta_i C_i^t P_i(t) \tag{6.7}$$

其中,媒体适应性 η_i 表示媒体节点 i 获得其他媒体关注的能力;C_i^t 表示媒体节点 i 加入网络后的 t 时刻之前被其他媒体关注的数量,说明被关注量较多的媒体更可能被其他媒体关注这一偏好连接现象。

媒体的热度会随着其他媒体的不断加入而逐渐衰减。实验证明,这个衰减过程服从对数正态的形式,如式6.8所示:

$$P_i(t) = \frac{1}{\sqrt{2\pi}t\sigma_i}e^{\frac{(\ln t - \mu_i)^2}{2\sigma_i^2}} \tag{6.8}$$

根据式6.7相关的主方程,得到媒体关注数与时间的函数:

$$c_i^t = m(e^{\frac{\beta\eta_i}{A}\Phi\left(\frac{\ln t - \mu_i}{\sigma_i}\right)} - 1) \tag{6.9}$$

$$\Phi(x) = \frac{1}{\sqrt{2\pi}}\int_{-\infty}^{x}e^{-\frac{y^2}{2}}dy \tag{6.10}$$

其中,m、β 和 A 是全局参数。从式6.9可以看出,媒体的关注数由三个参数表示,即时性 μ_i 决定了一个媒体达到最高关注数所需的时间;持久性 σ_i 表示衰减速度;最重要的量是适应性 η_i,它度量了一个媒体相对于其他媒体在网络中的重要程度,并决定了该媒体的最终影响力。

本小节实验是利用2021年4月到2021年10月的数据计算媒体节点适

应性,然后基于第三个 NMR 模型预测第七个 NMR 模型中媒体节点的影响力,并对网络中媒体节点影响力的预测值与实际值进行比较,最后使用平均相对误差百分比方法得到 BB 模型预测方法的准确率。但在使用节点适应性预测媒体影响力时,因为有小部分节点适应性异常,所以此处过滤了这些异常节点,得到预测方法的准确率为 71.3%。

图 6.14 列出了第七个 NMR 模型中 100 个大度媒体节点的影响力预测值与实际值。其中,横坐标表示媒体节点在第三个 NMR 模型中的度值排名,纵坐标表示媒体节点的影响力。从图中可以看出,大部分媒体节点的预测值与实际值相差不大。但有一些节点的预测值偏高,主要是因为采集的是微博每月活跃度较高的媒体用户的数据集,以这些用户作为中心获取其关注列表信息。在预测这些用户的影响力时,自动将他们作为网络中的活跃节点进行影响力的预测。但在现实网络中,媒体的活跃度随时间不断变化,上个月是活跃的用户,下个月可能由于某些原因而成为非活跃用户,因此,图中展示的这些活跃度较高的媒体节点预测值大都比实际值偏高。

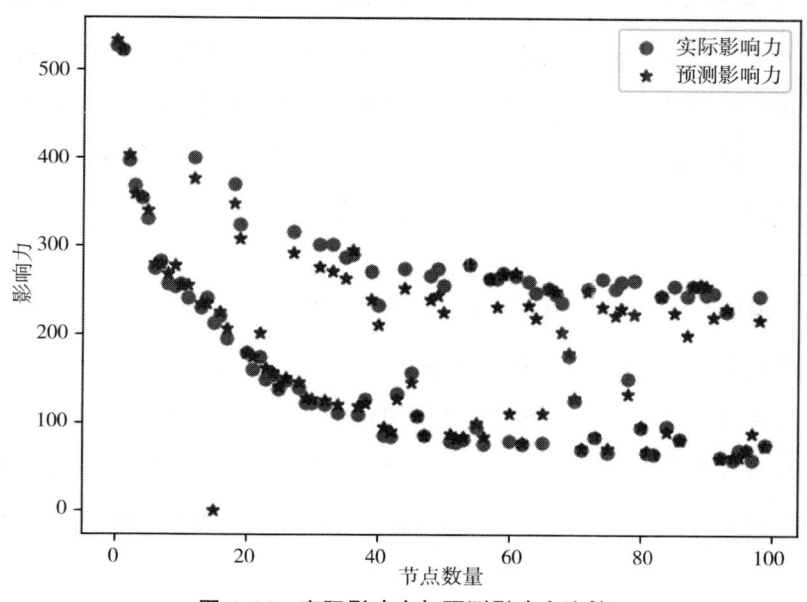

图 6.14　实际影响力与预测影响力比较

四、结合明星指数的预测方法优化算法与实现

通过上一小节实验可知,媒体的预测影响力与实际影响力存在一定的偏差。原因主要有两个方面:其一,构建的 E-NMR 模型仅包含微博中的部分媒体用户,不能反映整个微博媒体之间的变化情况,并且媒体节点影响力只考虑了节点的度值(被关注数)与自身因素(适应性),但现实中媒体影响力还依赖一些外界因素,如发博内容、发博频率以及用户粉丝数等。其二,实验采集的数据集是微博网站每月活跃度较高的媒体节点,但媒体的活跃度随着时间不断变化,因此预测的媒体状态和实际媒体状态存在一定的偏差。本节为了更加准确地预测媒体影响力,提出了一种预测优化方法。

1. 预测优化方法

社交网络是指人与人之间的关系网络,其用户影响力的影响因素与自身属性特点具有很大联系。如果节点本身的社会网络较大,强关系链接越多,并且联系越频繁,联系的对象节点的传播能力越强,那么发布的信息就越有可能被更多节点接收到。社交网络中存在一定的权重倾向问题,一些官方认证的用户节点处于影响力的强势地位,另一些普通用户节点则会处于比较弱势的地位。权重较高的用户节点对于信息的流向传播一般处于领导地位,而且这些用户节点对于热点话题的形成、传播具有较大的引导作用。

在微博社交网络中存在这样一些用户,尽管他们发布的信息不是很多,但仍然有大量的粉丝,这些用户通常为电影明星、新闻媒体人等,这些用户节点被称为明星节点。明星指数是指明星节点的粉丝量与明星发布信息数的自然对数的比值。为了避免因分母太小而导致比值失真,在该定义的分母中将发布的信息数与所有节点发布信息数的平均值相加,如式 6.11 所示:

$$Fam_i = \frac{Follower_i}{\log(Message_i + \frac{1}{N}\sum_j Message_j)} \quad (6.11)$$

其中，$Follower_i$ 为节点 i 的粉丝数；$Message_i$ 为节点 i 发布的信息数；$Message_j$ 为节点 j 发布的信息数；N 为所有用户的数量。

近年来，信息传播的实证数据越来越多，学者们根据这些数据研究了很多贴近实际的信息传播规律，在此基础上提出了许多数据驱动的信息传播模型，并用实证数据检验这些模型的有效性，形成了数据与模型不断融合的研究范式。为了减少 E-NMR 模型与现实网络的偏差，本书将媒体节点的明星指数与 BB 模型预测方法相结合，如式 6.12 所示：

$$Influ_i = aFam_i + bN_i + c \tag{6.12}$$

其中，$Influ_i$ 表示媒体 i 的影响力；Fam_i 表示媒体 i 在现实世界中外界因素影响力，在此用明星指数表示；N_i 表示媒体节点 i 利用 BB 模型预测方法得出的影响力。对媒体来说，外界影响因素有很多，本方法主要考虑了媒体用户的发博数和粉丝数；a、b、c 是通过机器学习训练得到的常数值。

将媒体的明星指数、BB 模型预测的媒体影响力和实际媒体影响力作为训练数据集，利用线性回归模型进行训练，使用最小二乘法方法进行误差优化，得到 a、b、c 的值。其中，由于媒体用户粉丝数可能会有上亿人，而演化网络模型中媒体节点度最大值为 500 左右；因此，直接运算明星指数和影响力值得到的值无意义。本节使用单位归一化方法，将明星指数和影响力值缩放到 0 和 1 之间，然后再通过上述方法计算 a、b、c 的值。

2. 实验结果与分析

本书构建的 E-NMR 模型是一个有向图，网络中节点之间的连边表示媒体用户之间的关注关系。已知 E-NMR 模型是无标度网络，存在许多小度节点，甚至有些节点的入度为 0。对于这些小度节点，不能简单地将其在网络中的影响力看作不存在。因为只有具有一定影响力的媒体，才会出现在网络中。因此，本书将入度为 0 的媒体节点影响力看作最小值 1，然后使用上述优化方法进行预测。

首先，将媒体影响力实际值先进行归一化处理，将结果值映射到 [0,1]。之后，计算每个媒体节点在该时间段的明星指数和预测的影响力。其次，将所有媒体节点的明星指数、预测的影响力和实际的影响力保存到文本文件中。最后,使用线性回归模型进行训练得到系数的具体值。实验的结果为 $a=0.3002694$, $b=0.5502106$, $c=-0.002$,将 a、b、c 的值代入式 6.12,得到预测媒体影响力的方法,如式 6.13 所示:

$$Influ_i = 0.33 \times Fam_i + 0.55 \times N_i - 0.002 \qquad (6.13)$$

将得到的预测结果与实际结果进行比较,预测优化方法准确率的检验标准仍使用平均相对误差作为评价指标,利用该方法得到的预测准确率为 79.3%。由此可见,通过预测优化方法得到的预测准确率较之前的 BB 模型预测方法有了较大改进,证明了预测优化方法的可行性。

第四节 社交网络多级传播中的影响力最大化

一、影响力最大化

社交网络改变了人们传统的信息交流方式,社交网络多样的信息发布和获取方式使其成为人们主流的信息渠道。社交网络传播建立了一个庞大的人际传播信息网络,越来越多的学者认识到网络节点之间的相互作用对信息传播具有重要意义。

对于微博社交网络,转发信息是信息传播的主要手段。通常,影响力越大的节点群,在网络中的传播范围就越广。已知 E-NMR 模型具有同配性特征,即有影响力的用户之间存在很强的关联,他们的扩散规模在很大程度上是重叠的,从而导致无法以最大规模进行扩散。因此,本节从信息扩散的角度研究影响力的演化过程,即研究如何将信息传播给网络中更多的节点,如何使节点群影响传播范围最大,这也是影响力最大化研究的主要内容。

影响力最大化问题是指在给定的社交网络结构和特定的信息扩散规则下,寻找网络中的最优节点组合,使得从这些节点发出的信息在网络中传播的范围最大。影响力传播模型是影响力最大化问题的重要组成之一,描述了影响力的传播方式和传播方向,它决定了种子节点的选择方式以及最终影响力传播的结果。常用的经典影响力传播模型包括线性阈值模型和独立级联模型。

1. 线性阈值模型

线性阈值模型(Linear Threshold Model,简称 LT 模型)是阈值模型的一个典型例子,该模型认为个体的行为很容易受到周围个体行为的影响。LT 模型的基本思想是先为网络中的每个节点分配一个阈值,该阈值表示这个节点受到影响的难易程度。每条有向边 $(u,v) \in E$ 上都有一个权重值 $w(u,v) \in [0,1]$,$w(u,v)$ 反映节点 u 在节点 v 的所有入邻居中影响力重要性占比,要求 $\sum_{u \in N^-(v)} W(u,v) \leq 1$,每个节点的阈值 $\theta_v \in [0,1]$。LT 模型具体过程如下:

(1) $t=0$ 时,先激活选好的初始集合 S_0(种子节点集合),其他节点都为不活跃状态。

(2) $t \geq 1$ 时,每个不活跃的节点 v 都可以被其活跃的邻居节点激活,需要根据它所有激活的入邻居到它的线性加权和是否达到它的被影响值来判断激活状态。如果加权和大于节点的阈值,节点被激活,否则节点仍处于未激活状态。

(3) 重复步骤(2),直到不再有新节点被激活,影响力传播过程结束。

2. 独立级联模型

独立级联模型(Independent Cascade Model,简称 IC 模型)是一种概率模型,该模型为网络中的每一条边分配一个对应的概率 $p(u,v) \in [0,1]$,表示节点 v 能被节点 u 独立激活的概率。IC 模型的传播过程如下:

(1) $t=0$ 时,先激活给定的初始集合 S_0,其他节点为不活跃状态。

(2) $t \geq 1$ 时,每个激活节点 u 只有一次机会以概率 $p(u,v)$ 尝试激活其邻居节点 v。如果在当前时间步骤 t 中激活邻居节点,即该邻居节点被影响,则在 $t+1$ 时刻 v 就会变成激活状态;同样,在接下来的过程中,节点 v 也只有一次机会去激活其邻居节点。如果节点 v 未被激活,则在 $t+1$ 时刻节点 v 仍是未激活状态,即未被影响。

(3)重复步骤(2),直到不再有新节点被激活,影响力传播过程结束。

二、影响力最大化模型算法

影响力最大化问题是指在特定的社交网络结构和信息扩散规则下,寻找网络中的最优节点组合,使得从这些节点发出的信息在网络中传播的范围最大。影响力最大化算法分为两大类:一类是贪心算法,另一类是启发式算法。贪心算法的特点是影响力传播范围广,时间复杂度高;而启发式算法的特点是时间复杂度低,影响力传播范围小。本小节介绍几种常见的影响力最大化算法,其中有 Greedy 算法(贪心算法)、启发式算法中的 DegreeDiscount 算法和基于贪心算法改进的 LDAG 算法。

1. Greedy 算法

Greedy 算法每次均选择影响力传播范围最大的节点加入种子集合,即每次都要计算没有激活节点中每个节点增加的影响力,然后从中选择增加影响力最大的节点作为种子节点。这样极其耗费时间,且不适合数据量庞大的社交网络。

2. DegreeDiscount 算法

DegreeDiscount 算法是典型的启发式算法,其基本思想是每次选取未激活节点中度最大的节点作为种子节点,但在计算每个节点 u 的度时,若这个节点的邻居节点 v 已经成为种子节点,则不会考虑节点 u 到节点 v 的这条边,即在计算种子节点 v 的邻居节点 u 的度时,对节点的度打一定的折扣。

3. LDAG 算法

研究人员在研究线性阈值模型下的影响力传播时,证明了影响力传播是 NP(Nondeterministic Polynomially,非确定性多项式)难问题,但在有向无环图中影响力传播是线性的,由此提出了基于有向无环图的局部有向无环图(Local Directed Acyclic Graph,简称 LDAG)算法。该算法的基本思想是对给定的图 $G(V,E)$ 构造每个节点的有向无环图,计算每个节点在其所构建的有向无环图的影响力叠加,然后从中选择影响力最大的 k 个节点作为种子节点。

三、影响力最大化模型比较

本小节利用不同规模的网络对前面介绍的几种影响力最大化算法进行了实验,分别从传播扩散范围和时间效率两个方面进行了比较分析。

图 6.15 展示了当种子节点数为 10 时,在不同网络中的传播扩散范围,其中横坐标表示网络的规模,纵坐标表示种子节点在网络中的传播影响范围。从图中可以看出,Greedy 算法的影响力传播范围一直是最大的,LDAG 算法次之,DegreeDiscount 算法的传播范围相对最小,且随着网络规模的增大,该算法的影响力传播范围变化不大。原因是 Greedy 算法求解节点影响力最大化问题的结构简单,算法的每一步都选择当前最具影响力的节点,而 DegreeDiscount 算法是选取度最大节点的探索式算法的一种改进,直接选取网络中的大度节点作为种子节点具有一定的局限性。因为考虑节点影响力

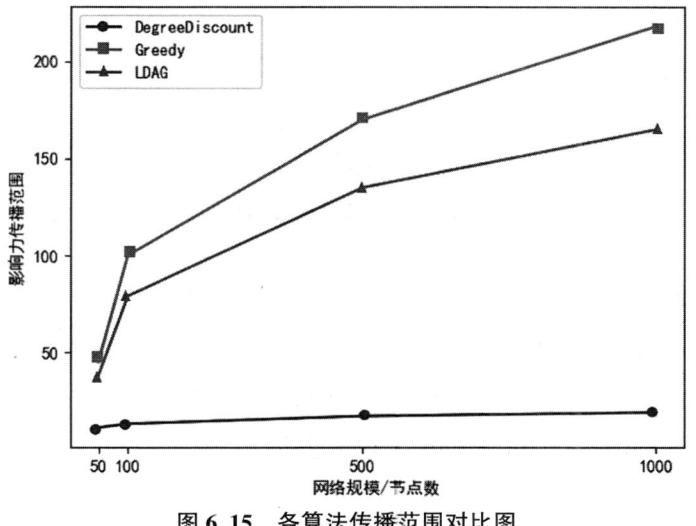

图 6.15　各算法传播范围对比图

通常认为节点越处于中心位置,则该节点是种子节点的可能性就越高。但已知 E-NMR 模型具有同配性,网络中的大度节点倾向与大度节点相连,这些节点的扩散具有高度重合性。因此 DegreeDiscount 算法选择大度种子节点集进行扩散传播的效果较差。

图 6.16 展示了影响力最大化算法在不同规模网络的时间消耗。从图可以看出,Greedy 算法花费的时间最多,DegreeDiscount 算法花费的时间最少,LDAG 算法虽然影响力传播范围不如 Greedy 算法,花费的时间也大于 DegreeDiscount 算法,但是综合比较影响力传播范围和算法时间消耗后,LDAG 算法在保证了影响力传播范围接近 Greedy 算法的同时,在很大程度上节省了算法的运行时间。

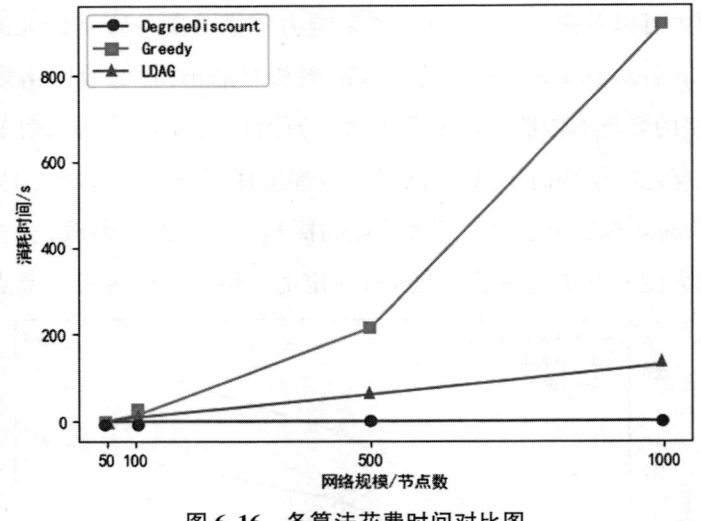

图 6.16　各算法花费时间对比图

通过对常用的影响力最大化算法进行实验对比分析可以发现,从传播影响范围和时间消耗性能两个方面做比较,LDAG 算法在保证了影响力传播范围稳定的前提下,同时也减少了算法的运行时间,因此本书选择 LDAG 算法研究 E-NMR 模型的影响力最大化问题。

四、基于 LDAG 的影响力最大化的算法实现与实验优化

笔者使用 LDAG 算法研究 E-NMR 模型影响力最大化时发现,当种子数量较少时,算法的时间消耗在可接受范围内,但挑选的种子节点太多时,算法消耗的时间将会超出我们可以接受的时间范围。为解决 LDAG 算法在大型社交网络中的时间效率问题,本节对该算法进行了优化改进。

1. 基于多核并行的算法实现

在日常程序中,往往只使用了计算机的其中一核,大大浪费了多核计算机的性能。因此,应充分利用计算机 CPU 性能,将算法从单核串行改为多核并行计算。计算机的单核和多核本质是同一时刻可以运行的线程数,单核计算机同一时刻只能运行一个线程,而多核计算机可以运行多个线程。串行是指执行多个任务时,各个任务按照时间先后顺序执行,前一个任务完成后才可以执行下一个任务。并行是指同一时刻可以处理多个任务,不同的代码块可同时执行的性能。

基于并行计算的特点对 LDAG 算法进行改进,LDAG 算法的基本思想是先对网络中的每个节点构建其有向无环图,再计算每个节点在所有的有向无环图中的影响力传播范围,最后将这些影响力叠加得到该节点的最终影响力。为了提高算法效率,在计算影响力叠加这一步实现并行化处理。挑选种子节点后,计算这些节点的传播范围时,不再按顺序执行,而是多个节点共同计算其传播范围。需要注意的是,并行计算是充分利用计算机的多核 CPU 处理器,使用多进程并行计算提高运算速度。但创建进程的数量并不是越多越好,当创建的进程数量小于 CPU 核数时,将无法完全利用机器性能;当创建的进程数量超过 CPU 核数时,超出核数的那些进程需等待其他进程结束,释放资源后才可以运行。由于并发进程共享进程池的内存资源,任何一个进程崩溃都可能造成整个程序的崩溃,因此要合理创建进程池中的进程数量。

并行计算使用 Multiprocessing 多进程库,利用库中的 cpu_count 方法获

取计算机的 CPU 核心数,然后使用 Pool 方法创建进程池,进程池中的进程数设为计算机核数。每次调用多个进程并行计算,以提高算法的时间效率。LDAG 算法的多核并行计算如下:

Algorithm1 LDAG 影响力最大化算法的并行计算
输入:DAG(v),种子节点集合(seed)
输出:节点影响力 α_v(u)

1. 挑选出种子节点用户
2. 计算种子节点的影响力传播扩散
3. pool = Pool(processes = cpu_count(#))   #创建进程池,进程数量为计算机的 CPU 核数
4. res = pool.map(partial(runLT, G, S, Ew))   #启动多进程,runLT 计算节点影响力传播范围
5. pool.close(#)
6. pool.join(#)
7. 得出种子节点的影响范围

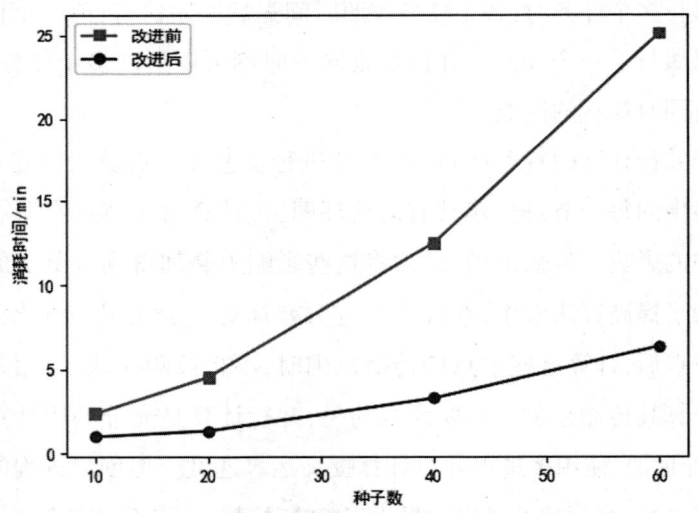

图 6.17   LDAG 算法改进后的时间性能对比

算法改进前后在 E-NMR 模型的实验结果如图 6.17 所示,图中展示了不同的种子数在网络中进行传播的算法时间消耗。当种子数量较少时,改进前后的效果不太明显。但随着种子数量的增加,改进后的算法时间效率有明显提升。当种子节点个数为 10 时,改进前算法的消耗时间是 13.13

分钟,而改进后为 3.57 分钟。当种子数为 60 时,改进前算法的时间消耗为 25.1 分钟,而改进后为 6.37 分钟。改进后算法的时间效率提高了约四倍。

2. 基于网络规模约简的实验优化

当计算机的其他程序运行时,LDAG 并行算法会影响其他程序的正常执行。基于此,本小节提出了另一种使影响力最大化的方法——约简网络,对重要性低的节点选择性过滤,但不影响网络的整体结构特性。

约简网络先对网络中的节点进行重要性排序,排序方法使用节点介数和节点度,它们从不同方面反映了节点的重要性。首先,计算网络中节点的介数和度,剔除重要性低的节点;其次,对约简网络使用 LDAG 算法挑选潜在的高影响力用户。本节使用约简方法过滤网络中介数和度小于 1 的节点后,剩余 18 877 个节点和 110 714 条边。用 LDAG 算法挑选约简前后网络的媒体种子节点,比较这些媒体节点的传播范围,以验证约简方法的性能。

图 6.18 展示了第三个 NMR 模型约简前后挑选的前十位种子节点及其单个节点的最大传播范围。研究可知,约简前网络中前十位的种子节点其影响传播范围为 1774,算法消耗时间为 1 分 56 秒;而约简后传播范围为 1380,算法时间消耗为 47 秒。约简前二十位的种子节点传播范围为 3376,时间消耗为 3 分 27 秒;而约简后传播范围为 2694,时间消耗为 1 分 7 秒。实验结果发现,使用改进后的方法,传播范围虽有所降低,但时间效率相比之前提高了三倍左右,证明了改进方法的有效性。分析实验结果发现改进前后的算法选择的媒体节点虽然重合度很低,但这些节点在信息传播中影响的用户大多是相似的,传播范围相差的用户节点也是网络中影响力较小的节点,对于整体的信息传播影响不大。

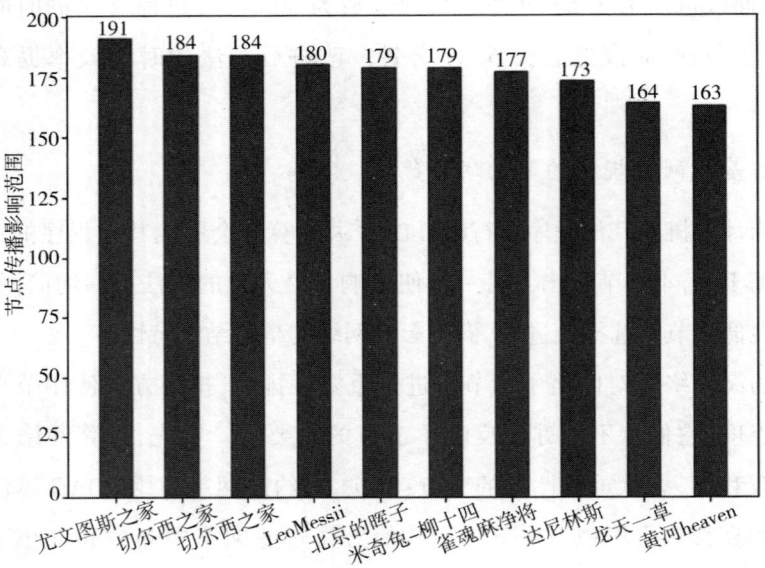

a. 改进前排前十位的种子节点

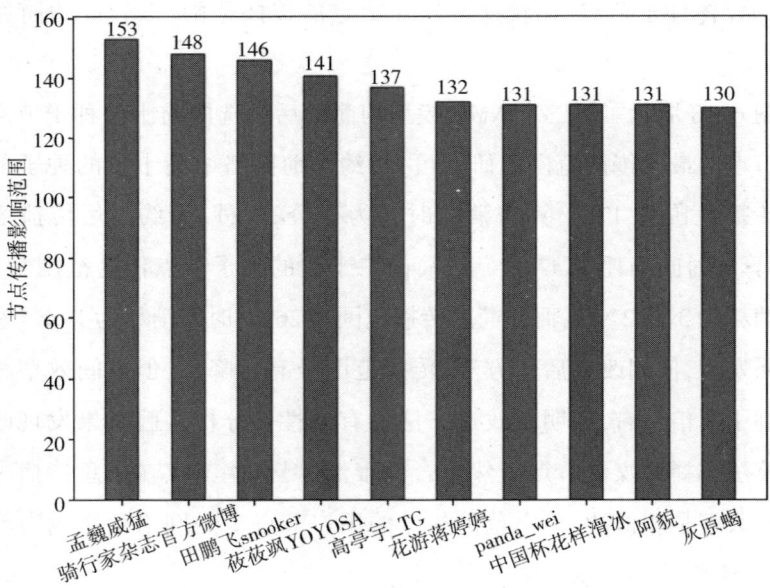

b. 改进后排前十位的种子节点

图 6.18　算法改进前与改进后比较

第五节　媒体影响力评估系统

一、系统设计

1. 系统架构

本节采用 Python 软件的 Flask 框架作为系统实现的基本架构，利用复杂网络的相关技术方法，设计实现媒体影响力评估系统。系统的总体设计架构如图 6.19 所示。

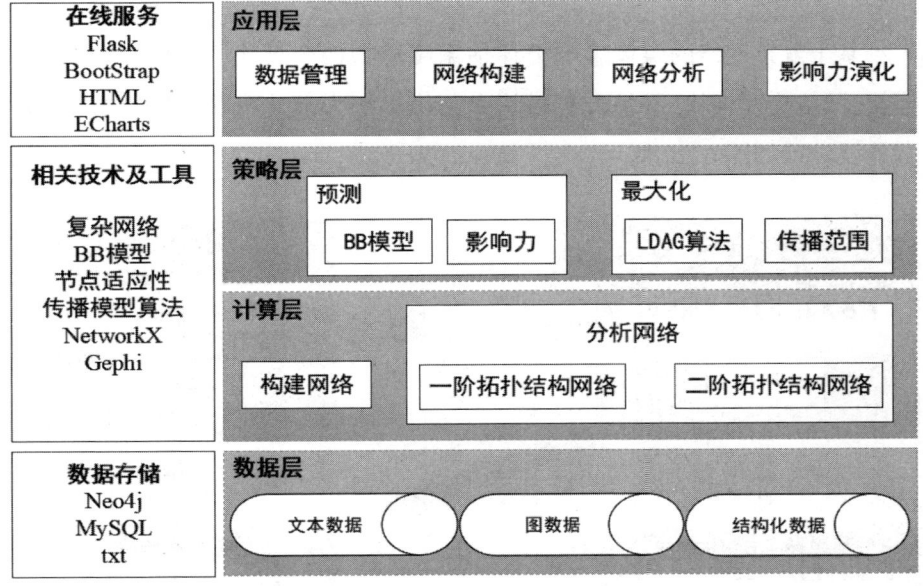

图 6.19　系统的总体设计架构图

文本数据存储微博媒体数据采集工具获取的微博体育类用户信息，结构化数据存储微博用户影响力相关信息，图数据存储构建演化网络的数据集。如果分析其他平台媒体用户，则相应地换成其他平台数据即可。

计算层基于 NetworkX 工具构建分析 E-NMR 模型，根据用户输入的数据来源、数据类型和数据采集时间,利用 NetworkX 中构建分析图的相关算法研究分析该时间段网络模型的结构特征。

策略层基于 E-NMR 模型研究媒体影响力预测和影响力最大化。其中,影响力预测是基于 E-NMR 模型的无标度特征,利用 BB 模型预测框架,通过对 E-NMR 模型的长时间观测,预测媒体未来的影响力。影响力最大化是基于 E-NMR 模型的同配性特征,利用 LDAG 算法识别网络中潜在的高影响力用户并计算其影响力最大化的传播范围。

应用层采用 Python、Flask、BootStrap 以及 SQLAlchemy 等技术,构建前端信息展示功能,开发后台功能以及数据管理功能,利用 Matplotlib 和 ECharts 对网络的相关信息进行可视化图形展示。

2. 功能模块设计

基于复杂网络的媒体影响力评估系统分为四个模块,分别是数据管理模块、网络构建模块、网络分析模块和网络影响力演化模块,各模块之间的功能及设计如图 6.20 所示。

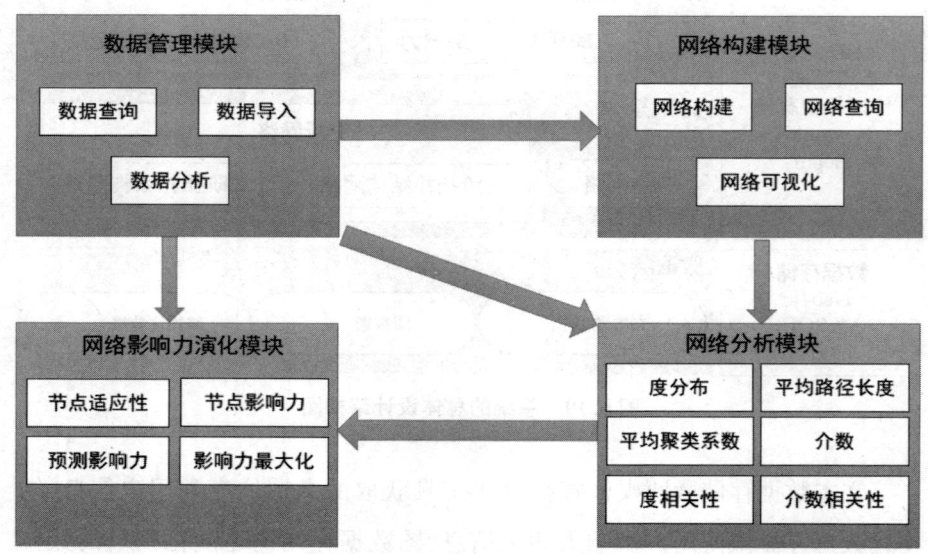

图 6.20　系统功能模块图

数据管理模块主要是对微博媒体采集工具获取的数据进行统一管理,包括数据查询、数据导入、数据分析等功能。

网络构建模块是基于 E-DMR 模型,利用 NetworkX 工具构建 E-NMR 模型,主要功能有演化网络中各时期的静态网络(NMR 模型)查询、网络节点查询,以及对网络拓扑结构的整体和局部可视化展示等。

网络分析模块是基于 E-NMR 模型,根据用户输入的演化网络中某时期的静态网络,分析其结构特性,包括一阶拓扑结构度分布、平均路径长度、平均聚类系数和介数,以及二阶拓扑结构度相关性和介数相关性。根据网络分析的相关统计指标,可以得出网络的结构特征。

网络影响力演化模块主要有影响力预测和最大化功能。根据对 E-NMR 模型的长时间观测研究媒体节点影响力变化,然后基于 BB 模型测量节点适应性,进而利用节点的适应性和明星指数预测媒体影响力。为充分发挥媒体的影响力,基于 LDAG 算法识别网络中的潜在高影响力用户,利用这些媒体用户达到最优传播扩散效果。

3. 数据库设计

本小节介绍系统的数据库设计,由于数据结构的多样化,因此数据库设计不仅限于传统的关系型数据库,也包括非关系型数据库。本系统使用关系型数据库 MySQL 存储媒体用户的相关信息,使用 Neo4j 图数据库存储网络图数据。本系统的数据管理模块读入的是媒体用户类型表、媒体用户信息表以及媒体用户影响力信息表,这些表存储在 MySQL 数据库。系统输出的网络图存储在 Neo4j 数据库。

表 6.4 为媒体用户类型表,该表描述了不同类型的数据对应数据库中的不同表,包括 id、数据来源、数据类型、不同类型数据对应的数据库中的表名等字段。

表 6.4 媒体用户类型表

字段名	数据类型	字段含义
id	Int	唯一主键
data_source	String	数据来源
type	String	数据类型
table	String	数据库中的表名

表 6.5 为媒体用户信息表字段含义,有 id、被关注者 ID、被关注者微博昵称、被关注者关注数、被关注者粉丝数、被关注者发博数、关注者 ID、关注者微博昵称以及获取数据的时间(月份)。

表 6.5 媒体用户信息表字段含义

字段名	数据类型	字段含义
id	Int	唯一主键
followed	String	被关注者 ID
followed_name	String	被关注者微博昵称
follow_num	Int	被关注者关注数
fan_num	Int	被关注者粉丝数
count	Int	被关注者发博数
follower	String	关注者 ID
follower_name	String	关注者微博昵称
month	Int	月份

表 6.6 为媒体用户节点影响力表,包括媒体用户、演化网络中各时期媒体节点影响力(度值),基于 BB 模型计算的媒体节点适应性、媒体明星指数、用户数据来源、数据类型,以及用户的操作记录。目前,共采集了十个月的数据构建演化网络,表中共包括十个月的媒体用户影响力,month 表示 1—10 个月,因为这几个月的字段类型相同,所以不再重复描述。

表 6.6 媒体用户节点影响力表

字段名	数据类型	字段含义
name	String	媒体用户名称、主键
month	Int	该月的媒体节点度值
fitness	Float	媒体节点适应性
star_index	Float	媒体明星指数
data_source	String	数据来源
type	String	数据类型
log	String	操作记录

图 6.21 为 E-NMR 模型在 Neo4j 数据库中存储的文本数据，其中，每一行表示网络中一条边关系，starId 表示微博节点的用户 id，name 表示节点属性，即微博昵称。每条数据中的第一个 starId 表示有向边起点，第二个 starId 表示有向边终点。

```
[{"starId":"2123392247","name":"Nicky芊羽"},{},{"starId":"1779371961","name":"周游Ewan"}]
[{"starId":"2123392247","name":"Nicky芊羽"},{},{"starId":"1683051475","name":"冰拿铁少冰"}]
[{"starId":"2123392247","name":"Nicky芊羽"},{},{"starId":"2611553927","name":"Edward-9"}]
[{"starId":"2123392247","name":"Nicky芊羽"},{},{"starId":"1323169292","name":"女儿红MR翔_"}]
[{"starId":"2123392247","name":"Nicky芊羽"},{},{"starId":"2059760773","name":"MMA胡依西拜"}]
```

图 6.21 Neo4j 数据库中存储的文本数据

二、基于 Flask 的媒体影响力评估系统实现

本设计采用 B/S 架构实现媒体影响力评估系统，主要使用的技术有后端框架 Flask、前端框架 BootStrap+CSS+HTML+JavaScript、数据库 MySQL+Neo4j。

1. 数据管理模块实现

数据管理模块是整个评估系统的基础数据模块，连接 MySQL 数据库，主要功能有数据查询、数据导入和数据分析，接下来分别介绍各部分的实现方法。

(1) 数据查询主要是对媒体用户信息的搜索查询。它是通过 SQLAlchemy 框架连接 MySQL 数据库,使用 Flask 框架中的 request.form.get( ) 获取前端界面输入框的内容传递到后端,后端用 Table.query.filter_by( ) 从数据库中找出满足条件的数据,然后使用 render_template 将后端从数据库中读取的数据传递到前端界面展示。

(2) 数据导入功能支持将不同平台类型的媒体用户文本信息数据导入 MySQL 数据库,与数据库中的数据统一管理,文本文件格式支持 txt 和 csv。其中,不同平台的不同类型数据对应数据库中的不同表。在数据导入界面确定数据来源和数据类型后,点击导入文件按钮,弹出导入文件弹窗,选择导入的文件点击确定后,开始读取文本数据,同时前端界面显示文件导入的进度条,直到将这些数据全部插入对应的数据库表中,界面显示导入完成的提示。

(3) 数据分析是基于数据查询搜索到的用户,选择其中某用户后,跳转到该用户的详细信息页。从前端界面获取的数据传到后端数据库中进行查询,然后将查询结果返回到前端界面进行展示,并将其相关信息变化情况以可视化的形式展示。用柱状图、折线图或饼图等形式展示,方便用户分析数据的变化趋势。可视化展示使用 chart.js 图表插件,它是基于数据文档的 JavaScript 库,底层封装了 canvas,支持多种形式的可视化元素。

2. 网络构建模块实现

根据前面介绍的网络模型构建方法,将该功能集成到媒体影响力评估系统。网络构建模块与 MySQL 数据库中的媒体用户信息表相连,功能有网络构建、节点查询和网络结构可视化展示。具体流程如图 6.22 所示。

数据采集期间获取的所有数据都保存在媒体用户信息表中,构建网络时需选择数据来源、数据类型和数据采集的时间,后端筛选满足条件的数据。然后将这些数据添加到有向网络图,生成媒体关系网络模型。生成网络时会显示网络结构拓扑图,它可以直观反映网络的结构特征。另外,创建网络后,可以查询网络节点,如果节点在网络中存在,则展示该节点的局部结构,即与当前节点直接相连的邻居节点;否则,展示节点不存在。

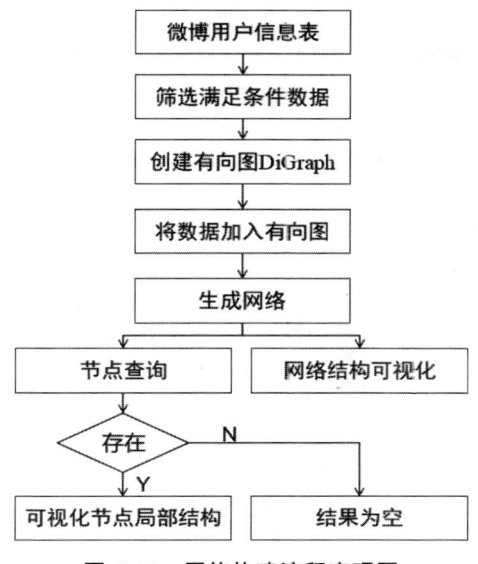

图 6.22 网络构建流程实现图

3. 网络分析模块实现

网络分析模块是通过前面介绍的方法,将该功能集成到系统设计。利用 Python 图形分析工具 NetworkX,分析网络的相关结构性质,包括度分布、平均路径长度、平均聚类系数、介数等基本统计指标。然后在基本指标的基础上,分析网络的高阶拓扑结构,包括度相关性和介数相关性。具体流程如图 6.23 所示。

先从某一平台的某种类型的演化网络中选择某一时期的网络,然后基于 NetworkX 工具分析其结构特征。在一阶拓扑结构中,度分布使用 in_degree 方法获取网络中所有节点的入度,并统计节点度值的占比情况,然后使用 Matplotlib 可视化工具绘制度分布图并传递到前端展示。对于平均路径长度,首先使用 single_source_shortest_path_length( )方法获取网络中任意两个节点之间的距离,其次对这些值加权求平均即可得到网络的平均路径长度。平均聚类系数和介数分别通过 average_clustering( )和 centrality.betweenness_centrality( )方法得到。

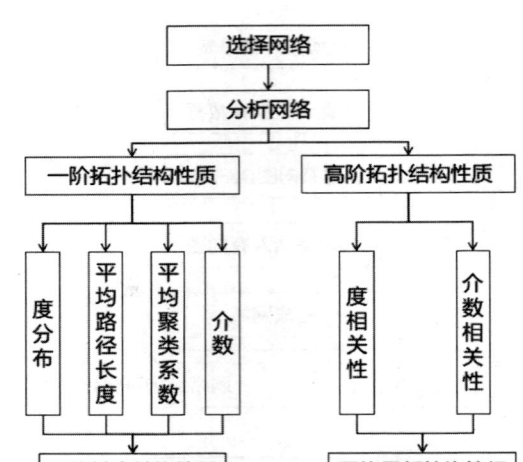

图 6.23 网络分析流程实现图

网络的高阶拓扑结构是基于一阶拓扑结构的相关指标进行分析,其中度相关性基于节点度,分析节点的邻居节点度分布情况,介数相关性与度相关性分析方法一样,只是将节点的度改为节点的介数,通过分析网络中节点的关联性可以得出网络节点的偏好连接特征。

4. 网络影响力演化模块

影响力演化是指影响力的变化情况,基于演化网络的结构变化研究网络未来的结构。网络影响力演化模块主要实现影响力预测和影响力最大化功能,影响力预测基于前面提出的预测优化方法,影响力最大化基于 LDAG 算法进行研究。网络影响力演化模块主要功能有媒体影响力查询、媒体适应性查询、媒体影响力预测和媒体最大化传播范围等。具体流程如图 6.24 所示。

根据用户输入的数据来源、数据类型和网络构建时间,查询网络媒体节点影响力的预测值和最大化。媒体影响力预测功能包括查询网络中媒体节点的影响力和适应性,然后利用这些已知因子预测媒体未来某个时间的影响力。媒体影响力最大化功能是利用 LDAG 算法挖掘网络中潜在高影响力

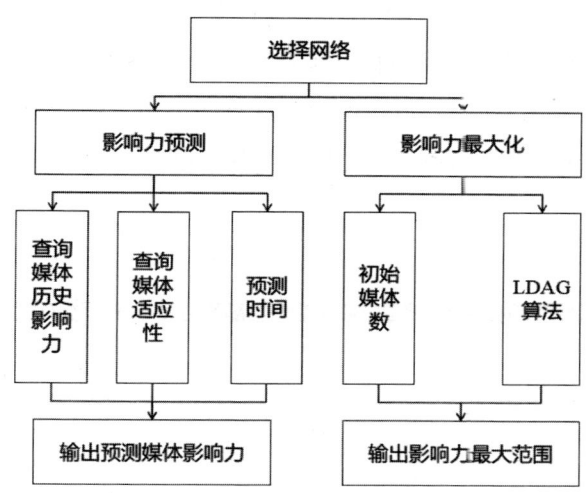

图 6.24 网络影响力演化分析流程图

节点,并计算其最大的影响传播范围。输入种子数后,系统调用影响力最大化算法,输出影响力最大的媒体节点及其传播范围。

三、系统功能测试与展示

本节主要是测试媒体影响力评估系统的功能,下面按照各功能模块介绍系统的测试过程及界面展示。

1. 数据管理模块测试与功能展示

数据管理模块主要测试数据功能是否正常,包括数据查询、数据导入和数据分析。主要测试用例如表 6.7 所示:

表 6.7 系统数据管理模块功能测试

序号	操作步骤	操作结果
1	输入媒体数据,点击查询	展示满足条件的数据
2	从展示的用户列表,点击查看详情	跳转到用户详情信息页
3	选择数据来源类别,点击数据导入,选择文件,点击确定	导入数据到数据库
4	不选择数据来源类别,点击数据导入,选择文件,点击确定	无法成功导入数据

该模块功能界面如图 6.25 所示，选择数据查询子功能后，输入查询条件，点击查询，展示满足条件的媒体用户列表，从展示的用户列表中选择某用户，点击查看详情，即可跳转到用户信息界面。用户详情界面以不同的可视化形式详细展示了该用户的相关信息变化情况，如图 6.26 所示。

图 6.25　数据查询功能界面图

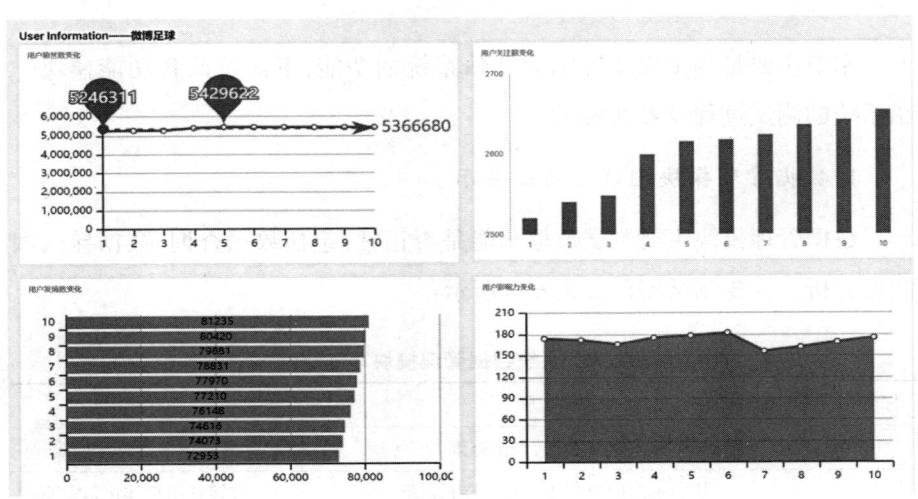

图 6.26　用户详细信息功能界面图

选择数据导入子功能后,选择数据来源、数据类型,选择文件后点击导入,前端界面显示导入文件的进度条,后端数据库中增加对应数据,图 6.27 展示了文件导入时的界面。

图 6.27　数据导入功能界面图

2. 网络构建与分析模块测试与展示

本小节测试并展示了网络构建与分析模块界面,这两个模块是基于 NetworkX 工具进行的网络图创建和分析。测试的目的是检测该功能能否正常使用,测试用例如表 6.8 所示。

表 6.8　系统网络构建与分析模块功能测试

序号	操作步骤	操作结果
1	选择时间,点击创建网络	展示网络拓扑结构图
2	输入节点,点击查询	展示该节点的局部结构图
3	在基本结构界面,输入条件,点击查询	展示相关指标值
4	在局部结构界面,输入条件,点击查询	展示度相关性图、介数相关性图

在网络创建模块,输入数据来源、数据类型、网络创建时间和媒体名称后,点击查询,创建网络并在界面显示该媒体在网络中与其他节点的连接情况,图 6.28 展示了网络构建模块功能界面。

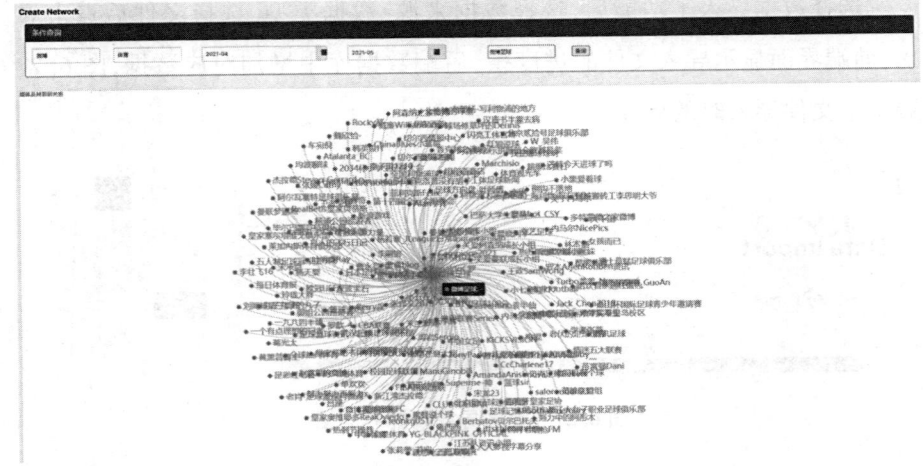

图 6.28　网络构建模块功能界面图

网络分析模块有网络基本结构分析和网络局部结构分析两个子功能模块。网络基本结构分析是网络的基本结构特征相关指标分析,包括度分布、平均路径长度、平均聚类系数和介数等指标。图 6.29 展示了 NMR 模型的基本结构特征,并列出了网络中排前十位的大度媒体用户。从网络的度指数和平均路径长度可知,网络具有无标度和小世界特性。网络的局部结构分析是指网络中节点之间的偏好连接特征,包括度相关性和介数相关性。图 6.30 展示了 NMR 模型的局部结构特征。

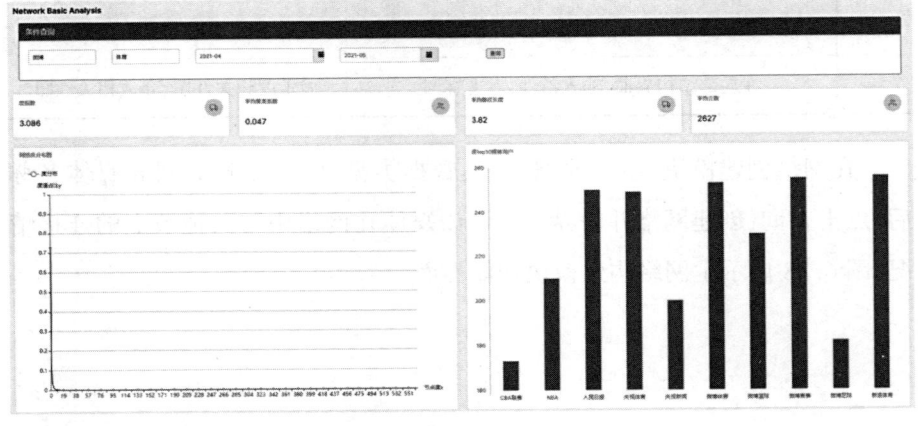

图 6.29　网络基本结构分析功能界面图

第六章 社交媒体影响力评估分析

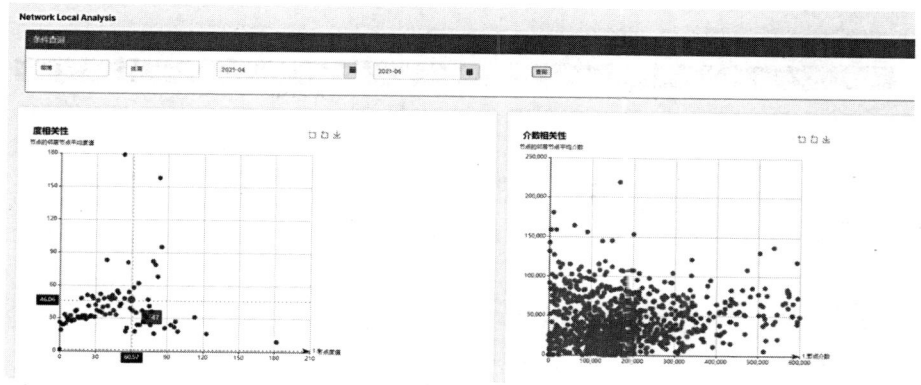

图 6.30　网络局部结构分析功能界面图

3. 网络影响力演化模块测试与展示

网络影响力演化模块主要预测媒体影响力和测试影响力最大化。测试的目的是检测本系统能否正常显示预测的媒体影响力结果，以及潜在高影响力用户的传播范围。该模块主要的测试用例如表 6.9 所示。

表 6.9　系统网络影响力演化模块功能测试

序号	操作步骤	操作结果
1	在预测界面，输入条件，选择网络，点击查询	预测媒体影响力并展示媒体相关信息
2	在最大化界面，输入条件，点击查询	显示影响力传播范围，以及媒体种子名称
3	选择不在时间范围构建的网络	展示为空

在影响力预测子功能模块，选择数据来源、数据类型和网络创建时间，输入媒体名称、预测时间，界面显示满足条件的媒体用户列表，包括媒体的适应性、明星指数、当前影响力、预测影响力以及实际影响力。界面如图 6.31 所示。

图 6.31 网络影响力预测功能界面图

在影响力最大化功能模块，选择数据来源、数据类型和网络的创建时间，输入媒体种子数 K 后，点击查询，界面以可视化形式展示潜在高影响力 top-K 的媒体影响力及这些媒体用户的最大化影响力，如图 6.32 所示。

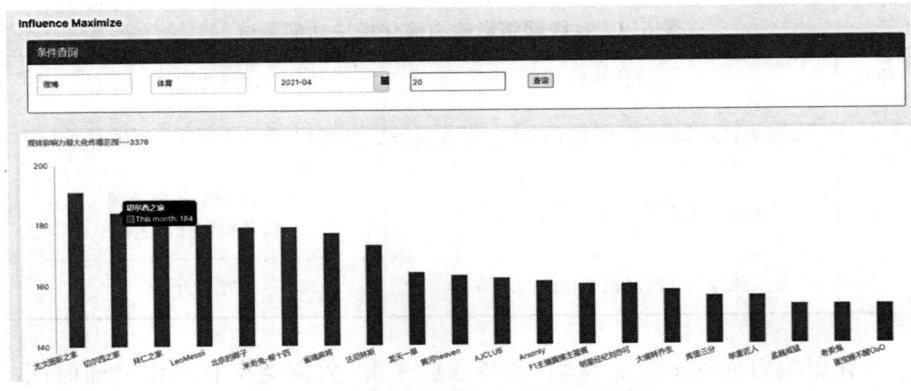

图 6.32 网络影响力预测功能界面图

参 考 文 献

[1] 约翰·冯·诺依曼.博弈论[M].刘霞,译.沈阳:沈阳出版社,2020.

[2] 黄凯南.演化博弈与演化经济学[J].经济研究,2009,(2):132-145.

[3] 吕琳媛.复杂网络链路预测[J].电子科技大学学报,2010,39(5):651-661.

[4] BERNARD C. The press and foreign policy[M]. Princeton: Princeton University Press,1963.

[5] 黄扬,李伟权,郭雄腾,等.事件属性、注意力与网络时代的政策议程设置:基于40起网络焦点事件的定性比较分析(QCA)[J].情报杂志,2019,38(2):123-130.

[6] 曾怡然.属性议程设置视角下中美经贸磋商报道研究:以《经济日报》为例[D/OL].武汉:中南财经政法大学,2020[2021-06-16]. https://cdmd.cnki.com.cn/Article/CDMD-10520-1020748606.htm.

[7] 韩晓宁,郭玮琪,巴亚岭.疫情议题多元话语主体多层次议程设置效果研究[J].当代传播,2021(2):41-47.

[8] 曾振华,曾林浩.网络议程设置:理论、方法与展望[J].江西师范大学学报(哲学社会科学版),2019,52(6):91-99.

[9] XU Z, ELLIS L, LAFFIDY M. News frames and news exposure predicting flu vaccination uptake: evidence from U.S. newspapers, 2011—2018 using computational methods[J]. Health communication,2022,37(1):74-82.

[10] FAN Y, TONGXIN S. Who has set whose agenda on social media? A dynamic social network analysis of Tweets on Paris attack[J]. Communication quarterly, 2021,69(4):341-363.

[11] 蒋贤成,钟新.网络议程设置中的镜像与折变:美法两国"黑命攸关"运动的媒体议程与公众议程[J].全球传媒学刊,2021,8(4):103-119.

[12]刘修兵,刘行芳. 新传播格局下议程设置功能假说反思[J]. 中州学刊,2021,(2):162-167.

[13]赵健,杨晓哲. 中国语境中学习科学发展的历史进路和当代使命:基于科学范式形成及其知识图谱证据的分析[J]. 华东师范大学学报(教育科学版),2019,37(5):92-104.

[14]王晗啸. 疫苗安全议题中媒介间显、隐性议程网络关系研究[D/OL]. 南京:南京师范大学,2020[2021-01-16]. https://cdmd.cnki.com.cn/Article/CDMD-10319-1021506507.htm.

[15]郭雄腾,李伟权,黄扬,等. 融媒体时代下的政策议程设置研究[J]. 情报杂志,2020,39(07):75-80.

[16]GILADDI F, GESSLER T, KUBLI M, et al. Social media and political agenda setting[J]. Political communication,2022,39(1):39-60.

[17]ZOMORODIAN M, LAI S H, HOMANYOUNFAR M. Development and application of coupled system dynamics and game theory:a dynamic water conflict resolution method[J]. PLoS one,2017,12(12):188-189.

[18]CAI L, CAI W, ZHU C. An optimal penalty in an environmental pollution game with the suspension of production[J]. Journal of intelligent & fuzzy systems,2016,31(4):232-233.

[19]DUAN W, LI C, ZHANG P. Game modeling and policy research on the system dynamics-based tripartite evolution for government environmental regulation[J]. Cluster computing,2016,19(4):206-207.

[20]IMPROTA G, RUSSO M A, TRIASSI M. Use of the AHP methodology in system dynamics:modelling and simulation for health technology assessments to determine the correct prosthesis choice for hernia diseases[J]. Mathematical biosciences,2018,299:19-27.

[21]CORDIER M, UEHARA T, WEIH J, et al. An input-output economic model integrated within a system dynamics ecological model:Feedback loop methodology applied to fish nursery restoration[J]. Ecological economics,2017,140:31-33.

[22]FENG L, CHEN B, HAYAT T, et al. Dynamic forecasting of agricultural water footprint based on Markov Chain-a case study of the Heihe River Basin[J]. Ecological modelling,2017,353:150-157.

[23] 薛领,杨开忠.城市演化的多主体(multi-agent)模型研究[J].系统工程理论与实践,2003(12):1-9+17.

[24] 宗利永,孙绍荣,顾宝炎.基于多主体建模方法的行为管理制度设计研究[J].管理学报,2011,8(9):131-132.

[25] 任军号,黄中,巩岁平.基于OSR—MAS的产业集群演化建模与仿真[J].计算机技术与发展,2011,21(11):19-22.

[26] 杨玉芳,朱媛媛,王慧敏.报废汽车回收多主体演化博弈分析[J].物流科技,2017,40(11):54-57.

[27] 张鹏.基于多主体建模的品牌市场演化模型及其仿真研究[D/OL].济南:山东大学,2007[2007-02-16].https://cdmd.cnki.com.cn/Article/CDMD-10422-2007087458.htm.

[28] 尹秋菊,闫立辉,金丹.面向客户行为的C2C市场价格离散演化模型[J].北京理工大学学报,2011,31(9):127-130.

[29] 吴炳辉.基于Multi-Agent的股票市场投资者行为风险传染机制及其演化研究[D/OL].南京:东南大学,2017[2017-08-16].https://cdmd.cnki.com.cn/Article/CDMD-10286-1017171145.htm.

[30] 张硕,李英姿,张晓冬,等.面向开源设计演化过程的产品:社区共生模型[J].计算机应用研究,2018,35(9):279.

[31] 曹霞,刘国巍.基于博弈论和多主体仿真的产学研合作创新网络演化[J].系统管理学报,2014,23(1):21-29.

[32] 马哲坤,涂艳.国内外网络舆情研究热点及演化趋势分析[J].情报探索,2015(7):21.

[33] MULDER K. The dynamics of public opinion on nuclear power. Interpreting an experiment in the Netherlands[J]. Technological forecasting and social change, 2012, 79(8):1513-1524.

[34] SZNAJD-WERON K, SZNAJD J. Opinion evolution in closed community[J]. International journal of modern physics C, 2000, 11(06):1157-1165.

[35] 董凌峰.基于SD演化博弈的网络舆情形成阶段主体研究[J].情报科学,2018,36(1):24-31.

[36] 孙晓阳,冯缨,周婷惠.基于多主体博弈的社会化媒体信息质量控制研究[J].情报

杂志,2015,34(10):156-164.

[37] 曹峰,张真继,关晓兰. 基于系统动力学的网络舆情驱动力模型研究[J]. 电信科学,2020,36(12):49.

[38] 郭爽,万立军. 微博社区网民情绪引导与舆情控制的 SIR 演化博弈分析[J]. 情报科学,2020,38(5):132.

[39] 阎海燕,詹凌云,陈明明,等. 基于系统动力学的企业危机事件网络舆情传播与应对研究[J]. 系统科学学报,2021,29(1):92.

[40] 乔新玉. 媒介融合:数字时代的必然趋势[J]. 青年记者,2010(35):68-69.

[41] 宫承波,庄捷,翁立伟. 媒体融合概论[M]. 北京:中国广播电视出版社,2011:19.

[42] 蔡雯,王学文. 角度视野轨迹:试析有关媒介融合的研究[J]. 国际新闻界,2009(11):89.

[43] 刘颖悟,汪丽. 媒介融合的概念界定与内涵解析[J]. 传媒,2012(1),73-75.

[44] 赵曙光. 以媒体融合助力社会治理创新[J]. 青年记者.2020(36):4.

[45] 陈可纯. 融媒体时代信息传播的特点,问题与应对策略[J]. 学术评论,2017,2(5):80-84.

[46] 周轶桢. 融媒体建设背景下传统主流媒体传播力的提升路径[J]. 采写编,2021,3(12):13.

[47] 姚佳子. 融媒体时代媒体融合的发展路径探析[J]. 新闻研究导刊,2020,2(4):61-62.

[48] 陈楚瑜. 县级融媒体建设综述[J]. 广播电视信息,2022,29(1):23-24.

[49] 宋治环. 融媒体时代媒体融合的发展路径探析[J]. 传媒论坛,2021,17(2):19-20.

[50] 陈武林. 融媒体环境下传统主流媒体与新媒体的融合发展[J]. 新闻研究导刊,2020,2(1):7.

[51] 胡海霞. 县级媒体融合发展的现状.问题与路径[J]. 西部广播电视,2021,3(2):8-9.

[52] 刘义昆. 国家治理视域下的县级融媒体中心建设[J]. 中州学刊,2020,42(11):168-172.

[53] 郭雯,方毅华,李蔚杭. 从"融媒体"谈"媒体融合"[J]. 新闻爱好者,2020,2(9):67-68.

[54] 王晨光. 县级媒体融合发展的困境与路径研究[D/OL]. 济南:山东师范大学,2021

[2022-02-16]. https://cdmd.cnki.com.cn/Article/CDMD-10445-1021114773.htm.

[55] 成萌. 融媒体时代媒体融合的发展路径探析[J]. 记者摇篮, 2020, 3(7):41.

[56] 谢新洲, 朱垚颖, 宋琢谢. 县级媒体融合的现状, 路径与问题研究:基于全国问卷调查和四县融媒体中心实地调研[J]. 新闻记者, 2019, 2(3):56-71.

[57] 陈慧. 信息传播规律在融媒体产品中的体现[J]. 科技传播, 2021, 13(7):25-26.

[58] 南卫东. 融媒体时代信息传播的特点与应对研究[J]. 新闻传播, 2020, 11(2):36-37.

[59] 栾轶玫. 融媒体时代新闻生产的流程再造[J]. 视听界, 2010, 2(1):24-26.

[60] 廖吉波, 梁晨. 媒体融合中的新型传播主体角色探析:以BBC为例[J]. 国际传播, 2017(2):88-96.

[61] 邹军, 柳力文. 平台型媒体内容生态的失衡、无序及治理[J]. 传媒观察, 2022(1):22-27.

[62] 熊郁云. 我国新闻媒体的政府监管研究[D/OL]. 武汉:武汉大学. 2017[2020-05-16]. https://cdmd.cnki.com.cn/Article/CDMD-10486-1017175195.htm.

[63] 唐维红, 王京. 新型传统主流媒体建设成效评价体系研究[J]. 新闻战线. 2021(15):99-102.

[64] 徐涵, 张庆. 复杂网络上传播动力学模型研究综述[J]. 情报科学, 2020, 38(10):159-167.

[65] 殷乐. 2018年中国媒体融合发展报告[J]. 中国广播电视学刊, 2019(2):13-17.

[66] 叶琼元, 夏一雪, 兰月新, 等. 突发事件网络舆情线上线下耦合机理研究[J]. 情报科学, 2021, 39(03):25-31.

[67] 丽云, 李晓鸿, 曹硕. 企业社会责任负面事件网络舆情演化与政企合作研究[J]. 系统工程理论与实践, 2020, 40(07):1792-1805.

[68] 庄文英, 许英姿, 任俊玲, 等. 基于拓展SEInR模型的突发事件舆情演化与治理研究[J]. 情报杂志, 2021, 4(2):1-9.

[69] 王强, 叶琼元, 夏一雪, 等. 面向舆情大数据的突发事件民意系统演化机理与仿真研究[J]. 情报科学, 2019, 37(01):80-85.

[70] 陈硕, 李昭语. 媒介跨界融合的现实瓶颈与"智慧"转型研究[J]. 新闻爱好者, 2019, (7):90-93.

[71] 郭小安, 霍凤. 新闻框架与社会运动框架:两种研究视角的整合与对话[J]. 南京社

会科学,2017,(08):135-142.

[72] 刘兰兰. 框架视野下新冠肺炎疫情报道研究:基于微信热文的文本结构与内容挖掘分析[J]. 新闻爱好者,2020,(5):17-21.

[73] 陈周硕,林桓羽. 越南国家传统主流媒体的突发事件报道策略:基于越南通讯社网(越南语版)疫情新闻框架的考察[J]. 新闻知识,2021,(4):43-50.

[74] 杨秀国,刘洪亮. 新闻框架视域下传统主流媒体对扶贫议题的建构与呈现:以人民日报(2012—2020)扶贫报道为例[J]. 新闻与写作,2021,(9):54-62.

[75] DEVLIN J,CHANG M W,LEE K,et al. BERT:Pre-training of deep bidirectional transformers for language understanding[J]. Google AI language,2018,(5):1-16.

[76] 孙红,陈强越. 融合BERT词嵌入和注意力机制的中文文本分类[J]. 小型微型计算机系统,2022,43(1):22-26.

[77] ARASE,YUKI,TSUJII,JUNICHI. Transfer fine-tuning of BERT with phrasal paraphrases[J]. Computer speech & language,2021(66):101-164.

[78] LIU W,ZHOU P,ZHAO Z,et al. K-BERT:enabling language representation with knowledge graph[J]. Proceedings of the AAAI conference on artificial intelligence,2020,34(3):2901-2908.

[79] ZHANG Z,HAN X,LIU Z,et al. ERNIE:enhanced language representation with informative entities[C]// Proceedings of the 57th annual meeting of the association for computational linguistics. 2019:1441-1451.

[80] WANG X,GAO T,ZHU Z,et al. KEPLER:a unified model for knowledge embedding and pre-trained language representation[J]. Transactions of the association for computational linguistics,2021,9(11):176-194.

[81] WANG R,TANG D,DUAN N,et al. K-adapter:infusing knowledge into pre-trained models with adapters[C]. Findings of the association for computational linguistics:ACL-IFCNLP 2021,1405-1418.

[82] LOZANO,A. C.,ABE,N.,et al. Grouped graphical granger modeling methods for temporal causal modeling[C]. In Proceedings of the 15th ACM SIGKDD International Conference on Knowledge Discovery and Data Mining,KDD '09,2019:577-586.

[83] 钟智锦,周金连. 新冠疫情中的媒体与公众注意力研究[J]. 新闻记者,2020,(10):45-56.

[84]刘威,张明新,安德智.面向微博话题的用户影响力分析算法[J].计算机应用,2019, 39(1):213-219.

[85]张俊豪,顾益军,张士豪.基于PageRank和用户行为的微博用户影响力评估[J].信息网络安全,2015(6):73-78.

[86]师亚凯,马慧芳,张迪,等.融合用户行为和内容的微博用户影响力方法[J].计算机应用研究,2016,33(10):2906-2909.

[87]陈珺,陈辛夷,苏宇.基于大数据的媒体传播分析及影响力评估应用创新[J].中国传媒科技,2017(10):122-124.

[88]冯锐,李亚娇.社交网站中知识扩散机制及影响因素研究[J].远程教育杂志,2014, 32(3):41-48.

[89]朱雯.东方卫视影响力评估研究[D/OL].南京:南京师范大学,2005[2006-03-16].https://cdmd.cnki.com.cn/Article/CDMD-10319-2005148858.htm.

图书在版编目（CIP）数据

媒体融合中多传播主体的演化与博弈／冯爽，王妍著. -- 北京：中国传媒大学出版社，2024.6

ISBN 978-7-5657-3380-2

Ⅰ.①媒… Ⅱ.①冯… ②王… Ⅲ.①传播媒介—研究 Ⅳ.①G206.2

中国国家版本馆 CIP 数据核字（2023）第 013972 号

媒体融合中多传播主体的演化与博弈
MEITI RONGHE ZHONG DUO CHUANBO ZHUTI DE YANHUA YU BOYI

著　　者	冯　爽　王　妍	
责任编辑	黄松毅　张　静	
责任印制	李志鹏	
封面设计	风得信设计·阿东	
出版发行	中国传媒大学出版社	
社　　址	北京市朝阳区定福庄东街1号	邮　编　100024
电　　话	86-10-65450528　65450532	传　真　65779405
网　　址	http://cucp.cuc.edu.cn	
经　　销	全国新华书店	
印　　刷	唐山玺诚印务有限公司	
开　　本	710mm×1000mm　1/16	
印　　张	14.75	
字　　数	204 千字	
版　　次	2024 年 6 月第 1 版	
印　　次	2024 年 6 月第 1 次印刷	
书　　号	ISBN 978-7-5657-3380-2/G · 3380	定　价　78.00 元

本社法律顾问：北京嘉润律师事务所　郭建平